CONTRIBUTION A L'HISTOI
SOUS L'ANCIEN RÉGIME

LA RÉVOLTE

DE LA

GABELLE

EN GUYENNE

1548-1549

PAR

S.-C. GIGON

PARIS

Honoré CHAMPION, Libraire-Éditeur

5, Quai Malaquais, 5.

1906

LA RÉVOLTE DE LA GABELLE

EN GUYENNE

AVANT-PROPOS

L'insurrection des populations de la Guyenne en 1548 n'a pas encore été étudiée de près. Elle se réduit, pour les historiens généraux actuels de la France, à l'insurrection de Bordeaux. La dure répression du mouvement bordelais, les forces militaires employées, les titulaires de haut commandement attirent seuls leur attention : c'est à peine si la naissance de la révolte en Angoûmois et en Saintonge est mentionnée. D'ailleurs Sismondi, Henri Martin, M. Lavisse, pour ne citer que ceux-là, n'ont fait que répéter les récits des historiens contemporains, surtout ceux du président de Thou, le plus considérable et le plus connu d'entre eux : aussi tous les récits de l'insurrection sont inexacts par quelques points, faute aux auteurs d'avoir consulté les documents originaux. Il semblerait que les historiens provinciaux auraient pu suppléer les historiens généraux : il n'en est rien. Les historiens de Bordeaux : Delurbe, Dom Devienne, O'Reilly et le dernier en date, Jullian, sont assez étendus pour ce qui concerne l'insurrection de la ville de Bordeaux qui dura trois jours, et ils ignorent presque le rôle des provinces du nord : O'Reilly ne cite même pas une fois l'Angoûmois. Les quelques travaux Saintongeois où il est question de l'insurrection de 1548 n'ont que peu de valeur, les faits et les dates sont rapportés inexactement et sans aucune critique. Un seul écrivain charentais, A. Gauguié, a parlé de

*l'insurrection dans une histoire inachevée de l'Angoumois,
et ce qu'il a raconté ne vaut guère plus que le roman des
Petaux (1).*

*Les historiens modernes, nous l'avons dit, ont suivi dans
leurs récits les narrations de leurs devanciers du XVIe
siècle : Paradin, Bouchet, de Thou ; en y ajoutant les
pseudo-mémoires du maréchal de Vieilleville, on a toute
la matière de leurs rédactions. Guillaume Paradin dans
son « Histoire de Notre Temps » dont la première édition
remonte à 1552, est de tous les contemporains le plus exact.
Bouchet, qui publiait sa chronique d'Aquitaine en 1557,
est généralement d'accord avec Paradin et fournit en
plus quelques détails intéressants. De Thou est assez
exact, il a puisé le plus souvent son récit dans les deux
historiens déjà nommés. Quant à Vieilleville, Carloix,
rédacteur des mémoires à lui attribués, les a écrits
trente ans après les événements et avec la fantaisie la
plus grande. L'abbé Ch. Marchand (2) a fait justice
de ce livre amusant qu'il faut rejeter absolument, au moins
pour la révolte de la Guyenne.*

*Les historiens contemporains eux-mêmes, n'ayant pas
à leur disposition des pièces officielles, ont commis des
erreurs de faits et de dates les plus grossières. De Thou,
par exemple, place au 20 août 1548 au lieu du 20 octobre
l'entrée de Montmorency à Bordeaux.*

*Les historiens modernes, gênés d'avoir à donner deux
ou trois pages à un fait qui n'était pas pour eux de première importance, n'ont pas pris la peine de consulter les
pièces authentiques relatives à cette affaire ; un seul, F. De-
crue, dans son histoire d'Anne de Montmorency, connétable
et pair de France, a consacré à la Révolte de 1548 un cha-*

(1) *Les Petaux, Chroniques du XVIe siècle*, par Garreau, Saintes, 1848.
(2) Ch. MARCHAND, *Le Maréchal François de Scepeaux de Vieilleville
et ses Mémoires*, 1893.

pitre toujours étayé par des documents authentiques pris à la Bibliothèque nationale. Il existe en effet de nombreuses pièces relatives à la Révolte de 1548 dans les Fonds Français, Clairembault, Dupuy, etc.. J'ai pu consulter de nombreuses dépêches, la plupart inédites, et fixer ainsi des dates et des faits inexactement rapportés par les auteurs. Les Archives historiques du Poitou, la correspondance de M. de Selve, Guillaume Ribier, dans ses Lettres et Mémoires d'Etat, m'ont aussi fourni des renseignements précieux qui, quoique imprimés, n'avaient pas encore été mis en œuvre. Je crois n'avancer rien sans mettre la preuve à l'appui.

Malgré toutes mes recherches, quelques détails restent dans l'ombre ; par exemple, les archives de la commission judiciaire, qui fit couler tant de sang à Bordeaux, n'ont pas été conservées ou du moins je n'en ai pas trouve trace à la Bibliothèque Nationale ni aux Archives de Paris et des départements ; un hasard malheureux m'a privé aussi de certains renseignements, les Archives municipales de Bordeaux pour 1548 ont été brûlées, les Registres-mémoriaux d'Angoulême offrent une lacune pour la même année.

Néanmoins la masse de documents consultés au département des manuscrits de la Bibliothèque Nationale permet de retracer et de fixer définitivement les traits principaux de la Révolte de la Gabelle en 1548. J'ai limité mes recherches à l'Angoûmois, à la Saintonge et au Bordelais où les mouvements insurrectionnels importants furent connexes ; j'ai abrégé la partie relative à Bordeaux comme étant déjà assez bien connus. Tout en n'ignorant pas que des émeutes graves éclatèrent dans le même temps en Limousin et en Périgord, je les ai négligées, elles n'exercèrent qu'une influence très secondaire sur les événements.

L'insurrection de la gabelle eut pour cause la misère profonde du peuple, très aggravée par la politique financière de François Ier ; tous les contemporains sont d'accord sur ce fait amplement démontré par le récit des événements. L'iniquité fiscale avait réveillé d'ailleurs dans les âmes énergiques de nos aieux le sentiment de leurs droits, car leurs troupes insurgées ne parlaient « que de liberté », ainsi que l'écrivaient les échevins de Poitiers au roi Henri II. Il n'est pas d'ailleurs impossible que les Réformés, déjà nombreux dans l'Ouest, n'eussent propagé secrètement les doctrines révolutionnaires qui avaient amené en Allemagne la guerre des Rustauds, vingt ans auparavant. Mais on doit affirmer très hautement que l'insurrection de 1548 fut surtout une insurrection de misère qui dégénéra rapidement en Jacquerie. Le fait est tellement bien établi qu'on ne peut s'expliquer l'assertion d'un historien saintongeois, Barbot de la Trésorière, affirmant que Puimoreau fut « le célèbre chef des 50.000 confédérés protestants réclamant la liberté civile et religieuse sous le règne de François Ier et de Henri II (1). » Il y a dans ces lignes autant d'erreurs que de mots. Les prêtres catholiques avaient marché avec leurs paroissiens ; l'un d'eux fut brûlé vif pour avoir soulevé sa paroisse. L'historien Belleforest, un contemporain, est plus véridique lorsqu'il écrit, après avoir rapporté les excès de la révolte : « ces façons de faire étaient vraiment pénibles et dignes de blasme, toutefois qui contemplerait la brutale cruauté des leveurs de la gabelle et les exactions desquelles ils usaient, sur le pauvre peuple, on eust condonné quelques cas à cette fureur et puni les excorcheurs des pauvres sous couleur de lever les deniers du roy ».

(1) *Annales historiques des anciennes provinces d'Aunis, Saintonge, Poitou, Angoumois*, par A. BARBOT DE LA TRÉSORIÈRE, p. 141.

La monarchie absolue, toujours professée en France par les légistes d'après l'ancien droit romain, était pratiquée en fait depuis François Ier* ; Henri II, caractère hautain et rancunier, se montra encore plus jaloux de son autorité. Cependant, l'insurrection de la misère fut pour lui une leçon qu'il n'oublie pas, même après la répression qu'il ordonna. Cette insurrection qui était vraiment alors « le plus saint des devoirs », eut pour résultat immédiat une diminution d'oppression fiscale par l'institution des provinces rédimées de la gabelle.*

Il est regrettable, pour le relief de l'histoire de la révolte, que les traits des chefs des communes ne soient pas mieux connus : Puimoreau, gentilhomme, est encore assez distinct ; on le soupçonne généreux, et cherchant à modérer ses soldats ; mais les autres, Boismenier de Blanzac, le premier chef élu, et ses lieutenants Galaffre, Cramaillon, Chatellerault, Tallemagne, le Colonel de Saintonge en Bordelais, ne sont que des noms ; les renseignements biographiques manquent. Peu importe d'ailleurs, chefs et soldats n'ont combattu que pour avoir le droit de vivre et ceci suffit à les rendre intéressants, car, même vaincus, leur sacrifice ne fut pas sur le moment inutile.

Je pense avoir apporté un peu de clarté dans une question assez mal connue, d'autres plus tard combleront les lacunes qui peuvent exister dans mon travail.

Paris, le 1er octobre 1905.

STEPH. C. GIGON,
Sous-Intendant militaire de 1re* classe. E. R.*

LA RÉVOLTE DE LA GABELLE

EN GUYENNE

CHAPITRE I

LA GUYENNE EN 1548.

La Guyenne après la guerre de cent ans sous les règnes de
Charles vii a Louis XII. — Etat économique du pays. — Administration financière de François 1er, accroissement considérable des
impots. — Budget de la France en 1548.

L'appellation de Guyenne, dit l'abbé Expilly dans son
Dictionnaire géographique de 1764, s'est introduite à la
place d'Aquitaine au traité de Brétigny, comme dési-
gnant plus spécialement la partie cédée aux Anglais.
Ce géographe indique que la Guyenne se compose de
six parties : Bourdelois, Bazadois, Agenois, Quercy,
Rouergue, Périgord. On y ajoute, dit-il, souvent trois
autres provinces : Saintonge, Angoumois, Limousin,
mais ces trois provinces forment maintenant deux gou-
vernements généraux, c'est aux six premières que
reste le nom de Guyenne. » Au XVIe siècle l'Angou-

mois et la Saintonge et même le Poitou étaient englo-
bés géographiquement dans l'appellation de Guyenne,
tous les documents officiels en font foi, et l'ensemble
du pays est nommé duché de Guyenne. La Guyenne
était bien l'ancienne Aquitaine féodale et à peu de chose
près l'Aquitaine seconde des Romains (1).

Au moment où la guerre de Cent ans se terminait en
1453 par l'expulsion définitive des Anglais, la France
toute entière se trouvait ruinée profondément et la
Guyenne était épuisée plus qu'aucune autre province.
Jean du Port, dans son *Histoire de Jean, Comte d'Angoulême*, en donne un fidèle tableau. « La France, dit-il,
était lors si ruinée et dépopulée qu'elle semblait plus
tost un désert qu'un florissant royaume, car ne se trouvait aulcuns habitants par les champs, les laboureurs
et champestres s'étaient retirés dans les églises et lieux
forts, n'en sortant guère à cause de la gendarmerie qui
estoit ordinaire dans le pays. Elle estoit devenue par la
continuation de la guerre sous trois roys toute en friche
pleine de halliers et de bois et plus tost la demeure des
bestes que des hommes. » Cette description est tout à
fait fidèle pour les provinces de l'Ouest ; en Angoumois toute la région sud passage naturel des armées
était déserte, les limites des héritages effacées,
les maisons ruinées. En Saintonge un dicton affir-

(1) La lettre patente du 19 août 1548 parle des séditions « Qui se
faisoient en nos païs de Xaintonge, Engoulmois, Lymosin, Périgort
et autres endroicts de la Guyenne ».

Brantôme (*Hommes illustres et Grands Cappitaines*, M. de la Chateigneraye) affirme que François Ier disait : « Nous sommes quatre
gentilshommes de la Guyenne qui sont Chateigneraye, Sansac, d'Esse
et moy », faisant à la Guyenne cet honneur de l'appeler sa patrie ;
comme de raison il estoit né à Coignac.

En 1576, Corlieu (*Histoire d'Angoulmois*) appelle la Charente un
fleuve entre les premiers de Guyenne.

mait que les bois étaient venus avec les Anglais,
indiquant ainsi la disparition de la culture à la suite des
guerres. Dans le Bordelais toute la région frontière où
s'élevaient les bastides était vide. Les habitants, très di-
minués, s'étaient réfugiés dans les villes ou dans les
lieux forts pour sauver leurs vies. Cette situation changea après 1453, une sécurité relative s'établit et les
campagnes se repeuplèrent au grand mécontentement
des villes qui perdaient des contribuables. Nous voyons
dans les lettres patentes de Louis XI, confirmatives des
privilèges de la ville d'Angoulême, que ce roi constate
le retour aux champs et que de ce fait, dit-il, la ville
n'a pas « de présent moitié des gens qu'il y avait au
temps des guerres ». Cette mise en culture à nouveau
de la terre ne s'opéra pas suivant l'antique mode des
agriers avec redevance au dixième des fruits ; les seigneurs n'ayant à donner aux paysans que des terres
en friche et des maynes ruinés, le système de fermage
à redevance fixe s'établit ainsi que celui de la censive ;
ce dernier mode constituait une vente définitive des
terres moyennant une faible rente annuelle perpétuelle.
Les seigneurs luttèrent entre eux pour attirer les ache-
teurs et ce fait provoqua des immigrations de cultiva-
teurs des centres restés peuplés vers les pays déserts.
C'est ainsi que la région de Monségur en Bordelais
fut peuplée par des colonies de paysans de Blanzac
attirés par les offres de l'abbé de la Sauve et d'autres
seigneurs du pays. La reprise de la vie rurale fut d'ailleurs lente, mais l'administration paternelle de Louis
XII amena cependant dans toute la France un état
de prospérité qu'elle ne connaissait plus depuis Louis IX
et Philippe le Bel, et Claude de Seyssel, l'historien de
Louis XII, avait le droit de constater que « la tierce partie
du royaume est réduite en culture depuis trente ans mais

plus de ce règne que d'autres temps auparavant ».

Malgré la prospérité nouvelle, la situation économique des populations rurales était bien précaire.
Toute la richesse venait de la terre et l'échange de ses
produits s'opérait difficilement en raison de la presque
impossibilité de les transporter. Gervais, pour l'Angoumois, indique encore au XVIII⁰ siècle que les routes
de sa province n'étaient praticables qu'aux charrettes
ou aux cavaliers. Les paysans vivaient isolés les uns des
autres : Corlieu en 1576 disait de ceux d'Angoumois :
« Ils ne trafiquent guère les uns et les aultres avec que
leurs voysins non plus que les vieux Gaulois. » Il en
était de même partout. Ces populations pauvres végé-
taient toujours à la merci d'une récolte insuffisante, on
s'explique donc facilement la fréquence des disettes et
des épidémies qui ravageaient surtout les campagnes
aux habitations malsaines et où tous les secours mé-
dicaux manquaient. C'était cependant à cette masse
rurale qu'on demandait presque tout l'impôt, car les
villes, d'ailleurs peu peuplées, jouissaient souvent de
l'exemption de tout ou partie des impositions du
plat pays.

Le pouvoir royal était éloigné du peuple qui le connaissait seulement par les vexations de ses officiers, mais
il se trouvait pour tous les actes de la vie en contact
avec les autres classes de la société.

La noblesse au commencement du XVI⁰ siècle cessait
d'être purement féodale et briguait les charges royales,
elle occupait dans les provinces toutes les fonctions
compatibles avec son esprit militaire. Il ne semble pas
que les relations des gens du peuple avec leurs seigneurs fussent mauvaises, car nous allons voir que les
révoltés de la gabelle sollicitèrent les gentilhommes
de se mettre à leur tête.

Le clergé, plus rapproché du peuple par son origine, avait conservé sur lui une grande influence ; sa discipline, moins étroite que de nos jours, le mêlait à la vie populaire et les curés étaient les conseillers très écoutés des paysans. On les verra prendre part au mouvement de 1548, guider et même commander leurs paroissiens.

Les officiers royaux existaient déjà très nombreux au commencement du XVIe siècle et le règne de François Ier allait les faire pulluler. Mesure fiscale, la vente des offices de toute nature se pratiqua pendant tout le règne et de ce fait les charges du peuple augmentèrent beaucoup, car les titulaires se remboursaient sur les contribuables.

Les principaux représentants directs de l'autorité royale en province étaient les gouverneurs, les baillis et les sénéchaux. Les gouverneurs, tous grands seigneurs, étaient généralement suppléés par des lieutenants résidents. Leurs fonctions comme celles des sénéchaux étaient surtout militaires : ils réglaient de concert avec le roi et le connétable l'assiette des garnisons, les étapes etc. Ils assuraient avec l'aide des seigneurs la police générale du pays ; les uns et les autres avaient le commandement des troupes et celui du ban et de l'arrière-ban, s'il n'était dérogé par ordre royal spécial. Les sénéchaux possédaient aussi des pouvoirs administratifs, puisque d'une façon générale ils devaient faire exécuter les ordres du roi, mais au XVIe siècle les pouvoirs administratifs étaient répartis sans régularité : les gouverneurs, les parlements, les cours de sénéchaussées, les administrations financières et les corps municipaux en détenaient des parcelles ; de là provenait souvent lenteur et hésitations dans l'exécution des ordres du pouvoir central.

L'administration financière, qu'il importe de connaître avec quelque détail, était au commencement du
règne de François Ier d'une très grande complexité.
La France toute entière se divisait en quatre grandes
circonscriptions ou généralités : Langue d'Oc, Langue
d'Oil, Pays sur et outre Seine et Yonne, et Normandie.
La Picardie, la Bourgogne, la Provence, la Bretagne
avaient des administrations financières spéciales.

Dans chaque généralité trois administrations financières distinctes percevaient les impôts : 1° le domaine
était administré par les trésoriers de France et fournissait les revenus ordinaires ; 2° les revenus extraordinaires ; — aides, tailles, gabelles, etc. — étaient administrés par quatre généraux des finances, quatre
receveurs généraux et quatre contrôleurs généraux.
Ces revenus constituaient la principale ressource du
budget ; 3° les affaires extraordinaires — décimes, emprunts, etc., étaient gérées par un personnel spécial.

Le budget était préparé par le conseil royal augmenté
des généraux et des receveurs généraux, tous grands
financiers. L'ordonnancement confié aux trésoriers,
pour les dépenses assignées sur le domaine, appartenait
aux receveurs généraux dans leurs circonscriptions.
Le roi lui-même ordonnançait certaines dépenses
payables sur les recettes générales.

Ce système d'administrations financières juxtaposées
rendait impossible le contrôle, ne permettait pas de
connaître l'état réel des recettes et des dépenses, par
suite, la fraude était facilitée et elle existait à tous les
étages de la hiérarchie. Ce système fut amélioré en 1523
par la fusion de revenus ordinaires et extraordinaires et
par l'institution d'une comptabilité et d'une caisse
centrale du Trésor à Paris. Le budget fut désormais
préparé par le conseil royal seul. Les receveurs géné-

raux n'eurent plus qu'un rôle de percepteurs, les généraux furent réduits au rôle de contrôleurs, et ces derniers furent supprimés par extinction.

Le budget établi était réparti à Paris entre les quatre
généralités : les receveurs généraux dans chaque généralité répartissaient l'impôt par subdivisions nommées élections. Les paroisses nommaient elles-mêmes
leurs collecteurs qui versaient l'impôt dans la caisse
des receveurs particuliers de l'élection, ceux-ci vidaient
leurs recettes dans les caisses des receveurs généraux
lesquels envoyaient les espèces perçues elles-mêmes,
à Paris au Trésor central. La réforme fut complétée
en 1542 pour la division de la France en seize recettes
générales au lieu de quatre généralités : mais cette
réforme ne fut pas appliquée de suite, car en 1548 les
anciennes généralités sont encore nommées dans les
actes officiels.

Le budget des recettes en 1548 comportait des impôts
directs, des impôts indirects, des ressources extraordinaires.

Le principal impôt direct était la taille qui avec ses
crues répétées était passée de 2 400 000 livres en 1515
à 4 600 000 livres en 1543. Un impôt direct sur les villes
closes fut créé à la fin du règne de François Ier : cette
imposition, prévue pour l'entretien de 50 000 hommes de
pied, devint un peu plus tard le taillon. Les impôts indirects comprenaient les aides, les péages, la gabelle etc.
Les ressources extraordinaires étaient des plus variées :
décimes sur le clergé, vente d'offices, vente de titres de
noblesse, emprunts, dons gratuits etc. L'ensemble des
ressources, au dire de l'ambassadeur vénitien Jean
Capello, montait en 1554 au chiffre total de 5,000,000
d'écus d'or (environ 200 000 000 de francs de notre monnaie actuelle). Les impôts royaux ne devaient pas cons-

2

tituer la moitié des charges imposées à la nation : il faut
ajouter au budget du roi les impôts locaux dans les
villes, dans les campagnes la dîme, les droits seigneuriaux, les logements militaires si ruineux et les frais de
perception de l'impôt. La France en 1548 comptant
15 000 000 habitants, à première vue il semble qu'un budget de 400 000 000 de francs ne dépassait pas les moyens
des imposés, car la France actuelle paie proportionnel-
lement quatre fois plus d'impôts : mais on doit tenir
compte de la faible production de richesse au XVI siècle,
et aussi de l'inégale répartition des charges retombant
de tout leur poids sur le peuple qui, à ce moment, possédait au plus le cinquième des terres. Il est vraiment
difficile de comprendre comment le peuple n'était pas
écrasé par la continuité de l'oppression fiscale. Il n'y pouvait du reste plus suffire à la fin du règne de François Ier :
des témoignages officiels nombreux l'établissent. L'arbitraire royal n'échappait pas à l'œil clairvoyant de l'ambassadeur vénitien, Marino Capello, qui écrivait en 1546
à la Seigneurie : « Il lui suffit — au roi — de dire je
veux telle ou telle somme, j'ordonne, je consens et l'exécution est aussi prompte que si c'était la nation entière
qui eut décidé de son propre mouvement. La chose est
déjà allée si loin que quelques Français même qui
voient un peu plus clair que les autres disent : Nos
rois s'appelaient jadis *Reges Francorum*, à présent on
peut les appeler *Reges Servorum*. On paye au roi tout
ce qu'il demande et le reste est à sa merci. »

Ce n'était pas seulement la taille qui avait été augmentée : tous les impôts s'étaient aggravés au cours du
règne, si facticement brillant de François Ier. Les impôts
indirects avaient subi la même augmentation, la gabelle avait été triplée.

Les ressources extraordinaires, nécessitées par les

guerres incessantes et les dépenses somptuaires exagérées du roi, avaient contraint à faire monnaie de tout :
les ventes d'offices, les créations de rentes sur l'Hôtel
de Ville, les emprunts forcés se succédaient rapidement. En 1545 l'impôt des 50 000 hommes de pied fut
crée jusqu'à concurrence de 800 000 livres. dont Paris
prenait 120 000 pour sa part. La ville remontrait au
roi qu'elle ne pouvait plus supporter les impôts mis
sur toutes les marchandises même sur les vivres ; elle
insistait sur l'abus des exemptions accordées aux privilégiés riches et sur la misère des pauvres et des
ouvriers : le roi prié humblement d'avoir pitié de ses
sujets ne répondait pas.

En 1548 les insurgés écrivaient au roi (1) : « La multiplication des dictes impositions et subsides extraordinaires et continuation d'iceulx a tellement rendu le
peuple indigent, que plus ne leur est possible d'y
payer ». Telle était la vérité et la conclusion à tirer du
règne brillant de François Ier. Parmi les impôts qui
écrasaient le peuple, celui du sel était particulièrement
odieux en Guyenne, les réclamations des insurgés en
1548 l'appelaient « taxe en orreur au peuple ». Il convient d'examiner avec quelque détail l'établissement et
le fonctionnement de cet impôt, qui fut la cause déter-
minante de la grande révolte de 1548.

(1) B. N. C. $\frac{342}{8917}$, pièce 6.

CHAPITRE II

LA GABELLE EN GUYENNE

La Gabelle a l'avènement de François Ier. — Son aggravation de 1515 a 1537. — Tentative d'unification de l'impôt du sel : ordonnance du 7 avril 1542. — Révolte de la Saintonge. — Edit du 1er mai 1543. — Ordonnance du 1er juillet 1544. — Mise en ferme de l'impôt du sel.

Le terme de *gabelle*, après s'être appliqué sous les premiers Capétiens à toutes sortes de taxes, s'était restreint au XVIe siècle à l'impôt du sel. On disait encore gabelle du sel, plus tard on dira seulement la gabelle.

A la fin du règne de Louis XII, la France était partagée, en ce qui concerne l'impôt du sel, en trois divisions. Les provinces de l'ancien domaine royal étaient pays de grandes gabelles. Le Languedoc, la Bourgogne, le Dauphiné, la Provence, provinces réunies à la Couronne depuis l'établissement des grandes gabelles, avaient obtenu des privilèges particuliers, des droits modérés : on les nommait pays de petites gabelles. La Bretagne seule était franche d'impôt sur le sel. Les pays de l'ancienne Aquitaine, où se trouvaient la plupart des marais salants, acquitaient une taxe particulière dite du quart de sel. Les pays soumis au quart de sel ou quartage étaient la Guyenne proprement dite, la Saintonge, l'Aunis, l'Angoumois, le Poitou, le Périgord, le Limousin, la Marche.

Les pays de grande gabelle se partageaient en circonscriptions dénommées magasins ou greniers à sel ; elles
étaient administrées par un fonctionnaire supérieur,
nommé receveur ou grainetier, aidé par un nombreux
personnel de contrôleurs, procureurs, commis à pied et
à cheval, employés multipliés par mesure fiscale.

Les marchands de sel devaient apporter leur denrée
aux greniers. Le grainetier achetait le sel à prix débattu, pour la vente au public le prix de la denrée était
fixé par les généraux des finances. Les habitants des
provinces de grande gabelle étaient tenus de prendre
leur sel au grenier et avec un minimum de consommation.
L'administration contrôlait les ventes, toute diminution
dans la consommation du sel entraînait soupçon de
contrebande ; à la moindre irrégularité les saisies
étaient pratiquées. Le personnel administratif, intéressé
à la répression, avait juridiction spéciale pour les
contraventions et, malgré les réclamations des parlements, les appels devaient être formés devant la cour
des Aides de Paris : ce qui rendait tout recours illusoire.

Dans les pays du quart de sel, les marchands appor-
taient leur denrée dans une ville spécialement désignée. En Saintonge il existait des bureaux à Saintes,
Tonnay-Charente, Pons ; en Angoumois un bureau
fonctionnait à Cognac. La valeur de la denrée était
fixée à prix débattu entre le marchand et l'employé
qui percevait au profit de l'État une taxe égale
au quart du prix fixé, avec un supplément pour les
gages du personnel ; il délivrait ensuite au marchand
un certificat qui lui permettait de vendre, soit aux particuliers, soit aux regrattiers. D'autres fois le droit fut
perçu à la sortie même des marais salants sur la valeur
du sel majorée des frais de transports et autres jusqu'aux frontières des provinces destinataires. Les prix

de base variaient par trimestre. En 1515 la taxe du sel
dans les pays de grande gabelle était de quinze livres
tournois par muid — (1850£). — En 1535 elle fut portée
à 30 livres et à 45 livres en 1537. La taxe tripla
donc en vingt ans. Les provinces du quart de
sel, furent moins éprouvées : en 1537 leur imposition s'augmente d'un demi-quart seulement, l'Angoumois qui ne payait que le droit du quint fut augmenté
d'un demi-quint. Cette province payait donc $\frac{3}{10}$ du prix
de vente quand les autres pays de quartage payaient
$\frac{3}{8}$. Les différences de prix du sel dans les diverses provinces étaient considérables ; outre la valeur propre de
la denrée majorée des péages et des frais de transport,
les pays de grande gabelle payaient 45 livres ; les
pays de quartage 15 livres, et l'Angoumois 12 livres
seulement. En raison de ces variations extrêmes des
prix de revient, on conçoit que le gain à réaliser créât
la contrebande entre les provinces taxées différem-
ment. L'Angoumois, province la plus favorisée, malgré
les défenses, fournissait de sel le Limousin, le Périgord
et même la partie de la Saintonge limitrophe du Bas-
Angoumois. Le dommage causé au trésor royal était
grand et les édits de 1517 de 1535 et de 1541 promul-
guèrent en vain les peines les plus sévères contre les
faux sauniers : rien ne put entraver la contrebande.

Le désir de faire produire à la gabelle du sel un rendement supérieur amena en 1541 un changement radical
dans la perception de l'impôt. L'édit du 1er juin 1541,
rendu à Châtelleraut, supprima grandes gabelles et
quartage qui furent remplacés par un impôt unique de
44 livres tournois par muid de sel pris au marais sa-
lant : ce droit acquitté, le sel pouvait circuler libre-
ment dans tout le royaume. Naturellement de nombreux
officiers étaient créés pour réprimer les fraudes et

surtout pour procurer au Trésor royal une recette
immédiate. Les peines les plus sévères étaient édictées contre les fraudeurs et les contrebandiers : pour
la première contravention, outre la confiscation du
corps de délit et des moyens de transport, une amende
arbitraire était prononcée. A la première récidive il y
avait la prison et le fouet : la deuxième menait à la po-
tence. Cette ordonnance ne fut pas appliquée, sans qu'on
puisse s'en expliquer la cause. L'édit du 7 avril 1542
modifia la réforme de 1541, tout en unifiant l'impôt de
la même façon. Le droit de 44 livres par muid était
ramené à 24 livres, mais ce droit atteignait le sel d'exportation et le sel de pêche qui avaient toujours été
francs de toute taxe. Cette disposition ruinait les pays
producteurs : la Saintonge et l'Aunis, pays de marais
salants, prirent les armes et des désordres graves se
produisirent. La révolte fut surtout sérieuse sur les
côtes, dans la région qu'on appelait l'île de Marennes,
l'île d'Arvert, ainsi qu'aux îles de Ré et d'Oléron. La
Rochelle, placée au milieu de marais salans et centre
de commerce important pour l'exportation, s'associa à
la révolte. Son gouverneur, Charles Chabot, baron de
Jarnac (1), avait d'ailleurs par sa mauvaise administration contribué au soulèvement rochelais. François Ier
vint lui-même avec quelques troupes à la Rochelle, où
de nombreux mutins des îles étaient emprisonnés. La
ville fut privée de tous ses privilèges et on s'attendit
à des châtiments rigoureux. Le roi, d'humeur débon-

---

(1) Charles Chabot, baron de Jarnac, chevalier de l'ordre, gouverneur de la Rochelle et du pays d'Aunis, maire perpétuel de Bordeaux
capitaine du château du Ha, vice-amiral de Guyenne en 1544, épousa
en 1506 Jeanne de Saint-Gelais. Il avait deux fils, vivants en 1548 :
Guy, baron de Jarnac après son père, et Charles, sieur de Sainte-Foy,
né d'un second mariage.

naire, proclama une amnistie complète et rendit à la
Rochelle ses privilèges le 1er janvier 1543 ; plus tard
même, en 1544, il enleva le gouvernement de l'Aunis à
Jarnac et en gratifia le comte du Lude, gouverneur du
Poitou. Les tâtonnements du pouvoir pour la réforme
de l'impôt sont manifestes, car l'ordonnance de 1542
fut rapportée le 1er mai 1543 et le régime antérieur
rétabli ; mais l'idée de l'unification de l'impôt sur le
sel ne fut pas abandonnée par l'administration financière : on avait la certitude de trouver là des ressources tous les jours plus nécessaires au gouvernement besoigneux de François Ier. Le pouvoir se décida
donc à tenter une réforme radicale. L'ordonnance du
Ier juillet 1544, complétée par celle du 6 décembre de
la même année, étendit le régime des greniers à sel à
tout le royaume ; quatre provinces, Languedoc, Dauphiné, Bretagne, Provence, conservaient seules un
régime exceptionnel. Des greniers à sel furent établis
dès 1544 en Guyenne, en 1548 nous en constatons
trois en Augoumois : Ruffec, Châteauneuf, Cognac. En
Saintonge il en existait certainement à Saintes, Tonnay-
Charente, Saint-d'Angély et Pons.

Le devoir du sel était rappelé par l'article 19 de l'ordonnance : il était imposé à tous les degrés, gens d'Eglise,
nobles, roturiers et « autres quelconques ». L'article 20
ordonna la communication des rôles des collecteurs des
tailles aux receveurs des gabelles, afin de contrôler les
consommations faites par les habitants des provinces. Les
pénalités étaient toujours excessives ; pour la première
contravention amende arbitraire, confiscation des denrées et des moyens de transport avec un quart de
l'amende pour le dénonciateur : la peine de mort n'é-
tait édictée que dans un seul cas, le mélange du sel
avec un corps étranger. D'ailleurs l'administration

gardait la connaissance des délits et contraventions, l'appel de ses décisions devait être porté à la cour des Aides de Paris. La seule réforme avantageuse au peuple fut la suppression d'un certain nombre de péages, établis sans titres.

La substitution du régime des magasins à celui du quart de sel ne se fit pas brusquement. On en trouve la preuve dans les deux ordonnances du 1er juillet et du 6 décembre 1544 : il est même très probable qu'il fallut toute l'année 1545 pour créer, installer le personnel et établir les magasins ; cela expliquerait la tranquillité relative qui régna en Guyenne, malgré le mécontentement certain de la population. Pendant cette année on ne relève guère d'émeutes qu'en Périgord, où la répression militaire assez douce aurait été confiée au prince de Melfi (1). En 1546 l'agitation commença à se produire et des émeutes graves éclatèrent en Saintonge. Il est probable cependant que le souvenir des événements de 1542, encore présent dans les esprits, eut incliné les populations de la Guyenne à la résignation si l'aggravation subite que le gouvernement apporta au régime des magasins n'avait poussé l'exaspération à son comble.

L'application générale du système des greniers à sel en 1545 ne donna probablement pas les résultats sur lesquels on avait compté, car la contrebande du sel en Guyenne avait dû prendre des proportions énormes. Un personnel de surveillance spéciale fonctionnait cependant et Paradin indique que les chevaucheurs du sel, dirigés par Avere en Saintonge et en Angoumois, patrouillaient jour et nuit pour arrêter les fraudeurs.

(1) Brantôme, *Vie des Grands Capitaines étrangers et français*, LXVIII ; *Le prince de Melphe*.

En réalité le personnel se composait d'un chef, Pascault
d'Avere, et de douze archers (1) : c'était peu pour une
circonscription fort étendue, où tout paysan était un
contrebandier.

Les difficultés de la perception de l'impôt sur le sel,
la certitude de faire produire à cette branche de revenus un rendement supérieur, suggéra au pouvoir
royal l'idée d'affermer les magasins à sel. La lettre
patente de Rambouillet, datée du 15 mars 1546, et signée
Henri, Dauphin, organisa ce système.

L'Etat, tout en conservant les magasins, les mettait
en adjudication pour dix ans. Dans chaque grenier on
fixa le prix de base pour l'impôt d'après le revenu de
la gabelle au 30 septembre 1546, celui de la denrée
étant arrêté par les généraux des finances. Les adjudicataires devaient payer l'impôt par quartier, huit jours
après chaque trimestre échu. Un dépôt de garantie,
égal au quart de la valeur de la fourniture totale, était
exigé ; les gages des officiers des greniers incombaient aux adjudicataires. Le gouvernement se dé-
chargeait de tout sur les adjudicataires : mais comme
ils ne pouvaient accepter les risques de leur ferme
sans être soutenus par l'autorité royale, celle-ci ne leur
marchanda pas son appui. Les adjudicataires étaient
substitués au roi en tout ce qui touchait l'impôt, sauf
en ce qui concernait les confiscations et les amendes :
les droits des adjudicataires étaient garantis de toute
façon et même on les autorisait à exercer une surveillance directe sur le pays. L'article 19 s'exprimait ainsi :
« Les marchands pourront pour empêcher cours des

_____

(1) B.-N.-F. $\frac{12519}{1413\ et\ 1519}$. Montres du 1er mai et du 1er novembre
1545 concernant Pascal d'Avere, «cappitaine de robbe longue» avec un
lieutenant, un greffier, douze archers à cheval.

faulx saulniers commettre à leurs depens perilz et dangiers, outre les chevaucheurs des gabelles qui de présent sont en aulcuns lieux, aultres chevaucheurs, visiteurs, gardes, et en tel nombre qu'ils adviseront : lesquels ils seront tenus préalablement présenter aux officiers des dits greniers. » L'article portait en outre : « sera permis aux dits marchands et leurs serviteurs porter chacuns dans les limites et ressort de son grenier armes, comme arquebuzes et autres, pour la défense de leurs droits et personnes. »

La répression de la fraude était confiée à la justice expéditive des prévôts des maréchaux qui, par l'article 20, avaient « connaissance contre les faulx-saulniers tout ainsi qu'ils ont contre les vagabonds et sera enjoint aux susdits d'y regarder diligemment ». Toute tentative de fraude était punie d'une amende de cent livres. Afin de faciliter l'adjudication des fermes, le pouvoir poussa à la formation de sociétés en commandite, en autorisant l'association de bailleurs de fonds aux marchands. L'article 24 de l'ordonnance portait en effet : « Les dicts marchands pourront associer à eux toutes et telles personnes que bon leur semble, soient gens d'Église ou nobles, sans que pour ce ils pussent être réputés avoir dérogé à leurs privilèges, excepté toutefois officiers royaux de quelque qualité ou condition qu'ils soient ».

La mise en adjudication tentée en 1546 ne paraît pas avoir réussi d'abord, car des instructions furent données dans la généralité de Languedoc, pour renouveler les adjudications à partir d'octobre 1547 jusqu'à janvier 1558. Les conditions étaient d'ailleurs les mêmes que celles édictées en 1546. Les nouvelles adjudications réussirent sans doute car, en 1548, nous voyons en Saintonge, en Angoumois, ce service en pleine marche. Dans l'Angoumois une pièce datée d'août 1548 nomme l'adjudicataire des greniers de la province (1).

L'ordonnance nouvelle aggravait beaucoup la situation des contribuables, car le régime du grenier à sel étant conservé, le personnel à solder était doublé. La nécessité de rémunérer tous ces employés, de donner des dividendes aux commanditaires des fermes, devait forcément pousser à une surveillance tyrannique, aux fausses constatations de délits, aux amendes injustifiées : procédés déloyaux contre lesquels il n'y avait nul recours. Cette association des gens riches du pays avec les fermiers du sel fit comprendre à la foule, dans la même haine, officiers royaux, fermiers, gens riches : et cette haine générale éclata dans ce cri de l'insurrection « Mort aux gabelleurs ».

La mise en train du système des grandes gabelles, aggravé par la mise en ferme du monopole, occasionna déjà en 1547 des émeutes et des refus d'obéissances, en 1548 l'exaspération était à son comble dans les deux provinces d'Angoumois et de Saintonge : l'insurrection préparée n'attendait plus qu'un prétexte pour se produire.

(1). B.-N.-C. $\frac{342}{8917}$, pièce 6.

CHAPITRE III

LA GUYENNE EN 1548. — DÉBUTS DE L'INSURRECTION. — EMEUTE GRAVE A JURIGNAC. — PRISE DE CHATEAUNEUF. — LE ROI DE NAVARRE PREND DES MESURES RÉPRESSIVES. — ELECTION DU COLONEL D'ANGOUMOIS. — DÉFAITE DES GENDARMES DE LA COMPAGNIE D'ALBRET. — RÉVOLTE DE BARBEZIEUX. — ELECTION DU COLONEL DE SAINTONGE. — APPELS AUX ARMES LANCÉS PAR LES COLONELS. — RÉUNION DE LA COMMUNE DES DEUX PROVINCES A ARCHIAC, LE 3 AOUT.

Au commencement de l'année 1548 la Guyenne avait pour gouverneur le roi de Navarre, Henri d'Albret (1), prince indépendant et grand seigneur richement doté dans le pays de Gascogne. Oncle du roi de France par son mariage avec Marguerite d'Angoulême, il jouait un rôle important dans le sud-ouest français. Sa situation indépendante entre la France et l'Espagne le faisait rechercher des deux royaumes et l'espoir de recouvrer pacifiquement la Navarre espagnole, conquête de Ferdinand le Catholique, l'avait entraîné à des compromissions douteuses avec Charles Quint. Ces relations connues d'Henri II le disposaient fort mal pour son oncle et pour sa tante, ainsi qu'en fait foi sa correspondance. Henri d'Albret n'était pas d'ailleurs un gouver-

(1) Henri d'Albret, comte de Foix, prince de Béarn, duc d'Albret, etc. roi de Navarre le 18 février 1503, mort le 25 mai 1555, marié le 24 février 1527 à Marguerite de Valois-Angoulème.

neur de parade, bon à figurer, et attaché seulement aux
seuls profits de sa place : c'était un gouverneur très
jaloux de ses prérogatives et il ne laissait passer aucune
occasion de maintenir ses droits, d'étendre ses attributions. Habituellement il résidait à Pau, dans son
royaume, mais il était suppléé dans la capitale de la
Guyenne par un lieutenant de son choix, Tristan de
Moneyns.

L'Angoumois avait pour gouverneur M. de Larochebeaucourt ; titulaire de cette fonction depuis 1536, il
l'avait gardée pendant que la province était apanagée à
Charles d'Orléans : son fils René occupait sous lui
l'emploi de sénéchal. M. de Larochebeaucourt gou-
vernait en même temps la Saintonge, avec le titre de
sénéchal.

Le gouvernement du Poitou appartenait au comte du
Lude (1). Jehan de Daillon, premier comte du Lude, était
fils d'un officier des plus distingués des guerres d'Italie
sous François Ier et qui avait terminé sa carrière
comme lieutenant du roi à Bordeaux. Son fils, suivant
ses traces, s'était fait apprécier de François Ier qui lui
avait confié le Poitou et, en 1544, La Rochelle et l'Aunis.
Henri II continua à M. du Lude la faveur dont il avait
joui sous le règne de son père.

La Guyenne, éloignée des frontières menacées par l'invasion étrangère, était démunie de garnisons: quelques
compagnies de gendarmerie en Guyenne et en Poitou,
quelques morte-payes dans le château de Blaye : voilà
tout ce que l'on constate comme troupes dans l'Ouest
au début de l'année 1548. La force la plus sérieuse à

(1) Jehan de Daillon, premier comte du Lude, baron d'Illiers, de
Briançon, etc., chevalier de l'ordre, gouverneur du Poitou, du pays
d'Aunis et de la Rochelle, lieutenant du roi en Guyenne, mort à
Bordeaux le 21 août 1557.

la disposition des gouverneurs résidait dans la noblesse
employée comme police permanente, car l'arrière-ban
était convoqué non seulement contre les ennemis extérieurs, mais aussi pour rétablir l'ordre intérieur. En
réalité les autorités politiques et judiciaires n'avaient
que peu de moyens de faire respecter les volontés
royales ; à l'ordinaire elles ne pouvaient compter que
sur les archers du prévôt des maréchaux et, pour l'Angoumois, l'effectif de cette troupe se montait seulement à 12 cavaliers (1). On comprend par ce détail l'impossibilité où se trouvaient les gouverneurs de réprimer immédiatement les émeutes et par suite la
facilité avec laquelle se propagea et subsista l'insurrection dont nous allons parler.

Dans le chapitre précédent nous avons rapporté les
symptômes avant-coureurs de la révolte des populations poussées à bout par les déprédations fiscales :
nous allons exposer les débuts de l'insurrection tels
qu'ils résultent des récits des historiens contemporains
contrôlés par les pièces authentiques.

Les deux historiens Paradin et Bouchet content les
commencements de l'insurrection avec des différences
considérables dans la matérialité des faits et surtout
dans leur chronologie ; on ne doit donc admettre comme
certains que les événements pour lesquels il y a con-
cordance entre les deux écrivains, s'ils ne sont pas contredits par les pièces officielles. Paradin, l'historien le
mieux documenté et le moins atteint de crédulité naïve,
expose que les troubles commencèrent à partir du mois
de mai de l'an 1548 dans la région voisine d'Angoulême et allèrent en s'aggravant en juin et juillet. La

_____

(1) B.-N.-F. $\frac{25794}{82}$. Montre passée à Larochebeaucourt le 15 novembre 1549.

première émeute éclata à Barbezieux contre les
employés du fisc qui, menacés, durent s'enfuir. Le mouvement apaisé grâce à Charles de Larochefoucauld,
seigneur de Barbezieux (1), ne tarda pas à se repro-
duire en Angoumois, mais beaucoup plus sérieux. Paradin, sans spécifier le lieu, dit qu'après l'affaire de Barbezieux les employés de la gabelle prirent quelques
paysans sur « les quartiers de ces lieux » et les menèrent en prison à Châteauneuf ; qu'alors « trois à quatre mil
paysans, bonnes gens des chans, y allèrent qui deman-
doient qu'on leur rendît les prisonniers » ; ceux-ci rela-
chés, les Pitaux (c'est le nom qu'on donna à ces révoltés),
se retirèrent en menaçant de mort le receveur du grenier à sel. Ce dernier, nommé Texeron (2), prit peur et
se réfugia à Pau, près d'Henri d'Albret, auquel il fit connaître la gravité des événements. Bouchet fait un récit
analogue des premiers mouvemens mais il nomme le
bourg où l'émeute décisive éclata ; c'est Jurignac en Angoumois. Dans ce lieu, à propos d'une opération du fisc,
les paysans, excités par leurs prêtres « donnèrent chasse
aux gabelleurs jusque devant le château de Cognac, de
sorte qu'au moyen de cette fuite les dits Pitaux pensant
avoir fait un gros triomphe, au son de la cloche, assemblent les habitants des paroisses de Blanzac, Mala-
trait, Jonzac, Berneuil pour se trouver avec des bâtons
et saccager tous les gabelleurs ». Bouchet parle aussi
de la prise de Châteauneuf où Texeron fut saccagé,

---

(1) Charles de Larochefoucauld, seigneur de Barbezieux, Linières,
Meilhan, Reuilly, Charenton et Le Blanc en Berry, capitaine de
50 hommes d'armes, gouverneur de Paris en 1533, grand sénéchal de
Guyenne en 1544, mort le 15 juin 1583, époux de Françoise Chabot, fille
de l'amiral.

(2) Texeron, bourgeois important de Châteauneuf, pourrait être le
même à qui fut confié l'établissement du pont de bateaux jetté sur la
Charente à Châteauneuf, la veille de la bataille de Jarnac, le 12 mars 1569.

mais il ne place pas ce dernier événement au même
temps que Paradin. Des deux narrations on doit retenir
seulement que l'insurrection prit naissance dans l'Angoumois. Les récits des deux historiens sont d'ailleurs
confirmés sur ce point par le roi Henri II. Dans sa
lettre patente d'octobre 1549 le souverain s'exprime
ainsi (1) : « Devant notre voyage en Piémont nous fus-
mes adverty que nos subjets habitans la province d'Angoulmoys, suscités par quelcuns, ennemys du bien et
du repos public, s'étoient élevés jusqu'à avoir pris les
armes et s'être gettés aux champs » etc. L'origine an-
goumoise de l'insurrection est donc constatée par tous
les témoignages.

Le receveur de la gabelle, Texeron, réfugié près
du roi de Navarre, lui fit un rapport tel que ce
dernier, éclairé certainement par d'autres correspon-
dants officiels prit d'urgence des mesures répressives. Il n'avait à ce moment à sa disposition que sa
propre compagnie de gendarmerie ; il ordonna à cette
troupe de se porter sur les lieux où les rassemblements
étaient signalés et prévint M. de Lude, gouverneur du
Poitou, d'avoir à la seconder, dès qu'il en serait requis.
Il semblerait que le devoir d'intervention directe dans
ce cas d'émeute incombait au gouverneur de la province d'Angoumois, mais le roi de Navarre, avant comme
après l'insurrection, prétendit toujours à un droit supérieur de commandement dans tout le duché de
Guyenne et il semble bien que l'autorité royale ne le
lui contestait pas. Henry d'Albret, sachant d'ailleurs
M. de Larochebeaucourt dénué de toute force militaire
régulière, opérait au mieux des intérêts royaux. Si les
historiens contemporains sont d'accord sur les traits

(1) Bouchet, *Chronique d'Aquitaine.*

essentiels de l'insurrection à son début, ils varient
grandement dans la chronologie des faits. Bouchet
place en janvier 1549 les évènements que Paradin indique à la fin de mai et à la mi-juillet de la même année;
nous allons fixer cette chronologie au moyen d'une
pièce authentique.

Le roi Henri II avait en 1548 entrepris une tournée d'avènement dans l'est de la France. En juillet il
parcourait la Bourgogne et se disposait à passer en Savoie et en Piémont, contrées réunies depuis plus de
dix ans à la France. C'est à ce moment qu'il apprit
par le roi de Navarre et par M. du Lude, la révolte
de l'Angoumois. La lettre de ce dernier, datée du
15 juillet, parvint au roi vers le 18 ou le 19 à Châ-
lons-sur-Saône. Henri II lui répondit le 27 juillet
de Pont-d'Ain (1). Cette dépêche (2) commençait ainsi :
« J'ay veu par les lettres que vous m'avez escriptes,
du 15 de ce mois, comme mon oncle le roi de Navarre
vous avoit mandé tenir preste votre compagnie pour
incontinent l'envoyer au jour et lieu que le sieur de
Gondrin (3) vous ferait sçavoir pour rompre quelques
assemblées du peuple qui s'estoient faictes près Barbezieux, desquelles assemblées vous estiez il y avoit
quelque temps advertys, ensemble d'aultres qui s'estoient faites ailleurs pour empescher la perception de
mon droict de gabelle et exaction des édicts sur cecy
dernièrement faict. » Les émeutes dénoncées par M. du
Lude le 15 juillet avaient donc éclaté depuis quelque

---

(1) Pont-d'Ain, 20 kilomètres sud-est de Bourg, département de l'Ain.

(2) A.-H.-P., t. XII.

(3) Antoine de Pardaillan, baron de Gondrin, chevalier de l'ordre,
capitaine de 50 lances, lieutenant de la compagnie du roi de Navarre, grand sénéchal d'Albret, marié en 1521 à Paule d'Espagne,
dame de Montespan.

temps déjà ; l'indication donnée par lui concorde par
suite avec le récit de Paradin. Le gouverneur du Poitou avait reçu l'ordre du roi de Navarre de faire marcher sa compagnie de gendarmerie à la réquisition de
M. de Gondrin, lieutenant commandant la compagnie
d'Albret : cette prescription prouve que le roi dé Navarre
s'était préoccupé de la répression de l'émeute vers le
12 juillet. Il est donc aisé de voir par l'examen des dates
que la révolte ouverte remonte au 5 ou 6 juillet. On
peut par suite affirmer que les émeutes initiales éclatèrent dès les premiers jours de juillet 1548 et peut-être
même un peu avant cette date (1).

Ces premières émeutes parurent graves au roi Henri II, car sa lettre à M. du Lude continue ainsi : « Je
décernay commissions aux sénéchaux d'Angoulême et
Xaintonge et leurs lieutenants, aux prévosts des mareschaux des dicts lieux et autres pour informer sur
les dictes assemblées, séditions et émotions populaires,
procéder à l'exécution des coupables et mesme contre
les auteurs des dictes séditions selon le mérite du délit
qui pourrait estre plus grand, et mandé à mon dict
oncle d'user de mainte forte et armée pour l'exécution
des dictes commisions. » Le roi Hènri était tellement
persuadé de la nécessité d'agir avec énergie pour étouf-
fer la révolte qu'il prit de suite des mesures excep-
tionnelles. Normalement la direction de l'opération
devait appartenir à celui qui avait déjà commencé la
répression ; Henri II, se méfiant de son oncle, sous un
mince prétexte le mit de côté et chargea M. de Lude du
commandement militaire de la Guyenne. Sa lettre du
27 juillet, après avoir indiqué qu'Henri d'Albret avait
reçu l'ordre d'employer la force, s'exprime ainsi : « Et

(1) Voir la note A¹.

pour ce que depuis je lui ai escript qu'il vienne me
trouver à Lyon à la fin du mois prochain, tant pour faire
le mariage de ma cousine la princesse de Navarre sa
fille avec mon cousin le duc de Vendôme que pour
d'aultres affaires de grande importance, au moien de
quoy il ne pourroit entendre à ceux de dessus sans
retarder sa venue, aussy que le sieur de Monneyns,
mon lieutenant en son absence au gouvernement de
Guyenne, est de présent occupé à la frontière du dict
gouvernement pour la sûreté d'icelle, J'ay, pour ceste
cause et pour la confiance que j'aye en vous, advisé
de vous commettre la charge d'assembler les compagnies de mes ordonnances estant de présent en garnison en mon pays de Poitou et de Xaintonge, et telles
autres de celles qui sont au dict gouvernement de
Guyenne que verrés estre plus à propos, pour assister
avec les dictes forces, et aultres que pourrez assembler,
selon la nécessité qu'il en sera aux commissaires susdicts à l'exécution de leurs commissions. En quoy je
vous prie, M. le comte, vous employer si vivement
suivant le pouvoir que je vous ay pour ce faict expédier, lequel je vous envoye, que les rebelles et coupables soient pugnis exemplairement et moy et justice
obéys. »

M. de Lude se trouva donc dès le premier août in-
vesti du commandement militaire de toute la Guyenne
et chargé de la répression de l'insurrection. Il est à
croire que cette diminution de pouvoir amena Henri
d'Albret à négliger complètement la surveillance de
son gouvernement : son désintéressement des événements de Bordeaux le prouvera clairement. Henri II
montra dès le commencement de la révolte son caractère soupçonneux ; dans ces premières émeutes il
devinait des intentions secrètes, des manœuvres étran-

gères et il complétait ainsi les premières mesures
de répression. « Pour ce que je ne puys croire
qu'aussi grosses assemblées s'ont pu faire sans le consentement d'aulcuns gentilhommes du pays, je vous
envoye aussi des lectres que j'envoye aux sieurs d'Archiac (1), de Saint Maigrin (2), de Barbezieux, de Montauzier (3), de Montendre (4), d'Ozillac (5), de Fontaine (6), des Roys (7), d'Ambleville (8), de Montlieu (9),
de Montmoreau (10), et de Saint Mary (11), lesquels,
ayant veues, vous les ferez tenir à cette fin que suivant le
contenu d'icelles, ils s'employent de tout leur pouvoir
en tout ce qui concerne l'exécution des communes sé-
ditieuses et entretainement de l'ordre établi sur le
faict des magasins. »

La lettre royale du 27 juillet n'arriva pas au comte

(1) François de Montberon, baron d'Archiac, seigneur de Villefort,
capitaine de Blaye en 1538, marié à Jeanne de Montpezat, testa en 1545.

(2) François d'Estuer de Caussade, baron de Saint-Maigrin de
Calvignac, chevalier de l'ordre en 1563, mort vers 1568.

(3) Guy de Saint-Maure, chevalier, baron de Montauzier, seigneur
de Baignes, mort en 1569 ; il était fils de Léon et d'Anne d'Appel-
voisins, mariés en 1480.

(4) Louis de Larochefoucauld, seigneur de Montendre, Montguyon,
Boisse, etc., chevalier de l'ordre, fils puîné de François premier, comte
de Larochefoucauld et de Barbe de Boisse, deuxième femme, mort en
1573.

(5) François de Reillac, seigneur d'Ozillac par son mariage avec
Anne de Mortemer, mort en 1569.

(6) Hélie de Poullignac, seigneur de Fontaine.

(7) X. de Poullignac, seigneur des Roys, gouverneur de Blaye en
1548.

(8) Roger Jourdain, seigneur d'Ambleville, mort en 1561.

(9) Guy Chabot, seigneur de Montlieu, sénéchal du Périgord, fils
du premier lit de Charles Chabot, baron de Jarnac.

(10) Jean de Marcuil, baron de Montmoreau ; il légua Montmoreau
à son neveu Jacques de Montbron qui en portait le titre en 1559.

(11) Baud de Curzay, seigneur de Saint-Mary, de Pursay, Saint-
André, etc., marié en 1543 à Louise de Mauléon.

du Lude avant le 1er août. C'est probablement à cette
même date que le roi de Navarre connut les pouvoirs
spéciaux confiés à ce seigneur ; mais déjà Henri d'Albret avait obéi à l'ordre d'user de « main forte et
armée » qu'Henri II lui avait donné antérieurement ;
car avant cet ordre reçu, il avait vers le 12 août
donné des ordres de marche à sa compagnie stationnée en Agenais. Il est probable que cette troupe, même
incomplètement mobilisée ; ne fut prête à partir que
vers le 18 juillet : elle n'arriva donc à Barbezieux pas
avant le 23 du même mois. Cette compagnie, à l'effectif
de 80 lances, comptant au maximum 240 combattants,
ne pouvait suffire à dissiper un rassemblement considérable de paysans, même mal armés : le roi de
Navarre l'avait compris et il essaya d'assurer des
auxiliaires à ses soldats : l'ordre donné à M. du Lude
comme capitaine de compagnie d'ordonnance en est
la preuve. Les événements accomplis en Angoumois
depuis la prise de Châteauneuf allaient rendre difficile
l'exécution complète de ces ordres. En effet pendant
la période qui suivit immédiatement la prise de
Châteauneuf, les paroisses du Bas Angoumois avaient
élu des capitaines, et ces chefs entrés rapidement en
relations avaient ébauché une fédération. Ces capitaines
sentirent vite la nécessité de fortifier le mouvement
insurrectionnel par une direction centrale et dans
une assemblée générale, tenue vers la mi-juillet à
Mallatrait près Blanzac, un bourgeois de cette dernière ville, appelé Bois Menier (1) dit Boullon, fut pro-

---

(1) Paradin écrit ce nom Bois-Menir. La seule pièce authentique
émanant de lui est signée Boullo n, Fr $\frac{3146}{69}$; de Thou le nomme Boullon,
Bouchet le nomme Galaffre par erreur, ce dernier était un des lieutenants de Bois-Menier cité spécialement par de Thou et Paradin ; il
en sera question à l'affaire de Saint-Amant de Boixe.

clamé chef suprême. Il s'intitula « Coronal d'Angoulmois, Périgort et Xaintonge ». Pour résister à la
répression annoncée, Bois-Menier fit appel immédiatement à toutes les communautés du Bas-Angoumois et
en même temps aux paroisses limitrophes de la Saintonge qui, avec empressement, se joignirent aux
Angoumoisins contre les gendarmes d'Albret (1). Il
est certain que les révoltés connurent de suite par leurs
émissaires et adhérents l'arrivée de la compagnie d'Albret : cela permit aux chefs de réunir en temps voulu
leurs hommes et de les porter au devant des gendarmes
sur un terrain bien connu d'eux. Le pays entre Blanzac
et Barbezieux est légèrement mouvementé, assez boisé,
peu propice aux évolutions de la grosse cavalerie : on
doit donc croire que ce fut dans son pays même que
le colonel d'Angoumois prit position avec la grande
bande de Blanzac et ses auxiliaires de Saintonge. Il
avait avec lui 4000 volontaires mal armés mais résolus.
La compagnie d'Albret ne devait pas compter plus de
100 cavaliers présents, avec ce faible effectif, il eut été
prudent d'attendre les compagnies du Poitou et de la
Saintonge : mais comme elles ne pouvaient pas être de
longtemps en état de marcher (2), M. de La Frette,
commandant la petite troupe, arrivée à Barbezieux le
23 juillet, se porta le 24 ou le 25 juillet sur les troupes
de paysans armés qu'il devait mépriser de tout son or-
gueil de gentilhomme et d'officier régulier (3). Il

---

(1) B.-N.-F. $\frac{20555}{106}$, pièce 49.

(2) Le comte de Lude indique dans sa lettre du 16 août (A, H, P-Tiv)
qu'il n'était pas prêt à marcher à cette date car « il est difficile d'assembler sitôt gendarmes veu qu'ils sont de plusieurs païs », donc au
25 juillet il ne pouvait être d'aucun secours à M. de Gondrin.

(3) Le capitaine véritable de la compagnie d'Albret, M. de Gondrin,
n'était pas présent au combat. Le commandement était exercé par

comptait bien qu'à la vue seule de sa troupe cuirassée, les misérables révoltés s'enfuiraient, il se trompait : Les Pitaux (1) « en furie et comme enragez », dit Bouchet, attaquèrent les hommes d'armes d'Albret, qui, après un engagement très vif, s'enfuirent, laissant plusieurs des leurs sur le terrain. Les gendarmes, revenus au galop à Barbezieux, étaient perdus si Charles de Larochefoucauld ne les eut recueillis. Il ne put les conserver d'ailleurs longtemps dans sa ville car Barbezieux s'agitait, et les hommes d'armes d'Albret n'y étaient pas en sûreté. « Les dicts gendarmes, dit Bouchet, oyant le tocsain sonner de tous côtés, ne savaient où se retirer ». Larochefoucauld dut faire partir cette troupe, il l'envoya à Montlieu où la situation s'aggravant nécessita rapidement le départ de la compagnie, qui rentra dans sa garnison. La défaite des cavaliers réguliers était un gros succès pour l'insurrection naissante, elle fut connue rapidement et entraîna les paroisses hésitantes. Les gendarmes partis, Barbezieux se joignit à l'insurrection, une assemblée générale des paroisses de Saintonge s'y tint immédiatement et un petit seigneur du pays, M. de Puymoreau (2), fut nommé colonel de Saintonge. Quels motifs portèrent ce gentilhomme à se joindre au peuple ? on ne sait. Les Pitaux, nous allons le voir désiraient des chefs gentilshommes ; peut-être forcèrent-ils la main à leur colonel, « le seul noble, dit l'historien Belleforest, qui se fourra dans cette canaille ».

l'officier le moins élevé en grade, M. de La Frette, maréchal-des-logis. Ce fait ressort d'une indication contenue dans une dépêche de l'ambassadeur vénitien, Gustiniani. — Voir pièce 57.

(1) Ce nom fut donné au XVI⁰ siècle aux insurgés. Gervais dans son *Mémoire* de 1725 confirme cette appellation. *Pitault* est d'ailleurs, au XVI⁰ siècle, synonyme de *paysan*.

(2) Voir la note *C* sur la personnalité de Puymoreau.

L'organisation militaire des insurgés fut complétée
par la concentration du commandement entre les mains
de deux chefs. Quoique, comme le remarque Paradin,
ils ne leur obéissaient pas, qu'il « n'était dans leur cas
que tumulte, désordre et violence comme l'issue l'a
témoigné », ces colonels mal obéis donnèrent cependant une direction à l'insurrection. Bouchet rapporte
que le colonel de Saintonge, « par l'opinion des autres
capitaines, envoya lettres à toutes les autres paroisses
où n'y avait eu commotion par lesquelles mandait aux
curés et vicaires de par le couronnel de Xaintonge
qu'aussitôt les lettres veues ils eussent diligemment
faire amasser leurs paroisses au son de la cloche et leur
faire commandement eux enbastonner et mettre en
armes, affin d'estre prêts et eulx rendre et trouver où
leur serait commandé à peine d'estre saccagés. » Ces
appels à l'insurrection furent répandus à profusion
dans l'Angoumois, la Saintonge, le Bordelais, et dans
ces trois provinces ces appels furent entendus (1).

A la fin de juillet 1548 le Bas Angoumois, le sud de
la Saintonge, la côte et les îles de cette dernière
province étaient sous les armes. Des bandes parcouraient le pays dans tous les sens, recherchant ceux
qu'ils nommaient gabelleurs ; pour les Pitaux tous les
gens riches étaient soupçonnés d'être intéressés à la
ferme du sel : ils pillaient donc les gens riches. Les
gentilhommes du pays, contre lesquels ils n'avaient pas
d'hostilité particulière, « n'osaient mot dire et encore
moins faire, craignant d'être saccagés ». La juste résis-

(1) Il est probable que Bois-Menier, premier colonel élu, commença
l'agitation extérieure. Il est difficile de faire le départ des actes à
attribuer aux deux colonels qui tous deux se disaient colonels de
Guyenne, colonels de Saintonge. Tallemagne en Bordelais fut aussi
désigné comme colonel de Saintonge.

tance à la spoliation gouvernementale tournait tout naturellement en une jacquerie, où les appétits féroces de la foule trouvaient satisfaction (1).

Les nouveaux chefs avaient intérêt à agir rapidement ; mais, pour préparer les opérations futures, il fallait connaître le chiffre de l'effectif qu'on pouvait rassembler. Une réunion plénière des paroisses fut ordonnée pour le 3 août à Archiac (2). Bouchet dit que l'assemblée fut nombreuse, un historien du XVIIIe siècle, l'abbé Lambert (3), donne le chiffre de 40000 hommes. Cet effectif est certainement exagéré ; en effet avec une telle armée il n'y aurait eu aucune raison de différer l'entrée en campagne, la victoire étant toujours promise à l'offensive hardie. On doit croire, au contraire, que l'assemblée d'Archiac ne donna pas un nombre suffisant de combattants puisqu'une nouvelle et définitive convocation fut lancée à toutes les paroisses adhérentes et le rendez-vous indiqué à Baignes pour le mercredi 8 août.

(1) Paradin, chapitre VII, indique que les bandes « arestoient tous les marchans et ne se contentoient, les canailles, de les détrousser, ains les tuoient sans savoir quoy ni comment tant estoit ce populaire esmu de mal talent ».

(2) Cette date est donnée par Bouchet et par Belcarius : ce dernier affirme même que les colonels furent nommés à cette assemblée, ce qui est matériellement impossible et en contradiction avec les faits accomplis.

(3) *Histoire de Henri II*, Paris, 1757.

CHAPITRE IV

L'INSURRECTION DU 3 AU 8 AOUT

RÉUNION DES PAROISSES A ARCHIAC. — PRISE DU CHATEAU D'AMBLE-
VILLE. — MEURTRE DE BOUCHONNEAU, RECEVEUR DE LA GABELLE A
COGNAC. — LAURENT JOURNAULT, ANCIEN MAIRE D'ANGOULÈME, A BLAN-
ZAC. — SA MISSION EN ITALIE. — PROPAGANDE INSURRECTIONNELLE.
— RÉUNION GÉNÉRALE DES COMMUNES A BAIGNES.

A la suite de la réunion d'Archiac, un incident des
plus graves se produisit. Les seigneurs du pays, inti-
midés par la violence de l'insurrection, se taisaient et
tâchaient de se faire oublier. Un seul, d'Ambleville (1),
enseigne à la compagnie de Jarnac, montrant de l'é-
nergie, avait essayé de réprimer les émeutes de son
canton. A la tête d'un petit nombre d'hommes, il avait
arrêté et emprisonné quelques séditieux ; on l'accusait
même d'exécutions sommaires. Cet officier venait de
recevoir du roi Henri II une des commissions men-
tionnées dans sa lettre du 27 juillet, mais il n'avait pas
attendu cet ordre spécial pour agir : les prescriptions
des ordonnances royales en 1497 et de 1537 sur les
attributions de la police incombant aux seigneurs terriens lui en faisaient d'ailleurs un devoir. L'énergie de
son attitude le désignait pour servir de première

(1) François Jourdain, seigneur d'Ambleville et de Lezay, fils de
Verdun Jourdain et de Rose de Lezay, enseigne (1544), puis lieu-
tenant (1551) à la compagnie de Guy Chabot, fut gouverneur de
Cognac, mort en 1561.

victime aux haines populaires : Une bande, partie
d'Archiac, marcha sur Ambleville à (6 kilomètres). Le
château fut forcé et incendié, les autres maisons de
M. d'Ambleville (1) eurent, dit-on, le même sort et ce
seigneur fut réduit à chercher son salut dans la fuite.

Les bandes des paroisses parcouraient le pays dans
toutes les directions, inspirant par leurs ravages une
terreur universelle. Une de ces bandes, « par fortune »,
dit Paradin, se saisit près de Cognac de Bouchonneau (1),
receveur du grenier à sel de cette ville. Cet employé
détesté et un de ses commis furent liés tout nus sur des
planches et on leur brisa lentement les membres à
coups de bâton. Les cadavres furent ensuite jetés dans
la rivière, les Pitaux proférant la plaisanterie sinistre
rapportée par Vieilleville : « Allez, méchants gabelleurs,
saler les poissons de la Charente ». Les meurtriers
espéraient que le courant du fleuve apporterait jusqu'à
Cognac les corps des suppliciés et que cette vue ferait
fléchir le courage des habitants qui renonceraient à se
défendre, en cas d'attaque ultérieure.

Pendant cette période d'effervescence première, vers
le commencement d'août, un courageux citoyen essaya
d'arrêter les fureurs populaires. Laurent Journault, seigneur de la Dourville, ancien maire d'Angoulême et
maître des eaux et forêts de la province, vint à Blanzac trouver le colonel Bois Ménier, afin de négocier
avec lui l'apaisement de la révolte. Journault connais-

---

(1) Michon, dans sa *Statistique monumentale de la Charente*, page
210, indique que quelques parties du château d'Ambleville près du
pont-levis, remontent au XVIᵉ siècle. On doit y voir les reconstruc-
tions nécessitées par l'incendie de 1548.

Paradin fait de Bouchonneau le receveur général de la gabelle en
Guyenne. L'abbé Lambert le qualifie de directeur général de la
gabelle, il est probable que Bouchonneau était simplement le fermier
du magasin. Il était bourgeois de Cognac.

sait évidemment l'état des esprits et les causes de la
révolte du pays, puisque sa terre de la Dourville est
située dans la paroisse d'Ambleville à 5 kilomètres
de Blanzac. Sans craindre les colères de la populace,
il vint à Blanzac au milieu des révoltés faire appel à
leur intérêt pour arrêter des mouvements qui appelaient forcément une dure répression. Paradin conte
ainsi cet épisode important. « Pendant cette fureur tu-
multuaire, Laurent Journault, seigneur de la Dourville,
maître des eaux et forêts de l'Angoumois, aux prières
de M. Geoffroy d'Hauteclaire (1), maître des requestes
de l'hostel et du seigneur de la Commarque (2), maître
d'hostel de Sa Majesté, vint à Blanzac où était le colonel Bouillon avec les communes pour tâcher d'arrêter
l'émotion, en leur remontrant la téméraire entreprise
qu'ils faisoient contre la volonté du roy. Les ennemis
le prinrent et le conduisirent à l'église de Saint-Ar-
thémy dans la dicte ville et lui enjoignirent d'aller
trouver le roi et de lui porter quelques articles qu'ils
avaient faicts pour le soulagement du peuple, comme
ils disoient, lui faisant menace au cas où il ne voudrait
accepter cette charge et commission, on le mettroit en
pièces et saccageroit son bien. » Les remontrances au
roi demandaient « que toute gabelle fut amortie et
supprimée et que la gendarmerie ne tint désormais
les champs, lesquelles demandes ayant iceluy entendu,
leur déclara qu'il aimerait mieux mourir entre leurs
mains qu'estre messager de requestes si impertinentes
et inciviles. Toutefois qu'il prendroit la peine de re-

(1) Geoffroy Couillaud, fils de Cybard, conseiller au parlement de
Bordeaux où il succéda à son père en 1532, maître des requêtes en
1544 sous le nom de Hauteclaire, vivait encore en 1562.

(2) François de Bourdeille, premier baron du Périgord, seigneur de
la Tour Blanche en Angoumois et de la Commarche, panetier, testa
en 1546. Son fils aîné André, depuis juin faisait campagne en Ecosse.

monstrer au conseil privé du roy les raisons de l'émeute
et de l'émotion du peuple et pour cela étoit prest à entreprendre le voyage de Piémont où pour lors se trou-
voit la court (1). »

Le rôle joué par Laurent Journault est assez beau
pour qu'on fasse connaître l'homme avec quelques
détails. Laurent Journault débuta dans la vie publique comme membre du corps de ville d'Angoulème;
nommé conseiller en 1516, il fut élu maire en 1524.
Les journaux municipaux ont gardé trace de son zèle,
de son activité et constatent les grands services rendus par ce magistrat. Il débarrasse la ville de mal-
faiteurs dangereux, répare les brèches des remparts,
négocie la suppression de l'impôt du sel pour Angoulème (2), et il obtient le remplacement de cet
impôt par un droit insignifiant. Sorti de charge
en 1528, il était nommé conseiller, fonction qu'il
avait toujours gardée depuis. En 1527 les registres
mémoriaux d'Angoulème font l'éloge suivant de Journault. « Le dict Journault, maire es devant dictes
quatre années, s'est montré homme vertueux, plain de
justice, aymant le bien public et y employant corps,
biens et amis, délaissant tous ses propres affaires,
abandonnant sa maison, femme et enfans et son train
de marchandises pour poursuivre la franchise et liberté
de ceste dicte ville et de tout le pays : faisant droicte
justice à chacun et entretenant en paix tous et chascun
les subjectz et jurez de ceste ville. En défendant par
toutes voies la liberté et les droicts de la dicte ville,
contredisant aux tributz et exactions cy devant levées
et exigées sur les gabares de sel venant par la rivière

(1) B.-N.-F. $\frac{3146}{60}$, Articles demandés au roy, pièce 6.
(2) Registres mémoriaux d'Angoulème, cote C série A 7 — Fᵒ 20.

en ceste ville ; pour lesquelles choses a desservi estre
mis en la mémoire et ranc des hommes vertueux, lui
baillant à bon droit le titre de *Père du pays* (1) ».
L'homme ainsi posé par les documents de 1527 n'avait
pas changé en 1548 : on n'eut certainement pas à solliciter son intervention, de lui-même il dut venir vers
ses malheureux compatriotes égarés par la misère. En
raison de l'exaspération des populations, il ne refusa
pas de porter leurs doléances au roi, mais il y mit la
condition que, pendant son absence, aucune assemblée
illicite ne serait tenue. Laurent Journault aurait eu
quelque excuse à refuser la mission qu'on lui imposait
en 1548 : l'ancien maire d'Angoulême avait certainement plus de cinquante-cinq ans, et le voyage fatigant
de Blanzac à Turin, deux cents lieues à faire à cheval,
s'aggravait singulièrement du passage des monts
d'Auvergne et des Alpes : les postes en outre manquaient sur certains parcours. Cependant Laurent
Journault n'hésita pas ; rentré à la Dourville il en partit
pour l'Italie vers le 7 août et dut arriver à Turin vers
le 15 ou le 16 du même mois (2).

Les résistances de Laurent Journault aux exigences
populaires, son refus de porter en leur teneur première
les réclamations des communes, avaient excité la mé-
fiance des révoltés : les exaltés soupçonnèrent rapidement Laurent Journault d'avoir manqué à sa parole. On
l'accusa de se cacher aux environs de la Dourville au
lieu d'être en route pour l'Italie. Sa trahison admise
amena une visite domiciliaire des paysans à son château, visite marquée par un crime qui montre bien

(1) SANSON, *Noms et ordre de réception des Maires, Eschevins et Conseillers de la Maison Commune d'Angoulême, avec les additions de
Michon*, p. 146.
(2) Voir la note D.

l'éternelle férocité des foules. Voici la narration de Paradin. « Pendant le voyage du sieur de la Dourville à la cour, fut perpétré un acte de grande inhumanité par ces mutins de la commune. Lesquels voyant n'avoir soudainement réponse du voyage de Journault, ne voulant croire qu'il fut allé par devers le roy, comme il avait promis, mais qu'il s'était caché à la Dourville ou dans les bois et taillis des environs, vinrent ung matin le chercher partout ; et ne le trouvant prinrent un pauvre métayer ou granger de la Dourville, lequel ils interrogèrent où était Laurent Journault son maître. Il leur fit réponse qu'il était allé par devers le roy. Lors commencèrent par lui dire qu'il mentait et, pour lui faire dire par force où il estoit, le lièrent tout contre un gros arbre et lui tirent cinquant coups de traict ou garrot à travers les bras et les cuisses pour ne le vouloir tuer que premier il n'eut enseigné son maître. Le pauvre homme n'en pouvant plus cria : « Pour Dieu achevez-moi que je ne languisse plus ! » Lors l'un d'entre eux s'approcha avec une coignée lui disant : « Si tu veux que je t'achève baisse la tête », le pauvre homme, baissant la tête, fut achevé, ce bourreau lui ayant abattu la tête à plusieurs coups de cognée. Ainsi peut-on connaître la cruauté et la brutalité d'un commun quand il maîtrise son mors et que les rênes et brides de justice sont suppéditées. »

Le soupçon jeté sur la mission de Laurent Journault persista et cela explique l'ambassade qui fut confiée quelques jours plus tard à M. de Sainte Foy.

La nouvelle de la révolte de l'Angoumois et de la Saintonge se répandit rapidement dans les provinces limitrophes et probablement même dans toute la France. Les Jurats de Bordeaux la signalaient le 8 août (1)

(1) B.-N.-D. $\frac{775}{10}$.

au roi de Navarre qui avait, lui, d'excellentes raisons pour la bien connaître. M. des Roys de Poullignac, gouverneur de Blaye en écrivait (1) le même jour à M. de Monnéins. Le roi dut être avisé à Chambéry vers le 2 août de la défaite des gendarmes du roi de Navarre ; la révolte devenait sérieuse, mais elle n'était pas encore d'une gravité telle qu'elle forçat Henri II à renoncer à son voyage d'Italie : cependant, avant de franchir les Alpes, il donna d'urgence des ordres pour une répression vigoureuse. Nous en trouvons la teneur dans la lettre adressée de Lyon, le 9 août 1548 à M. du Lude (2), par laquelle le Conseil privé le prévenait que mille hommes d'armes et douze mille hommes de pied allaient lui être envoyés pour réprimer la révolte de l'Ouest. La lettre patente du 19 août indique d'ailleurs la série des mesures de répression prises depuis le commencement de l'insurrection et ses indications sont identiques à celles de la lettre du conseil privé. Le 21 août le cardinal de Lorraine, membre du conseil privé donnait les mêmes renseignements au corps municipal de Poitiers (3). Les mesures militaires ordonnées ne pouvaient aboutir que très lentement, car M. du Lude, commandant désigné de la future expédition, n'avait sous la main dans la première quinzaine d'août que deux ou trois compagnies de gendarmerie : on dut donc convoquer de suite l'arrière ban de la noblesse des provinces. Cet ordre fut donné avant le 10 août, car nous voyons le 15 du même mois, le comte du Lude envoyer au lieutenant-général du Poitou l'ordre de « faire crier l'arrière ban de la province » laissant le

(1) B.-N.-D. $\frac{775}{11}$.
(2) A.-H.-P. Tome iv.
(3) A.-H.-P. Tome vi.

4

lieu de convocation en blanc et limitant le choix du
rendez-vous entre Poitiers, Saint-Maixent et Lusignan.
Le même ordre fut certainement donné pour l'Angoumois et la Saintonge : mais l'état d'effervescence du
pays ne permit pas sans doute la mobilisation immédiate de la noblesse des deux provinces. Le chapitre
relatif à la répression de l'insurrection donnera tous
les détails sur les opérations militaires nécessitées par
la formation des corps d'armées chargés d'opérer dans
la région de l'Ouest.

Nous avons indiqué au chapitre précédent l'active
propagande faite dans les provinces limitrophes, le
prosélytysme communaliste s'exerça surtout fructueusement dans la région bordelaise, voisine de la
Saintonge. Il est certain que, dès le début de l'insurrection, des émissaires angoumois et saintongeois par-
coururent ce pays prêchant la résistance à l'oppression
fiscale. Les bonnes dispositions des cantons compris
entre Guîtres, Coutras, Libourne et Blaye fut affirmée
aux colonels de Saintonge, et l'un d'eux adressa directement son appel à la paroisse de Guîtres, désignée
comme centre insurrectionnel. Nous exposerons plus
loin les faits relatifs à cette intervention. des provinces
du Nord dans la révolte du pays bordelais.

Le dimanche 8 août, obéissant aux décisions de l'assemblée d'Archac, les révoltés de l'Angoumois et de la
Saintonge se réunirent à Baignes.

CHAPITRE V

L'INSURRECTION DU 8 AU 15 AOUT

Assemblée de Baignes. — Effectif des insurgés. — Division des contingents en trois colonnes. — Marche de Puymoreau sur Saintes. — Prise de Saintes et de Cognac. — Marche de Boismenier sur Ruffec. — Retentissement des événements accomplis en dehors des provinces révoltées.

Le mercredi 8 août 1548 les contingents des paroisses fédérées de l'Angoumois et de la Saintonge se trouvaient réunies à Baignes.

Baignes, gros bourg dé la Saintonge presque enclavé dans le Petit-Angoumois (1), était un point de concentration mieux choisi que celui d'Archiac, car les paroisses de la première levée insurrectionnelle se trouvaient là groupées dans un cercle de cinq lieues de rayon. D'après Bouchet l'effectif sous les armes aurait été de 40 ou 50 000 hommes, cet historien donne avec détails la composition de l'assemblée. « Premièrement ceux de Blanzac, Jorignac et Mallatrez comme auteurs de la dicte émotion, lesquels on appelait la grande bande de Blanzac ; puis Barbezieux, Chillac (2), Berneuille (3), Chaux (4), Monlieu, Montguyon, Mon-

(1) Le Petit-Angoumois, enclavé dans la Saintonge, comprenait plusieurs paroisses : Le Tatre, Mortiers, Bran, Pouillac, Chevanceaux, Boisbreteau, Touverac, etc. Le château de Montansier, à 1500 mètres de Baignes, était en Angoumois.

(2) Canton de Brossac (Charente), alors en Saintonge.

(3) Canton de Barbezieux alors Saintonge.

(4) Canton de Montlien, commune de Chevanceaux (Charente-Inférieure), alors Petit-Angoumois.

tendre, Jonzac, Ozillac (1), Vibrac (2), Saint-Germain
de Vibrac, Meux, Réaux, Dochéac, Saint-Magoury (3),
(Saint-Maigrin), Montauzier, Touverac et autres. »
L'énumération est incomplète : on pourrait ajouter à la
liste de Bouchet toutes les paroisses frontières des
deux provinces, car des documents authentiques indiquent par exemple, Jarnac, Cressac, Sainte-Soulyne,
Montboyer etc. comme ayant participé à l'insurrection.
D'une façon générale on peut considérer que l'Angoumois était représenté à Baignes par les contingents
des cantons actuels de Cognac, Jarnac, Segonzac, Chateauneuf, Blanzac, Montmoreau, Aubeterre et par ceux
des paroisses du Petit-Angoumois, Sainte-Radegonde,
Chaux, Montauzier, Touverac etc. Les bandes de Saintonge étaient fournies par les cantons actuels de
Barbezieux, Brossac, Chalais, Archiac, Montlieu, Jonzac, Montguyon, Montendre etc. L'effectif des troupes
réunies à Baignes a-t-il pu s'élever à 50 000 hommes,
comme l'indique Bouchet, ou même à 60 ou 80 000
hommes, comme l'affirmaient les magistrats municipaux de Poitiers le 16 août ? Ces gros chiffres ne sont
pas admissibles : en effet les communautés de l'Angoumois indiquées ci-dessus n'avaient pas au XVIe siècle
une population supérieure à 60 000 habitants : la population mâle ne devait pas dépasser 30 000 hommes. On
peut donc croire que le contingent maximum de l'Angoumois à cette assemblée atteignait au plus 15 000
hommes. Un calcul analogue, fait sur la population des
cantons de la Saintonge présents à Baignes, ne donne-
rait pas plus de 20 000 hommes à mettre sous les
armes l'effectif total de la réunion de Baignes aurait

(1) Canton de Jonzac (Charente-Inférieure), alors Saintonge.
(2) Canton de Jonzac (Charente-Inférieure), alors Petit-Angoumois.
(3) Canton d'Archiac (Charente-Inférieure), Saintonge.

pu à la rigueur monter à 30 000 hommes. Ce chiffre
lui-même est improbable, car on doit remarquer que
l'effectif le plus fort indiqué par le roi lui-même est
celui de 18 000 pour les bandes qui assiégèrent Angoulême le 20 août (1). Il faudra toujours diminuer ainsi
fortement les chiffres d'effectif donnés par les historiens. L'effectif des bandes réunies à Baignes réduit
à 30 même à 20 000 hommes était encore trop considérable pour être facile à maintenir fixe, car des irrégu-
liers, sans vivres assurés et sans solde, ne peuvent
guère servir que quelques jours. Les colonels pour remédier à ce grave inconvénient, dans leurs appels aux
paroisses, recommandaient de réunir et d'apporter des
vivres ou de se procurer de l'argent pour en acheter (2).
Dans la pratique que pouvait-on faire avec ces volontaires ? Jamais armée régulière n'a pu vivre longtemps
sur le pays, même avec une exploitation méthodique des
ressources ; les insurgés ne pratiquant que le pillage,
les expéditions ne pouvaient qu'être très courtes : après
chaque affaire les volontaires rentraient chez eux, sauf
à revenir sur nouvel appel. Les effectifs variaient naturellement beaucoup même dans le cours d'une même
expédition, car les paroisses traversées fournissaient
de gré ou de force leur contingent à la colonne.

Les foules miséreuses réunies à Baignes devaient
présenter un aspect assez pittoresque, les estampes
contemporaines, les tableaux des Lenain nous montrent

(1) Henri II, dans sa lettre du 1er septembre 1548, adressée au connétable de Montmorency, parle de bandes de 18000 et de 16000 hommes,
les premiers ayant assiégé Angoulême : mais cet effectif n'est pas
lui-même certain car, dans la lettre patente d'octobre 1549, le roi
dit que les bandes d'Angoumois « Se sont gettées aux champs jusqu'au
nombre de 12 à 15 000 hommes ».

(2) B.-N.-F. $\frac{2146}{69}$ et C $\frac{342}{8917}$, pièces 1 et 2.

les pauvres paysans un feutre déformé sur la tête, le corps habillé d'un sarreau et de braies de toile, les pieds nus ou chaussés de sabots. Ces déguenillés s'armaient de ferrailles variées : piques, bâtons ferrés, faulx emmanchées à l'envers, épées à deux mains ; dans les armes de jet très peu d'arquebuses, beaucoup d'arcs et d'arbalètes. Ces soldats improvisés marchaient en colonne, groupés par paroisses, sous des drapeaux portés par les enseignes. Beaucoup de prêtres accompagnaient leurs paroissiens : l'un d'eux, le vicaire de Cressac, Jean Morand, commandait sa paroisse par lui soulevée « le dict prêtre avait un bonnet verd un plumar, chausses de bleu découpées, grande barbe et épée à deux mains ».

Au milieu de la cohue rassemblée à Baignes sur les bords du Pharon on pouvait voir quelques gentilshommes du pays venus avec leurs tenanciers. Le peuple sentant la nécessité de chefs expérimentés aurait voulu faire marcher avec lui les seigneurs terriens, contre lesquels il n'avait aucune hostilité déclarée : les gentilhommes conscients de l'avortement forcé du mouvement populaire refusèrent leur concours ; plusieurs firent même beaucoup d'efforts pour détourner leurs paysans d'une révolte qui ne pouvait aboutir qu'à des catastrophes. Le seigneur de Montauzier « prit grande peine d'empêcher toutes les assemblées : ainsi firent les autres seigneurs du pays, mais ils ne purent, au moyen de la dicte soudaine émotion et que les communes les menaçaient de les tuer et saccager leurs maysons ». Les paysans de Chaux voulaient recevoir un capitaine de la main de leur seigneur qui refusa. Son frère, seigneur de Saint-Germain de Chaux (1), vint au conseil des com-

_____

(1) Jacques de Sainte-Maure, seigneur de Chaux ; Philippe de

munes plaider comme M. de Montausier contre la
prise d'armes : son discours fut assez éloquent pour
ébranler un instant les capitaines des paroisses, néanmoins ils persistèrent dans leur résolution de détruire
de vive force l'impôt de la gabelle. Naturellement le
séjour à Baignes fut marqué par des actes de violence :
un riche marchand, nommé Jean Roullet, qui voulait
se retirer après avoir adhéré au mouvement vit sa maison pillée et brûlée. La foule était dirigée par un prêtre
et Puymoreau, malgré ses efforts, ne put rien empêcher.

Le plan de campagne définitif fut évidemment arrêté
à Baignes : le colonel Puymoreau se chargea des opérations dans la région de Saintes et de Cognac. Bois-
Menier dut marcher sur le haut Angoumois pour tâter
Angoulême, détruire le grenier à sel de Ruffec et essayer d'entraîner le Poitou. Guitres ayant fait connaître
que le pays du Libournais, du Fronsadais et de l'Entre-
deux Mers, était mûr pour la révolte, quelques volontaires sous Tallemagne eurent l'ordre de se diriger
vers le sud. La dislocation du rassemblement de
Baignes s'opéra les 9 et 10 août. La colonne de Puymoreau marcha sur Saintes par Jonzac et Pons : l'effectif
de cette troupe ne devait pas dépasser 15.000 hommes,
car le seigneur de Saint-Germain de Chaux, « feignant
de vouloir pactiser avec les insurgés », obtint que les
bandes de Monlieu, de Montguyon et de Chaux retour-
nassent dans leurs paroisses.

L'expédition des Pitaux sur Saintes fut marquée
dès le second jour par une exécution cruelle. « En
passant par la paroisse de Belluire (1), ung bonhomme
se plaignit au Couronnel d'un prestre nommé messire

Sainte-Maure, seigneur de Saint-Germain de Chaux, fils de Alain
(1527-1558).
(1) Canton de Pons (Charente-Inférieure).

Jehean Béraud, lequel lui avait prins et ravy une jument valant six écus, feignant la vouloir achepter ; la preuve de ce faict, ce prestre fut prins et amené par devant le dict couronnel : lequel il feit attacher contre ung arbre, estant jouxte le grand chemin, où il fut sagitté par toutes les bandes jusqu'à la mort. » Ce prêtre était d'ailleurs un sujet peu recommendable, « il avait esté prisonnier à Bourdeaux plus d'un an et avait mis le feu à la maison d'un marchand de Baignes contre la volonté du dict Couronnel (1). » Il est probable que cette exécution fut moins un acte de justice qu'une ré-pression disciplinaire, mais l'exécution d'un prêtre même indigne a pu faire supposer plus tard la présence de nombreux protestants sous l'étendard des com-munes.

Le 10 août, Pons, place cependant défendue par un château très fort, ouvrit ses portes aux insurgés. Les bandes du pays et celles de la région de Marennes vinrent grossir la colonne. Pendant le séjour dans cette ville, comme à l'ordinaire, des actes de violence marquèrent le passage des Pitaux : un gros marchand nommé Reugeart fut déclaré gabelleur, on pilla sa mai-son ainsi que quelques autres. Le 12 août la troupe de Puymoreau, qui devait avec ses renforts compter près de 20000 hommes, campa sous les murs de Saintes. Les portes de la ville étaient fermées, le lieutenant-général du sénéchal voulait résister : mais le peuple tout entier était de cœur avec ceux qui réclamaient les vieilles franchises de la province et la suppression de tous les impôts existants. Les portes furent ou-vertes de vive force par l'émeute intérieure. On dé-signa de suite aux envahisseurs les maisons du lieu-

(1) Paradin, *Histoire de notre Temps.*

tenant-général, du procureur du roi, celles des autres
magistrats coupables d'avoir voulu organiser la résistance, leurs maisons et celles des plus riches marchands, naturellement classés gabelleurs, furent pillées, quelques-unes brûlées : le grenier à sel fut mis
à sac. Les insurgés se portèrent aux prisons et mirent
en liberté, non seulement les détenus pour contraventions aux règlements fiscaux, mais aussi les criminels
de droit commun. Paradin raconte à ce sujet un fait
qui peint au vif l'indiscipline des bandes. Un employé
de la gabelle était lui-même prisonnier pour débet envers l'État : il fut amené devant Puymoreau qui lui
offrit la vie sauve à la condition qu'il s'enrôlerait dans
les bandes insurgées et porterait une des enseignes ;
le malheureux n'eut pas le temps d'accepter car « un
vilain yvrogne lui donna sur la tête d'une faulx emman-
chée à l'envers et le blessa grièvement ». Interrogé sur les
motifs de cette agression, le Pitault répondit « par la
cordi ollet yn méchant qui me fit tresné à la queue de
son chevau o n'y a pas quinze jours pour m'amener dans
quelle prison ». Quelques heures après un prêtre suivant les bandes acheva le malheureux blessé pour vo-
ler ses vêtements. L'indiscipline et la cruauté des
masses populaires ne changent pas et les temps modernes offrent au choix des faits analogues.

Saintes, aux mains des bandes victorieuses, courait un
très grand danger. Puymoreau comprit qu'un long séjour dans une ville riche conduirait au pillage général et
par suite amènerait la dissolution de sa colonne ; il pro-
fita donc du bruit de l'arrivée prochaine d'un corps de
gendarmerie répandu par la ville et évacua Saintes
dès le 13 août. Paradin conte sérieusement la croyance

(1) Paradin, *Histoire de notre Temps.*

de Puymoreau à l'arrivée d'une troupe régulière : mais l'anecdote n'est guère admissible car tous dans le pays savaient parfaitement le chiffre des forces stationnés à proximité. Il n'existait dans toute la Saintonge que la faible compagnie de M. de Burye qui commençait seulement sa mobilisation derrière les remparts de Saint-Jean-d'Angely à plus de six lieues de Saintes et il n'est pas croyable que 20 000 hommes aient pu appréhender l'apparition d'une si faible troupe. Ces faciles crédulités notées par les historiens du temps, et qu'on verra se répéter au cours de ce récit, doivent être rejetées ; les faits réels donnent toujours un démenti aux assertions formulées sans critique par des historiens mal informés. Le 13 août, Puymoreau divisa sa colonne en plusieurs détachements. L'un d'eux marcha sur Taillebourg (1) où l'on disait que des officiers du grenier à sel s'étaient réfugiés. Cette colonne somma la ville et le château de se rendre et, comme les portes restèrent fermées, elle rentra à Saintes le même jour. Un autre détachement, d'après Bouchet, rencontrant vingt-cinq hommes d'armes aurait été chargé par ces derniers et mis en fuite. Cet historien néglige d'ailleurs de nous dire d'où venaient ces gendarmes opportuns et comment ils avaient la hardiesse de circuler dans un pays occupé par une armée de 20 000 hommes déterminés, lorsqu'il y avait à peine quinze jours une compagnie entière avait fui devant 4000 paysans. Le gros des révoltés, commandé par Puymoreau lui-même, quitta Saintes le 13 août et vint camper le même jour sous Cognac (27 kilom.). Cognac, ville de 3 500 habitants, avait pour maire Pierre Giboul qui en vertu de la charte communale commandait la milice et devait dé-

_____

(1) Canton de Saint-Savinien, 10 kilomètres de Saintes.

fendre la cité : la chose eut été facile car la ville et son
château étaient en état de résister, mais le peuple pac-
tisait avec l'insurrection. Cependant il fut fait quelque
effort défensif, puisque Paradin dit que les insurgés
« entrèrent par force ». En tout cas la résistance prit
fin rapidement et Puymoreau occupa la ville le
14 août (1). Le grenier à sel et les maisons des gabelleurs, ou soi disant tels, furent pillées, celle de Bouchonneau, l'ennemi du peuple fut détruite. Puymoreau
occupa Cognac au moins jusqu'au 18 août, ses bandes
rayonnaient dans tous les sens en faisant la chasse
aux gabelleurs. Le château de Garde-Moulin signalé
comme retraite de gabelleurs fut pris et brûlé (2).

La colonne Bois-Ménier, composée exclusivement
d'Angoumoisins, quitta Baignes le 10 août. Son objec-
tif était la ville de Ruffec, siège d'un grenier à sel.
L'effectif de la colonne aurait été, d'après Paradin, de
16 000 hommes. La colonne partie de Baignes passa
par Blanzac ; le 12 elle campait aux portes d'Angoulême, ainsi que le constate un certificat délivré par
Boullon « Coronal d'Engoulmays, Perigort et Xaintonge » à M. de Saint-Foy. Sous Angoulême la colonne
se scinda : le gros sous les ordres du colonel continua
sa route vers Ruffec, quelques bandes s'attardèrent
autour d'Angoulême vivant à discrétion sur les faubourgs et les villages de la banlieue, essayant peut-être
d'entrer dans la ville. Les notables craignant pour leurs

---

(1) Les échevins de Poitiers dans leur lettre au Conseil privé, datée
du 16 août, mentionnent la prise de Saintes et de Cognac : ce qui détermine bien nettement pour Cognac la date du 14, tous les témoignages
fixant au 12 août la prise de Saintes. On ne s'explique pas facilement
que Bouchet puisse affirmer devant le témoignage de ses compatriotes que Cognac n'ait pris aucune part à la révolte.

(2) Château situé sur la Charente à 4 kilomètres, en amont de Cognac.

récoltes se débarrassèrent de ces traînards en leur fournissant le 14 août « force pain et vin ». Ces bandes n'allèrent du reste pas loin, car nous n'allons pas tarder à les voir revenir sur Angoulême. La colonne Bois-Ménier (1) arriva à Ruffec le 14 août. Les habitants de la ville se joignirent aux insurgés. Le magasin à sel fut pillé et les officiers de la gabelle s'enfuirent ou firent cause commune avec le peuple. Pendant la marche sur Ruffec, Bois-Ménier avait eu l'audace d'envoyer ses émissaires aux paroisses de Poitou, pour les sommer de se joindre à l'insurrection. Les échevins de Poitiers écrivaient le 17 août à ceux de Tours (2) « que les insurgés depuis trois jours ont envoyé sommer plusieurs petites places de ce pays, mesmement celle de Civray, dix lieues près de cette ville ». Les Poitevins, peut-être honteux de leur peur, se gardent bien de raconter à leurs frères de Tours que le colonel d'Angoumois n'a pas craint de les sommer eux-mêmes de se soumettre à lui. Le fait est cependant certain, car M. du Lude, dans sa lettre du 16 août datée de Saint-Maixent (3), écrit aux échevins de Poitiers : « Je suis marry que vous n'ayez retenu prisonniers ceux qui vous sont allés sommer. » Ces excitations n'entraînèrent pas Poitiers dans la révolte : mais les lettres officielles montrent bien qu'il y avait fort à craindre.

Le 15 août, Bois-Ménier licencia ses volontaires, n'ayant plus aucun motif pour les conserver sous les armes : il ne garda avec lui que trois de ses capitaines

---

(1) Cette date se déduit de la marche normale de la colonne Bois-Ménier. Le 12 à Angoulême, elle fit étape à Mansle le 13, et arriva le 14 à Ruffec. La lettre du 16 adressée par les échevins de Poitiers au chancelier à Lyon parle de la prise de Ruffec, ce qui la détermine la date du 14 août.

(2) A.-H.-P. Tome ɪᴠ.

(3) A.-H.-P. Tome ɪᴠ.

et quelques hommes pour lui servir d'escorte au retour.

Les premiers succès de l'insurrection avaient eu dans les provinces limitrophes un retentissement considérable : le Périgord et le Limousin remuaient, le Poitou n'était pas sûr, la province bordelaise avait le 12 août levé l'étendard de la révolte à Guitres. La terreur régnait dans le monde officiel, car les provinces étaient complètement dégarnies de troupe. Ces sentiments de terreur se trahissent dans les correspondances. Le 16 août, le maire et les échevins de Poitiers écrivent au roi Henri II une lettre apeurée. « Des parties de Guyenne, Saintonge et Angoulmois est ces jours descendu si grande troupe de gens, tant aguerroyez que de communes, montant comme le bruit est commun à 60 ou 80000 hommes, ayant grosse artillerie et menue, et dont un grand nombre en équipage et gens de guerre et qui fait monstre et revue comme l'on dict par chacun jour et se multiplie de jour en aultre au moyen qu'ils contraignent les villes et bourgs et paroisses où ils passent de leur bailler gens en armes, munitions et vivres à tocquesain sonnant et pour applaudir le peuple ne parlent que de liberté. » Les Poitevins qui venaient de voir les parlementaires angoumoisins se sentent tellement en danger que le même jour ils répètent cette lettre avec de légères variantes, l'adressant à Lyon au conseil privé tout entier, au chancelier et à l'évêque de Coutances membres du même conseil. Le 17, ils écrivent à leurs « bons frères » de Tours (1) pour demander un secours d'artillerie car « le bruit court que dans sept à huit jours ils (les révoltés) — viendront nous assaillir avec toutes leurs forces selon ce que pouvons en avoir su par nos

(1) A.-H.-P. Tome IV.

chevaucheurs ». Ils ne seront pas très rassurés, même
lorsque le comte du Lude leur aura écrit le 17 « Messieurs ne vous étonnez point, ce n'est que communes et
n'ont point d'artillerie » car le gouverneur confesse
en même temps son impuissance à agir disant « que
d'approcher d'eux faible, je ne feroys que leur donner
du cœur et ne leur feroys pas nuisance ». Ils préparent
donc la défense de Poitiers et le corps de ville de
Tours leur vient en aide annonçant le 20 août « sept
caques de poudre huit maîtres canonniers et deux
aydes ». Cette révolte paraissait d'autant plus dange-
reuse que le bruit public signalait une intervention
étrangère : les Poitevins étaient persuadés que la main
des ennemis de la France dirigeait ce mouvement et ils
le signalent dans leur lettre du 16 août au conseil
privé. Si la plupart des affirmations de Poitevins au
roi étaient fausses, elles montrent bien clairement la
terreur répandue par l'insurrection des campagnes et
la panique des autorités débordées par le mouvement
populaire. La suite du récit montrera ce qu'il y avait
de fondé dans les affirmations des contemporains
relativement à l'action des puissances étrangères.

CHAPITRE VI

L'INSURRECTION EN ANGOUMOIS DU 15 AU 31 AOUT

Surprise de saint Amand de Boixe — M. de Saint-Séverin fait
prisonnier le colonel Boullon — Saint Séverin en Italie — Blocus d'Angoulème par les communes — M. de Larochebeaucourt
élargit ses prisonniers — Colère du roi contre M. de la Rochebeaucourt — Publication de la lettre patente du 19 aout.

Le 15 août 1548, le colonel Bois-Menier, après la destruction du magasin à sel de Ruffiec, avait licencié ses
bandes qui reprirent naturellement le chemin suivi à
l'aller, c'est-à-dire la route qui passe par Mansle, Saint-
Amand de Boixe, Angoulême et Blanzac. Le corps
d'armée licencié, son état-major prit le même chemin
que les troupes le 16 août, et ce jour même vint coucher
à Saint-Amand de Boixe. Laissons la parole à Paradin (1). « Au surplus, dit cet historien, le 17e jour
d'août, le colonel Boullon avec trois aultres principaux
compagnons appelez l'un Galaffre, Cramaillon, l'autre
Chatelleraut, venait de saccager le magasin de Ruffec
avec 16000 hommes de communes qu'il avait renvoyés
du dict Ruffec chacun en sa maison, escortés de douze
à quinze hommes passèrent en un bourg nommé Saint-
Amand de Boixe où il y une abbaye... vu leur petit
nombre le seigneur de Saint Séverin (2) qui estoit chez

(1) De Thou, d'accord avec Paradin, nomme comme chefs « Boullon, Galafre, Cramaillon, Chatellerault, qui étaient au reste gens
perdus et désespérés ».

(2) François de Saint-Gelais, seigneur de Saint-Séverin, fils de Mel-

un gentilhomme du païs nommé du Chatelart (1) avec
cinq à six gentilhommes monta à cheval et envoya gens
qui firent courir le bruit qu'il venait bien 300 hommes
d'armes pour les prendre, chose qui ébahit grandement le dict colonel et sa compagnie, de sorte qu'il se
jecta en l'église du dict Saint Amand et se fortifia
dedans le clocher où après, estant assiégé par le
seigneur de Saint-Séverin et aultres seigneurs, il se
rendict après avoir parlementé avec ses compagnons.
Un sien compagnon, nommé Galaffre, ne se voulut
rendre jusqu'à ce qu'on l'eust par finesse et lors furent
menés tous quatre à Angoulème par le dict seigneur et
mis entre les mains de M. de Larochebeaucourt, gouverneur d'Angoulmois et sénéchal de Saintonge ».

Ce récit est complet et évidemment très exact ; en
l'interprétant avec l'emploi rationel du temps et des
lieux on voit que les chefs avaient suivi leurs hommes
licenciés, à 24 heures de distance ; ils étaient sans
défiance car ils se savaient les maîtres du pays. Cette
confiance explique le coup de force exécuté par Saint-
Séverin. Le château du Chatelart où il résidait occa-
sionnellement, est situé à moins de 4 kilomètres de la
route de Mansles à Saint-Amand de Boixe par laquelle
venait de s'écouler la troupe des insurgés revenant de
Ruffec : il fut donc facile de surveiller le mouvement
des chefs des Pitaux le 16, et de s'assurer qu'ils s'ar-
rêtaient sans défiance pour passer la nuit à Saint-Amand
de Boixe. Saint-Séverin eut ainsi le temps de rassembler les seigneurs les plus proches avec leurs tenanciers et de les porter sur Saint-Amand sans que

---

lin premier maître d'hôtel de François comte d'Angoulème depuis roi
lieutenant à la compagnie Guy Chabot, mort vers 1584.

(1) Le Chatelart, commune de Puyreaux, canton de Mansle (Charente).

Boullon pût rien soupçonner. Le 17 au matin le colonel d'Angoumois et ses compagnons durent être stupéfaits de se voir attaquer par une troupe ennemie quand ils se savaient les maîtres du pays et la surprise seule les fit renoncer à se défendre dans le clocher de l'église abbatiale. S'ils avaient cru l'intrépide Galaffre ils eussent facilement résisté et leurs hommes avertis seraient rapidement venus à leur secours, comme ils firent quarante-huit heures plus tard. En tout cas il faut refuser toute créance à la ruse indiquée par Paradin, car la supériorité numérique des assaillants jointe à la surprise causée par l'apparition imprévue de la troupe de Saint-Séverin amena seule la reddition de l'état-major des communes d'Angoumois. Le compte-rendu de la prise des chefs insurgés que Saint-Séverin fit quelques jours après au roi attribuait la réussite de ce coup de main au manque de vigilance des insurgés, car le roi écrivait à ce sujet à M. du Lude, le 17 août, qu'il était heureux d'apprendre l'arrestation de « trois ou quatre des principaux de la dicte commune, lesquels puis qu'ils font si mauvais guet, j'espère que vous viendrez aisément à bout (1) ».

Le récit de Paradin a été reproduit par de Thou avec une singulière déformation: d'après cet historien, les insurgès, au nombre de 17 000, auraient occupé Saint-Amand ; sur le faux bruit de l'arrivée de quelque troupe réglée, toute cette armée aurait fui et M. de Saint-Séverin se serait emparé des chefs insurgés avec peu de monde. Il est facile de voir que cette légende de la lâcheté des Pitaux est contradictoire avec les faits. Ces hommes qu'on représente fuyards à la seule annonce d'un danger imaginaire vont sans hésitation faire immédiatement le siège d'Angoulème.

(1) A. H. P. Tome XII.

La capture du colonel « d'Engoulmois, Périgort et Xaintonge », celle de ses principaux lieutenants était un fait d'importance majeure. M. de Saint-Séverin partit en poste d'Angoulème pour l'Italie afin de l'annoncer lui-même au roi qu'il trouva le 26 août à Carignan. Henri II renvoya de suite ce gentilhomme à M. du Lude avec une lettre où il témoignait sa satisfaction de l'arrestation des chefs insurgés de l'Angoumois. Le caractère soupçonneux et dur d'Henri II se montre bien dans cette lettre du 27 août ; les prisonniers étaient précieux, on pouvait espérer avoir par eux la clef de la conspiration dont on se croyait certain. Le roi répétait donc à M. du Lude les ordres adressés à M. de Larochebeaucourt par le même courrier. « Au demeurant, dit-il, j'escript au sieur de Larochebeaucourt qui a dedans mon château d'Engoulème le dict coronal et ceux qui ont estez prinz avec lui : qu'il ait à les mettre en lieu si seur et qu'il les tienne si bien enfermez qu'ils ne puissent communiquer ne parler à personne et qu'il m'en sache répondre sur sa vye, pour ce que par eux je m'attends de sçavoir au vray à quel but tendoient leurs entreprises et qui sont leurs adhérents : et si les dictes communes vouloient entreprendre de les recouvrer par force du lieu où ils seront et le dict sieur de Larochebeaucourt avoit pour y résister besoing de plus de gens que ce qu'il en a vous l'en scoureriez incontinent et m'advertiriez de ce qu'aurez faict ensemble de toutes telles choses de par de là, ainsi que j'ay donné charge au dict sieur de Saint-Séverin, présent porteur pour vous en dire plus long. »

M. du Lude avait connu l'événement bien avant le roi ; prévenu dès le 19 août par M. Doynau, lieutenant général du Poitou, il lui écrit de Niort le 20 août : « M. le lieutenant général, j'ay veu par votre lettre l'advertissement que vous me faictes de la prinse du coronal et quelques capitaines de cette commune qui sont au chasteau d'Engoulême et comme M. de Saint-Séverin est allé en poste devers le roy, dont vous avez esté bien adverty; et dès le jour d'hier envoyé M. de Loubbes (1) mon enseigne avec cent ou six-vingt chevaux et plus pour aller à Angoulême ayder que ceux de ceste ville ne soyent forcés par ceste commune où j'espère qu'ils seront ce soir et n'aura pas failli d'advertir ceux qui sont à Saint-Jean-d'Angély de s'y trouver. Je partirai demain de ce lieu pour aller à Chizay, Saint-Jean-d'Angély, Angoulême et aultres lieux que besoing sera. »

Le roi Henri II, comme l'actif de M. du Lude, avait raison de craindre les suites du coup de force de M. de Saint-Séverin. Ce gentilhomme avait remis le 17 ou le 18 août ses prisonniers entre les mains de M. de Larochebeaucourt et il semblait bien que derrière les solides murailles et les grosses tours du château d'Angoulême, les prisonniers devaient perdre tout espoir de délivrance. Heureusement pour eux le pays était encore en armes, les bandes revenant de Ruffec n'étaient pas rentrées dans leurs foyers, Puymoreau avec ses Saintongeois occupait Cognac et ses environs. La nouvelle de l'arrestation du colonel Boullon et de ses compagnons fut portée avec une rapidité inconcevable par les échappés de Saint-Amand à toutes les paroisses insurgées. Les bandes rentrées dans leurs foyers, comme celles encore en mouvement, se réunirent sous le commandement d'un frère du colonel Boullon et se dirigèrent sur Angoulême. Puymoreau se porta aussi

(1) Jean de Loubbes, seigneur de Reignac, baron de Sauce, gouverneur du château Trompette, enseigne à la compagnie du Lude (1544-1548), mort en 1549.

immédiatement sur cette ville ; le 20 août Angoulème
était cernée. La concentration des bandes fut si rapide que
certainement les gendarmes de M. du Lude et de M. de
Burye ne purent forcer le blocus et durent rétrograder.

Angoulème en 1548 était une place forte presque
inexpugnable. Ses murs couronnaient les pentes
abruptes des vallées de l'Anguienne et de la Charente,
le château royal et le Châtelet appuyaient l'enceinte
du côté du faubourg Saint-Martial seul point vulnérable
de la fortification, une muraille réunissait d'ailleurs les
portes de Chande et de Nontron couvrant le faubourg
Saint-Martial et doublant sur ce point la protection de
la place. Angoulème n'avait donc rien à craindre d'une
cohue de paysans mal armés dépourvus d'artillerie
et sans expérience de la guerre. Le gouverneur
Larochebeaucourt ne commandait pas à des troupes
régulières mais un certain nombre de gentilhommes
volontaires étaient venus le rejoindre. Avec ces
hommes déterminés, il pouvait dans le château résister
même aux efforts réunis des habitants de la ville et des
insurgés. La ville, d'ailleurs fidèle, pouvait mettre sous
les armes une milice qui en 1544 avait compté 4.500
hommes (1). Rien ne semblait donc plus facile et moins
méritoire que la défense d'une ville rendue imprenable
par la seule fermeture des portes. Il est vrai de dire que
son maire et capitaine, le médecin Poirier (2), manquait
peut-être d'autorité et de connaissances techniques
pour commander place et milices.

Puymoreau, dès son arrivée sous les murs d'Angou-

_____

(1) Sanson, *Noms et ordre des Maires*, etc... édition Michon, p. 118.
« Le dimanche quinzième d'octobre au dit an, à laquelle monstre se
trouvaient 4 500 hommes de défense bien armez et équippez. »

(2) Pierre Poirier, écuyer, maire d'Angoulème en 1548 puis conseiller jusqu'en 1570.

lème, avait sommé le gouverneur de rendre ses prisonniers aux communes sous peine de voir détruire immédiatement les maisons et les récoltes appartenant
aux habitants. La situation du pays n'était d'ailleurs pas
brillante : la peste ravageait la région depuis 1547 et
n'avait pas encore tout-à-fait disparu ; de ce fait nombre
de citadins avaient laissé leurs récoltes au dehors. Ces
récoltes perdues, la famine devait suivre. On comprend
les appréhensions des malheureux habitants d'Angoulème à la suite de la destruction méthodique de leurs
ressources. Il fut remontré à Larochebeaucourt par les
notables le manque d'approvisionnement de la ville, la
disette certaine, suite d'un blocus prolongé, le danger
résultant des dispositions du bas peuple, naturellement
de cœur avec les révoltés, par suite la nécessité de
mettre en liberté les prisonniers pour éviter une catas-
trophe. M. de Larochebeaucourt depuis 1536, année où
il succéda à son père dans le gouvernement de l'Angoumois, n'avait jamais été mis à semblable épreuve ; il
eut certainement peur de voir la ville d'Angoulème se
joindre à l'insurrection et, pour éviter ce désastre, il
préféra rendre les prisonniers. On comprend qu'en
raison des difficultés de la situation, Larochebeaucourt,
accusé de lâcheté, fait m'affirmer avoir fait son devoir
tout entier : ce dont il ne persuada personne (1). En
tout cas, après une courte hésitation de quarante-
huit heures, Larochebeaucourt, cédant à des conseils
pusillanimes, mit ses prisonniers en liberté, le 22 août.
Les bandes quittèrent peu à peu le voisinage immédiat
d'Angoulème, elles y laissaient bien des ruines (2).

---

(1) B-N-F. $\frac{20555}{83}$ Pièce 24.

(2) Le père Daniel, dans son *Histoire de France*, prétend que, pendant
le blocus d'Angoulème, « une volée de canons qu'on tira de dessus
les remparts les épouvanta tellement (les insurgés) que Galaffre et

Le 19 septembre les habitants d'Angoulême écrivaient au duc d'Aumale : « Tous les biens estant aux
champs ont estez pilléz et saccagez par cette commune
pour la résistance que leur avons faite ». M. de Larochebeaucourt écrivait au même, le 3 octobre, que les
habitants d'Angoulême « n'avaient vivres pour leurs
provisions car les gens de la commune, pour la résistance que ceux de la dicte ville ont faite, les ont saccagez et ruynés ».

Les communes, en rentrant dans leurs foyers, rava-
gèrent tout sur leur passage. Châteauneuf aurait eu
encore leur visite si l'on en croit Bouchet. Le château
de Malaville (1), signalé comme un repaire de gabelleurs, fut assiégé, pris et brûlé : les enfants du seigneur,
emmenés en otage à Barbezieux, obtinrent un peu plus
tard leur liberté de Puymoreau.

La nouvelle des événements d'Angoulême arriva au
roi à Cavour en Piémont le 30 août. Il fut indigné de la
faiblesse de Larochebeaucourt que des dénonciations parties d'Angoulême taxaient de lâcheté. Les
prisonniers délivrés, la possibilité de faire la preuve
des complots antérieurs à la révolte disparaissait : les
prisonniers auraient parlé dans les tortures ; le roi, en
présence de l'insurrection grandissante, compléta les
ordres de répression déjà donnés. Le 31 août (2) il
prévenait le connétable d'envoyer en Angoumois M. de
Sansac, officier de grande valeur, pour commander la

Puymoreau leurs chefs eurent toutes les peines du monde à empêcher qu'ils ne se débandassent. » La réalité des faits montre le cas
qu'on doit faire de ces anecdotes.

(1) Ce château appartenait à Jean Gelinard, anobli en 1552,
maitre des requêtes de l'Hôtel en 1554. — Malaville, canton de Châteauneuf.

(2) B.-N. Anjou et Touraine. $\frac{10}{2654}$ Pièce 11.

cavalerie du corps d'armée destinée à M. du Lude : il
donnait en même temps l'ordre de mettre en prison
le faible gouverneur d'Angoumois (1). Le roi écrivait
à ce sujet au connétable, le 30 août : « M. de Sansac
lui dira — (à M. du Lude) — que le dict sieur — (le
roi) — veult et entend mesmement que le dict
comte du Lude faict prendre prisonnier le sieur
de Larochebeaucourt ainsy que luy a escript hier, attendu la faulte qu'il a faict de rendre, avec si peu de
résistance, le colonel des dictes assemblées et aultres
que luy avoyent esté baillés par le sieur de Saint-Séverin. » La colère du roi était violente, elle fut durable.
Larochebeaucourt, soutenu par de hautes protections,
n'avait pas été immédiatement destitué ; nous le
trouvons encore comme gouverneur le 3 octobre
1548 : mais, peu après cette date, il fut remplacé provisoirement par M. de Sansac et emprisonné. Des influences
puissantes avaient cependant agi ; le connétable de Montmorency plaida lui-même les circonstances atténuantes
pour le faible Larochebeaucourt. La colère du roi ne
s'apaisa pas car il répondit dans le courant d'octobre
au connétable par cette lettre (2) : « Mon cousin, je voy ce
que vous m'avez escript touchant le sénéchal d'Engoulmoys... me semble que je lui ferais grand tort, si je ne
le faisoys prendre affin de faire de luy ce que j'avoye
délibéré de faire des otres : car je pense quy l'a myeus
mérité une bonne pugnition que seus qu'y la rendus.
Pour cella ne fallez à le faire prendre et mander à M. du

(1) Louis Prévost, sᵉʳ de Sansac en Angoumois, né avant 1506, chevalier de l'Ordre, capitaine de 40 lances en 1550, grand fauconnier en 1549,
gouverneur de l'Angoumois (1553-1560), sénéchal de Saintonge (1560-
1566), épousa, en 1548, Louise de Montbron. Figura dans les guerres religieuses et mourut en 1578 sur le point d'être promu Mᵃˡ de France.

(2) B.-N.-C. $\frac{342}{9281}$ Pièce 33.

Lude qu'y mette quelqu'un à sa place ». Les termes employés par le roi aggravaient encore l'ordre formel concernant le gouverneur ; M. du Lude obéit. Larochebeaucourt fut donc emprisonné et jugé en décembre par les commissaires spéciaux siégeant à Angoulême. Il ne fut pas destitué de suite, car M. de Sansac, qui le remplaça provisoirement ne devient titulaire de l'emploi qu'en 1553. L'office de sénéchal d'Angoumois était distinct de celui de gouverneur : René de Larochebeaucourt, titulaire de cet office, le conserva malgré la disgrâce de son père.

Après la retraite des communes, Laurent Journault arriva à Angoulême le 28 août apportant de Turin une lettre patente, datée du 19 août, qui accordait aux révoltés une amnistie conditionnelle. Cet acte et les promesses officieuses de suppression de la gabelle, amenèrent une détente immédiate et la pacification de l'Angoumois commença.

CHAPITRE VII

L'INSURRECTION DANS LE BORDELAIS.

PENDANT LES MOIS D'AOUT ET DE SEPTEMBRE.

DÉBUT DE L'INSURRECTION DANS LE BORDELAIS. — LE COLONEL DE SAIN-
TONGE ET LA COMMUNE DE GUITRES. — NOMINATION DE TALLEMAGNE
COMME COLONEL. — EXPÉDITION DE BLAYE. — BLOCUS DE CETTE VILLE
LES 17 ET 18 AVRIL. — TALLEMAGNE A LIBOURNE.

Le mécontentement dans le pays Bordelais et à Bordeaux même, quoique contenu, n'en était pas moins in-
tense. Ces contrées, plus riches que la Saintonge et
l'Angoumois, exportaient leurs produits, le vin surtout,
par la voie fluviale et maritime; elles pouvaient donc un
peu mieux supporter les augmentations d'impôts que des
provinces sans autres ressources, que les seuls produits de la terre consommés sur place. La gabelle les
touchait moins durement que la Saintonge, pays de production dont on ruinait l'industrie : mais si leur pa-
tience fut plus longue, leurs sentiments étaient au fond
identiques et les chefs de l'insurrection Santo-Angou-
moise eurent vite fait d'exciter leur ressentiment jusqu'à la révolte. Dès la dernière décade de juillet 1548,
nous avons vu que des appels à la révolte furent
adressés dans le Bordelais à toutes les paroisses ;
Guitres, bourg voisin de la frontière de Saintonge,
entra vite en relations avec les chefs de la révolte

du nord et devint le centre de l'action révolutionnaire.
Il est possible, d'ailleurs, qu'une cause particulière ait
dicté la conduite des habitants de cette localité. Tallemagne, le futur chef de l'insurrection locale, avait dit-
on, longtemps habité ce pays. Doit-on à ce personnage
une préparation secrète de la sédition dans la région,
c'est possible ; ce qu'il y a de certain, c'est que Guitres,
dès le commencement montra une ardeur extrême
et propagea le mouvement insurrectionnel dans le
Fronsadais, le Libournais, et le Blayais. C'est à Guitres
que le colonel d'Angoumois (1) s'adressa tout d'abord
pour fomenter la révolte. Cet appel à l'insurrection portait (2) : « Messieurs, par le commandement du colonel
de toute la commune de Guyenne, par le vouloir et ordonnance de Dieu tout puissant, vous est mandé, incontinent ces présentes veues, faire sonner la cloche ou
toque-sain : et assemblez et congrégez votre commune
laquelle soit bien armée..... et qu'il n'y ait faulte, de
peur d'estre déclarés inobédiens et estre poussez et saccagez.... Faites porter la présente aux officiers de M. le
vicomte de Fronsac (3), Puynormant, Montpont et qu'ils
assemblent toute leur commune au lieu de Guitres et
sçaurez de nos nouvelles au lieu de Baignes. » Le colonel signait fièrement en souverain, « vostre bon ami

(1) Il est probable que la lettre citée a été écrite par Bois-Menier
qui s'intitulait colonel de Xaintonge et d'Angoumois : la rédaction de
cette pièce se rapproche du sauf-conduit délivré par ce colonel le
12 août à M. de Sainte-Foy, l'envoi de Tallemagne à Guitres doit être
le fait de Bois-Menier, car Tallemagne était très probablement Angou-
moisin.

(2) B.-N.-F. $\frac{3146}{50}$ D $\frac{775}{20}$ C $\frac{342}{8417}$ Pièce n° 1.

(3) Antoine de Lustrac, v^{te} de Fronsac. Cette terre fut érigée en comté
en 1551, puis en marquisat en 1555, après le mariage de l héritière
Marguerite avec le maréchal de Saint-André, remariée à Geoffroy de
Caumont : sa fille aînée porta cette terre dans la maison de Longueville
qui la fit ériger en duché-pairie.

le couronel de toute la commune de Guyenne ordonné
par le vouloir de Dieu ».

La mention de Baignes dans cette lettre prouve
qu'elle a été écrite après l'assemblée d'Archiac et avant
celle de Baignes. Le ton de commandement de l'ordre
dénote des relations antérieures, une direction ac-
ceptée à l'avance et une connaissance sûre de l'opinion
du pays à soulever. Cette proclamation fut certainement envoyée dès le 3 août, car le 8 du même mois les
gens de Guitres répondaient au colonel pour l'aviser
de l'exécution de ses ordres (1) : « Très haut et très
puissant seigneur, salut. Nous avons reçu vos lectres.
Incontinent et en diligence nous avons transmis par
héraulx exprès es villes de Libourne, Sainct-Million
(Emilion) Monségur, Puinormalt (2), Châtillon (Castillon) et Sarrat, le vicomté de Fronsac, le Double (3) ;
Coutras et nous, obéissans à vostre commandement : et
à vostre puissance avons faict monstre et assemblée
de la commune, laquelle est venue dire aujourd'hui et
déclarer avoir bonne volunté et vouloir vivre et mourir pour vous, vous promettant jamais ne vous laisser
ne abandonner. Et dimanche (4) ferons monstre au
lieu de Guitres des terres du Viconté, Double, Coutratz,
Puinormalt et serons en nombre de trois myl hommes bien
armés et équipez, comme avez mandé par vostre lettre.
Nous avons envoyé à Bourdeaux chercher deux cent picques deux cent haquebuttes et avons envoyé quérir le fondeur pour fondre artillerie. Dimanche sçaurez de nos nouvelles au lieu de Guitres : tenez vous saisi d'artillerye

(1) B.-N.-F. $\frac{3146}{59}$ p. 2 Pièce 2.
(2) Puy-Normand, canton de Lussan (Gironde).
(3) Probablement, Saint-Christophe du Double (canton de Coutras
(Gironde).
(4) 12 août 1548.

sans laquelle ne pouvons rien faire et avons vouloir
gagner païs jusques à Thoulouze. »

Cette lettre énergique montre l'ardeur révolutionnaire de la contrée : mais elle montre en même temps
que Guitres comptait sur l'arrivée du colonel de toute
la Guyenne avec des renforts et du matériel d'artillerie.
Le rédacteur de la lettre, probablement un ancien soldat, sait que sans canon on ne pourra pas avoir raison
de la résistance des villes et il recommande « d'être saisy
d'artillerye » sans laquelle on ne peut rien faire.

Le colonel de toute la commune de Guyenne attendu à
Guitres le 12 août ne vint pas. Ce fut un de ses lieutenants
Tallemagne, qui arriva de Baignes avec des volontaires
angoumoisins et saintongeois peu nombreux ; en effet
le 18 août l'effectif total de la colonne Tallemagne à
Blaye sera constaté officiellement égal à 4000 hommes seulement, dans lesquels on doit compter les
3000 volontaires du pays bordelais. Ce chiffre authentique nous montre une fois de plus l'exagération
des assertions des chroniques de l'époque. Les détails manquent sur Tallemagne, il paraît être ori-
ginaire d'Angoumois car on l'amena à Angoulême pour
lui faire son procès. On a prétendu qu'il habitait depuis
longtemps Guitres comme maréchal-ferrant ; il est possible que ses relations dans le pays non moins que son
énergie féroce désignèrent ce sous-ordre au choix du
colonel de Saintonge et d'Angoumois : en tous cas le
12 août, il assistait avec sa bande à la monstre de Guitres
et les communes (1) du Bordelais présentes l'acclamaient

---

(1) Le 12 août, Puimoreau était à Saintes. Bois-Menier le même jour
campait sous Angoulème et Tallemagne assistait à la réunion des communes bordelaises à Guitres. Vieilleville affirme néanmoins qu'après
la prise de Saintes 6 à 7000 hommes en partant vinrent allumer le feu
de la sédition à Bordeaux etc... Cette erreur une des moindres de ces

grand colonel de Guienne. Bouchet rapporte qu'à la
monstre de Guistres, le procureur du seigneur de la
Roche « qu'on disait estre au dict lieu pour escrire et
prendre les noms des enseignes des terres et pais révoltés » fut saisi et mis à mort. C'était là un détail très
ordinaire des émeutes.

Tallemagne prit à Guitres le commandement des communes bordelaises et se dirigea probablement le 13 août
sur Libourne (1), qui lui ouvrit ses portes. Il eut semblé
naturel que ce chef essayât de se porter de suite sur Bordeaux ; mais, à ce moment, la grande ville n'avait pas
encore manifesté ouvertement ses dispositions à la révolte. Tallemagne ne se trouvant pas assez fort, ou bien
cédant à une influence politique intelligente, se décida
à marcher sur Blaye. Cette place-forte aux mains de
l'insurrection, c'était la porte ouverte aux secours de
l'étranger, c'était la certitude de maîtriser Bordeaux par
son commerce, c'était se donner pour point d'appui la
forteresse la plus importante de la contrée. L'entreprise
dépassait la mentalité d'un chef de paysans affamés ; faut-il
y voir l'influence secrète de conjurés bordelais ? c'est ce
que nous examinerons plus tard. La marche sur
Blaye fut résolue dès le 14 août, car Tallemagne
avant le blocus de cette ville somma par deux fois

mémoires apocryphes, a permis à des auteurs modernes d'inventer que
les révoltés « redescendirent à Bordeaux où ils furent maîtres quelques
jours ». Delayant, H^te de la Charente-Inférieure, 1872.

(1) Bouchet prétend qu'avant de faire le siège de Blaye, Taille-
magne aurait pris Montferrand, Libourne, Saint-André, Bourg, La
Trigale, Cadillac de Benaige, etc. Comme il est certain que le 17
août les insurgés campaient à Saint-Martin de Caussade, le colonel
de Saintonge aurait accompli ces expéditions en quatre jours. Cela
montre la valeur du récit de l'historien. Bourg d'ailleurs ne fut jamais au pouvoir de l'insurrection comme le démontre la lettre du
gouverneur Lansac (20 octobre, 1548, B.-N.-F. $\frac{20555}{17}$).

le gouverneur des Roys de lui rendre sa place et de mettre de suite en liberté les prisonniers du fisc. Ces lettres furent envoyées par M. des Roys au parlement de Bordeaux, seul repésentant de l'autorité centrale en l'absence de M. de Moneins. Aucune réponse n'étant faite, Tallemagne et sa bande quittèrent Libourne probablement le 16 août, descendirent le fleuve en évitant Bourg-sur-Mer, retenue dans le devoir par Lansac, son gouverneur (1), et vinrent camper le 17 à l'est et tout près de Blaye sur le territoire de Saint-Martin de Caussade.

Blaye et son château occupaient alors la hauteur où se dresse actuellement la citadelle : les faubourgs peu importants s'étendaient à partir du pied des glacis sur l'emplacement de la ville actuelle (2). La population devait être très faible, puisque la ville et les faubourgs ne purent donner que cent hommes de milice au gouverneur de la place. Le château de Blaye très important, par son commandement sur la terre et sur le fleuve, était alors dans un état complet d'abandon. Son gouverneur M. des Roys écrivait le 8 août (3) à M. de Moneins, qu'il croyait à Bordeaux : « Monsieur, je vous veulx bien adviser de la nécessité que nous avons dans ceste ville pour la garde d'icelle. Vous estes assez advertys de la mutination du peuple ; vous sçavez le nombre des gens que j'ai en ceste ville et château pour la garde, qui est de vingt-huit hommes là où il en faudrait mil à douze cent. J'ay nécessité de pouldre

---

(1) B.-N.-F. $\frac{20555}{17}$ Pièce publiée par A.-H.-P. Tome XX.

(2) Les plans des XVII⁰ et XVIII⁰ siècles montrent la ville haute comprise dans l'enceinte des fortifications. Ses faubourgs commencent au pied des glacis actuels et couvrent l'espace actuellement vide entre ces glacis et la ville moderne. La ville basse sous le canon même de la place ne pouvait être occupée par les insurgés.

(3) B.-N.-D. $\frac{775}{11}$ Pièce, 5.

et de plomb et de fallotz et d'autres choses pour le
faiot de la guerre, comme bien l'entendez. Aussi je
n'avons point de vivres, je vous prye qu'y pourvoyez. » Cette lettre ne trouva pas M. de Moneins
à Bordeaux : il séjournait alors à Bayonne avec une mission
particulière. Il est d'ailleurs certain que, si la lettre lui
parvint, il ne fut opéré ni ravitaillement ni renforcement
de la garnison (1) puisqu'il n'y avait aucune troupe dis-
ponible même à Bordeaux. Tallemagne connaissait-il
en détail cette situation lamentable de la place ? c'est
peu probable : néanmoins, confiant dans l'effet moral
produit par l'insurrection, il n'avait pas hésité à essayer
d'agir sur le gouverneur par intimidation. M. de Moneins,
rentré à Bordeaux le 16 août, écrivait le 17 à M. des Roys.
« Ce soir, Messieurs de la court de Parlement m'ont
— [communiqué] — les lettres que leur avez escriptes
concernant ce que le coronal de oeste commune vous
a mandé, » Cette indication fait bien ressortir les premières sommations, des insurgés à la date indiquée
plus haut. Le 18 août Tallemagne campait donc avec
4000 hommes sur le territoire de Saint-Martin de Caussade, en vue des remparts de la ville de Blaye. D'après
Bouchet, Tallemagne, après s'être emparé d'un certain
nombre de places, marcha sur Blaye : mais le gouverneur
M. des Roys fit « desserrer quelques coups de canon
sur cette quenaille qui se retira en brûlant les maisons
des gabelleurs ». L'abbé Lambert (2), qui écrivait au
XVIII° siècle, amplifie le texte de Bouchet ; d'après
cet auteur, Tallemagne, colonel en Xaintonge, avec
18 à 20 000 hommes vint mettre le siège devant
Blaye qu'il ne put prendre, faute d'artillerie. L'abbé

(1) B.-N.-D. $\frac{775}{25}$ Pièce 3.
(2) *Histoire d'Henri II*, Paris, 1757.

O'Reilly (1) a suivi cette version. Voici les faits réels :
Tallemagne, campé le 18 août devant Blaye, somma de
nouveau la ville de se rendre. M. des Roys écrivit le
même jour à M. de Moneins (2) : « Je vous envoys une
sommation du coronal de la bande de la commune de
Guyenne que je voy à Saint-Martin de Caussade a demi
kar de lieulx d'ici et peuvent estre quatre mil hommes,
sans ceux qui leur doivent venir. Je tiens céans avecque
moy M. le Procureur du Roy et M. le Maire et cent environ de la commune des faubourgs de Blaye, qui ont
bonne envie de faire service au roy. La commune des villages de la châtellenie de Blaye sont avec eux. » M. des
Roys était sans munitions, sans vivres, avec seulement
vingt-cinq soldats et une centaine de volontaires des faubourgs de Blaye, qu'il affirme avoir « bonne envie
de faire service au roy ». — Dans sa lettre du 8 août,
il jugeait autrement ces volontaires et pensait qu'on
ne pouvait avoir en eux « grande fiance » (3). Sa position était donc critique, car rien qu'un simple blocus
l'aurait forcé rapidement de se rendre faute de vivres :
mais les communes ignoraient cette détresse et craignaient fort les quelques canons inoffensifs qui garnis-
saient les remparts. Le 18 août, le colonel Tallemagne
renouvelait donc ses premières sommations restées
sans réponse et il marquait le désir de ne pas engager

---

(1) *Histoire complète de Bordeaux*, par l'abbé O'Reilly, Bordeaux,
1862.

(2) B.-N.-D. $\frac{775}{16}$ Pièce 7.

(3) En réalité l'esprit public n'était pas meilleur à Blaye que dans
le reste de la province. M. du Lude rendait compte le 24 septembre
au duc d'Aumale, que M. des Roys signalait le juge et le syndic de
Blaye comme « fort mutins » le 13 octobre seulement, tout allait bien
car des Roys dit à cette date que : « la commune de ce païs est fort
bien pour cette heure. » B.-N.-F. $\frac{20469}{147}$.

de combat sans y être forcé (1). « Capitaine de Blaye,
écrivait-il, et vous, Messieurs les Archers et aultres qui
estes dans la ville de Blaye, on a rapporté au commun
populaire et à nous que votre intention était de nous
reculer à coups de canon : ce qui est à vous chose très
mal advisée attendu que l'intention du commun populaire n'est d'entreprendre en rien sur le faict du roy,
mesmement dans la ville de Blaye et aultres lieux, ni
en ses domaines ni revenu, fors seulement sur les mes-
chans inventeurs chargés du faict de gabelle, qui est un
subside maudict et insupportable, laquelle chose estant,
ainsy que manne du ciel à nous donnée par la volonté de
Dieu. » La sommation intimait en suite au gouverneur
d'avoir à rendre sa place et promettait bonnes conditions à tous, sauf aux gabelleurs : le refus de rendre la
place entraînait l'exécution militaire « à peine d estre
déclarés rebelles et de saccager vos personnes...
prendre vos châteaux, maisons, meubles, maitairies et
aultres biens que avez sur les champs, et ainsi est
l'avis du commun populaire. » Cette pièce fut envoyée à
M. de Moneins, le 18 août. La bande de Tallemagne,
même grossie des gens de la châtellenie de Blaye, ne
comptait que 4000 hommes mal armés ; pour les révoltés du Fronsadais et du Libournais rester devant une
place de position un peu excentrique relativement à
leur pays paraissait inadmissible. Ils avaient dû croire
que le gouverneur se rendrait de suite et il continuait
à résister. On ne pouvait le forcer sans artillerie, et un
blocus pouvait être bien long. Tallemagne lui-même ne
put retenir ses hommes. Le blocus fut abandonné le
19 août probablement, à la grande satisfaction des
bourgeois de Blaye qui néanmoins virent brûler sous

1) B.-N -D. $\frac{775}{16}$, pièce 7.

6

leurs yeux récoltes et métairies mais sûrement au
grand contentement du gouverneur des Roys, qui
put ainsi économiser ses dernières gargousses.
L'alerte avait été vive, et pour parer à de nouvelles
éventualités M. du Lude renforça peu après la garnison de quelques arquebusiers (1). La fermeté de
M. des Roys fut d'ailleurs utile à la ville de Blaye, qui vit
ses privilèges, abrogés en 1537, confirmés et augmentés
en 1551 (2).

Tallemagne, avant de marcher sur Blaye, entra en
communication avec Bordeaux. Il est certain que dans
les troubles du 17 au 21 août l'influence des excitations des insurgés militants fut considérable. Après le
21 août, malgré le rétablissement de l'ordre, les sympa-
thies communalistes du peuple et de la jurade n'hési-
taient pas à se manifester : nous en avons la preuve
par les termes du jugement du 6 novembre 1548
contre la ville de Bordeaux. On y constate que des
lettres, envoyées par les chefs insurgés de Saint-
André le 4 septembre 1548, furent lues, discutées en
plein conseil et que réponse fut faite par le greffier de
la ville. Ces relations, certaines, ne permettent pas d'admettre le récit fait par Bouchet. Cet historien prétend
que le colonel de Xaintonge envoya lettres aux principaux de la ville de Bordeaux mesmement à ceux de la
Maison de Ville à ce qu'ils eussent à eux se trouver

(1) B.-N.-F. $\frac{20555}{44}$.

(2) A.-H.-G. La lettre patente du $\frac{31}{3}$ 1551 s'exprime ainsi :
« Désirant les bien et favorablement traicter par le bon et grand
devoir qu'ils ont toujours faict es choses qui ont touché notre service
mesme durant les émotions dernièrement survenues en notre dict
duché de Guyenne, pendant lequel ils se sont employés cors et biens
à courir aux mutins et sédicieux, démontrant toujours de plus en plus
le devoir et affection qu'ils nous portent ».

en grande diligence à Libourne, bien équippés en
armes, avec force vivres, à peine d'être saccagés. Les
dictes lettres reçues par le capitaine et juratz de la
dicte ville, pour ce qu'ils avoient ouy parler de ce
couronnel de Xaintonge, estimant que ce fut quelque
grand personnage et que tant de peuple lui avait obéi,
tinrent conseil sur les dites lettres... » (1). Ce récit, qui
suppose une ineptie complète à l'assemblée municipale
de Bordeaux, est d'ailleurs placé avant l'insurrection de
la grande ville : nous avons vu que les relations avec
les insurgés sont postérieures à cet événement. L'historien O'Reilly s'est servi de la narration de Bouchet,
qu'il a amplifiée, dans une lettre de Tallemagne à la
Jurade : lettre dont le style trop moderne, sans parler
des erreurs de fait qu'elle contient, montre l'inau-
thenticité.

Tallemagne était rentré à Libourne le 20 août. A partir de cette date il dirigea la Jacquerie des campagnes
du Bordelais. Avec une bande, qui compta par moments
jusqu'à 16000 hommes au dire même d'Henri II, il
s'empara de Montferrand, de Saint-André de Cubzac,
de Cadillac de Benaige, de la Trigalle et pilla toute la
contrée. La lettre de M. de Candale, en date du 7 octobre, adressée au roi, montre qu'il ne pénétra pas dans
l'Entre-deux-Mers, dont l'insurrection resta autonome.

Il n'existe pas de détails authentiques sur les méfaits
imputables à Tallemagne et à ses bandes : il ne semble
pas cependant que son action se soit prolongée au delà
du 15 septembre. Les lettres patentes du 19 août concernant l'Angoumois et la Saintonge étaient publiées
dans ces provinces depuis le 28 août et l'accalmie

_____

(1) GUILLAUME RIBIER, *Lettres et mémoires d'Etat*, 1666. Lettre
d'Henri au connétable, du 1er septembre 1548.

produite dans le Nord à la suite des promesses
royales influa forcément sur la province frontière, qui reçut à son tour les mêmes promesses de pardon par
le comte de Foix-Candalle. Ce seigneur envoyé par
Henri II, avec les pouvoirs de lieutenant de roi arriva
à Bordeaux dans la deuxième quinzaine de septembre
et il ne tarda pas à parcourir les campagnes récem-
ment soulevées. Tout était rentré dans l'ordre et il
en rendit compte au roi par sa lettre du 7 octobre datée
de Bordeaux (1). Les populations de l'Entre-deux-Mers
prétendaient même n'avoir pris les armes que pour résister à l'invasion des Saintongeois, c'est-à-dire à la
bande de Tallemagne. Ce dernier, abandonné de ses volontaires et même de ses fidèles de Guitres, qui le 8 août
juraient de vivre et mourir pour lui, dut se cacher pour
échapper aux premières recherches avec le vain espoir
de se faire oublier.

(1) GUILLAUME RIBIER, *Lettres, mémoires d'Etat.* Le comte de Foix
Candale au Roi, 7 octobre 1548.

CHAPITRE VIII

MISSIONS DE LAURENT JOURNAULT
ET DE M. DE SAINTE-FOY

Nous avons indiqué au chapitre III que le roi Henri II avait entrepris depuis le mois de mai 1548 un voyage d'avènement parmi les provinces de l'Est. Il parcourut en juin la Champagne, en juillet il était arrivé en Bourgogne et là il se décida à visiter la Bresse, la Savoie et le Piémont, pays conquis sous François Iᵉʳ. Le 27 juillet il était à Bourg en Bresse et ce jour-là il annonçait à M. d'Humières (1) son intention de passer en Italie, en laissant sa femme Catherine de Médicis, avec quelques membres du conseil privé à Mâcon, pour « entendre aux affaires ». Il ne hâtait pas d'ailleurs son voyage, car le 9 août nous le trouvons encore à Modane, d'où il annon-

(1) Jean de Crevaut d'Humières, gouverneur des enfants de France, (1546-1550) fils de Jean et de Jeanne de Hangest, joua un grand rôle sous les règnes de François Iᵉʳ et Henri II. Gouverneur du Piémont (1537), ambassadeur en Angleterre (1527) etc. etc. mort en juillet 1550.

çait à M. de La Roche-Pot (1) son arrivée à Turin pour le
12 août. Le Piémont était gouverné depuis 1545 par le
prince de Melphi (2) Jean Caracciolo, émigré napolitain
fait par François I⁽ᵉʳ⁾ maréchal de France. Le roi inspecta
les corps d'occupation et les forteresses, répandant
autour de lui récompenses aux chefs et doubles paies
aux troupes. Cette excursion devait durer cinq semaines,
comme le roi l'indiquait dans sa lettre du 27 juillet au
comte du Lude : les événements qui se déroulaient
dans l'ouest de la France ne l'abrégèrent pas beaucoup.

Le roi, avant de quitter la France, avait laissé sa femme
pour présider le conseil chargé de l'expédition des affaires. Les membres les plus importants de cette sec-
tion du conseil étaient le duc de Guise (3), le chancelier (4), le cardinal de Lorraine (5), l'évêque de Coutances (6) : Catherine de Médicis se transporta rapidement
de Mâcon à Lyon. Le roi avait emmené avec lui en Italie
une cour brillante, mais plutôt militaire : son ministre
favori, le connétable de Montmorency, l'accompagnait
ainsi que le duc d'Aumale, le maréchal Saint-André (7)

---

(1) François de Montmorency, sgr de la Roche-Pot, né en 1492,
2ᵉ fils de Guillaume et d'Anne Pot, chevalier de l'Ordre, gouverneur de
l'Ile-de-France, lieutenant général en Picardie, en l'absence du duc
Ch. de Vendôme, mort en 1551.

(2) Jean Caracciolo, prince de Melphi, duc de Venosa, fait comte de
Romorantin par François I⁽ᵉʳ⁾. Maréchal de France 1544, gouverneur
de Piémont en 1545, mort en 1550.

(3) Claude de Lorraine, comte puis duc et pair de Guise, marié à
Antoinette de Bourbon, mort en 1550.

(4) Olivier, sgr de Lenville, garde des seaux en 1542, chancelier en
1545.

(5) Jean, Cardinal de Lorraine, frère de Claude, mort en 1550.

(6) Philippe de Cossé, évêque de Coutances, diplomate et membre
du conseil, mort en novembre 1548.

(7) Jacques d'Albon, fils de Jean et de Catherine de la Roche, né
le $\frac{2}{3}$1504, maréchal de France, $\frac{26}{4}$ 1547, tué à Dreux $\frac{29}{21}$ 1562.

et les secrétaires d'Etat Clausse (1) et l'Aubespine (2).
Le roi, nous l'avons dit au chapitre III, avait appris l'insurrection de la Saintonge et de l'Angoumois vers le
18 juillet et il en avait compris toute l'importance ; les
dispositions édictées dans sa lettre du 27 juillet le
montrent suffisamment. Les événements ultérieurs
avaient été également appréciés : la lettre du conseil
privé, datée du 9 août, prescrivant des mesures de répression de plus en plus rigoureuses, montre que l'attention du gouvernement ne faiblissait pas. C'est à ce
moment que Laurent Journault arriva à Turin, chargé,
comme nous le savons, d'une mission spéciale par ses
compatriotes insurgés. Le seigneur de la Dourville
parti de Blanzac du 5 au 7 août arriva à Turin vers le 15
du même mois. Le maître des Eaux et Forêts d'Angoumois exposa au roi la situation des provinces de l'Ouest :
il fit ressortir la misère et l'oppression intolérable, les
sentiments loyalistes des révoltés, expliqua par leur
peu d'intelligence la faute commise et fit appel à la clémence du souverain. Le roi persuadé surtout de la
difficulté d'une répression militaire immédiate, comprit
que la clémence était pour le moment la meilleure des
politiques. Il fit donc rédiger une lettre patente d'amnistie qu'il confia, le 19 août, au seigneur de la Dourville pour être publiée le plus rapidement possible, dès
son retour à Angoulême.

Cette lettre patente (3) donne l'historique de la révolte et en marque bien les différentes phases. Le roi
s'exprime ainsi : « Comme puis naguères ayans esté ad-

---

(1) Clausse, sgr de Marchemont, secrétaire d'État, mort en 1558.

(2) Claude de Laubespine, sgr de Châteauneuf, secrétaire d'État,
mort en 1567.

(3) Cette pièce est classée à la Bibliothèque Nationale sous le
nº 1929 : Imprimée à Paris par Nicolas Chrétien en 1548.

verti des sédictions et émotions populaires qui se faisoient en nos païs de Saintonge, Engoulmoys, Limo-
sin, Périgort et aultres endroits de la Guyenne, pour
empescher l'exaction des édicts par nous faicts sur le
faict de la perception de nos droits de gabelle du sel,
nous eussions donné commission à nos officiers ordinaires, aux prévosts de nos maréchaux, procéder extraordinairement contre les rebelles mutins et mesme
contre les auteurs des dictes sédictions.... et depuis
ayant entendu que, pour être le dict peuple assemblé en
trop grand nombre, il n'estoit possible à nos officiers
de pouvoir exécuter leur dicts mandements et commissions, nous aurions ordonné pour faire assembler les
compagnies de nos ordonnances estant en garnison en
notre dict païs de Guyenne pour les assister et les accompagner, de façon que force et authorité en demeurât à nous et à justice. » Ce sont exactement les ordres
adressés par le roi à M du Lude, le 27 juillet, et donnés
en termes presque identiques. Sur le rapport fait au
roi que les assemblées croissaient et augmentaient de
jour en jour, celui-ci avait décidé la réunion de « mil
hommes d'armes avec autres forces que, disait-il, nous
avons pour ce ordonnez de se rendre partout où sero-
yent les dicts séditieux et rebelles assemblés afin de les
rompre et leur courir sus, comme vrays ennemis de
nous et de la chose publique. Après laquelle dépesche
serait arrivé devers nous notre amé et féal Laurent
Journault, seigneur de la Dourville, maistre de nos Eaux
èt Forêts du pays d'Engoulesme, lequel nous a déclaré
et faict entendre que, comme nostre et fidèle serviteur,
et aussi meu de compassion de la folle et téméraire entreprise des dictes communes et du dangier et péryls
où ils s'estoyent mys, usant de telles séditions, seroit puis naguères retiré devers une grande partie

des communes pour leur remonstrer leur erreur afin
de savoir d'eux ce qui les avoit emuz ou mouvoit
de ce faire. Lesquels avoient déclaré qu'yls estoient
comme ils avoyent toujours estés, et vouloient demeurer
nos bons et fidèles serviteurs et subjets, et ce qui les
avoit meuz d'eulx ainsi assembler estoient pour empêcher
les exaction, travaux et molestes que leur faisoient nos
officiers establis et ordonnez sur les faict de la perception de nos dicts droits de gabelle, qu'ils estimoient
n'estre entenduz de nos gens. A quoi ils désiroient singulièrement que nostre plaisir fut donner ordre et qu'il
estoient prêts à se séparer et retirer en leurs maisons,
n'estoit la crainte qu'ils avoient que notre gendarmerie
leur voulsit courir sus et vivre sur eux à discrétion, et
aussi nos dicts officiers et prévôts des maréchaulx voulsissent exécuter sur chacun d'eux particulièrement leur
dicte commision, pour la faulte par eux commise .»

Laurent Journault avait exposé au roi une des causes
de la révolte : a-t-il exposé d'autres griefs que les abus
de la gabelle? C'est peu probable puisque le roi ne parle
que de cet impôt dans sa lettre patente. Nous allons voir
combien les demandes et les plaintes que les gens d'Angoumois avaient voulu faire connaître au roi étaient plus
considérables. Henri II, quoique jeune encore, avait le
cœur dur et l'esprit méfiant : ces défauts naturels étaient
certainement aggravés par les avis de son principal
conseiller, le connétable de Montmorency. Mais si la du-
reté impitoyable de ce dernier poussait le roi à la répression, sa duplicité de négociateur madré devait essayer la temporisation jusqu'à ce que la force pût sou-
tenir l'autorité. Il n'est donc pas étonnant que le roi ainsi
dirigé ait accordé une amnistie aux malheureux égarés,
à qui la rigueur de ses agents mettait les armes à la
main. Le roi terminait donc sa lettre patente par de

belles paroles de pitié et de pardon : « Sçavoir faisons.
qu'après avoir bien meurement considéré la dicte remonstrance, voulant en scuyvant notre naturelle inclina-
tion avoir le cœur de nos subjets, plus par clémence douceur et humanité que par contraincte rigueur et justice :
considérant l'ignorance et la simplicité des dictes communes, qui ne permet qui ne connoisse leur faute si
grande comme elle est... de notre propre mouvement,
certaine science, pleine puissance et authorité royal, par
les présentes, évoque et évoquons à notre personne, pour
tout le dict faict... en interdisant et défendant à nos cours
de Parlement, sénéchaussées de Guyenne, prévosts de
nos mareschaux et aultres... entreprendre aulcune congnoissance et juridiction, en quelque ce soit.... à la
charge toutefois que les dictes communes et peuples
soient tenus de se séparer et se retirer d'avance en leurs
maisons ars et industrie, quatre jours après la publication de ces présentes, et de remettre l'artillerie, arque-
busez, arbalètes, piques et aultres armes et bastons
qu'ils ont des lieux où ils étaient prins. » Faute de se
conformer à ces ordres l'exécution militaire était prévue. Cet important document était signé du roi et de
ses principaux conseillers présents, le cardinal de
Guise (1) son frère François, duc d'Aumale (2), le maréchal de Saint-André et d'autres encore.

Il est facile de voir que la lettre patente d'amnistie est
un leurre : le délai imparti pour la soumission était si court
que des juges bien dressés devaient toujours constater
l'insoumission. Quant au désarmement, les infractions
étaient certaines et impossibles à éviter. Nous allons

(1) Charles, cardinal de Guise, né en 1525, 2ᵉ fils de Claude, cardinal de Lorraine après son oncle Jean, mort en 1574.

(2) François de Lorraine, fils aîné de Claude, comte puis duc d'Aumale (1547), puis duc de Guise (1550), né $\frac{12}{2}$ 1519, mort en 1562.

voir que la répression ne tint nul compte de cette amnistie fictive. Néanmoins cette proclamation pouvait aider à la pacification et elle donna des résultats immé-
diats dans l'Angoumois. Paradin constate, qu'après le
blocus d'Angoulême, la commune se retira « ayant re-
couvré son coronal joinct qu'ils avaient eu les lettres du
roy de Piedmont où il leur estait recommandé de se retirer dans les quatre jours dans leurs maisons, ce que
la commune fist ». La véritable pensée d'Henri II se
trouva dans sa lettre du 19 août à M. du Lude (1). Le roi
en lui envoyant le double des lettres patentes dit : « Ne-
antmoins, ne sachant au vray si les dictes communes
voudroient faire ce que le Maistre des Eaux et Forests
a déclaré de leur part, je ne laisse de faire assembler la
gendarmerie que j'aye ordonné de marcher droit au
dict païs d'Engoulmoys et de Xaintonge... d'autant que
je les feroy toujours retirer assez à temps, quand je
verray que faire se debvra. » La défiance du roi était
légitime et sa lettre patente n'était qu'un expédient. Il
l'avoue d'ailleurs dans sa lettre du 9 septembre (2) au
même du Lude : « j'ay entendu l'arrivée du sieur de Bri-
zambourg devers vous et pour ce que je n'attendois pas
plus que vous faictes que par la dépesche que j'ai
faicte bailler au Maistre des Eaulx et Forêts d'Engoulème les communes eslevées par de là fussent pour soy
retirer, je n'ay laissé de donner ordre de faire marcher
en diligence les compagnies que j'avois ordonné d'aller
au dict païs et encore j'escript pour cet effet par tous
les bailliages et sénéchaussées de mon royaume ».

Telle quelle la lettre patente du 19 août fut publiée
partout dans les deux provinces insurgées. Le roi en

(1) Archives H.-P. Tome XII.
(2) A.-H.-P. Tome xii.

même temps ne manqua pas d'amadouer ses bonnes
villes. A la même date il félicite les ville d'Angou-
lème(1), de Poitiers (2) et de Limoges (3) sur leur fidélité :
il les remercie des services rendus et les associe à
l'œuvre de pacification. Poitiers surtout, où le corps
municipal déployait un zèle stimulé par la peur, est
- l'objet d'une attention toute particulière qui se traduit
par de nombreuses lettres missives, par des recommandations à M. du Lude de veiller à la sûreté de la
ville « qui parce que j'ai veu, — (disait le roi) — par la
lettre qu'elle m'avait escripte se trouvait étonnée et en
crainte des dites communes. »

Laurent Journault, sitôt la lettre patente expédiée,
avait repris le chemin d'Angoulème ; le roi, satisfait de
sa mission et confiant dans son influence sur ses compatriotes, lui donna en outre une commission analogue (4) à celle décernée aux principaux seigneurs
d'Angoumois, elle leur donnait le droit d'intervention
officielle auprès des populations. En huit jours Journault arriva à Angoulème (5).

La lettre patente du 19 août ne vise que les faits de
rébellion : le roi évitait d'y parler de diminution ou de
suppression de la gabelle, cette question avait cependant
été soumise au roi par Laurent Journault, ainsi qu'il s'y
était engagé vis-à-vis de ses compatriotes. Il avait de-

(1) B.-N. Voir pièce nᵒ 10.
(2) A.-H.-P. Tome IV.
(3) Annales françaises de Limoges, mss. 1638, fᵒ 331.
(4) B.-N.-F. $\frac{20555}{114}$, pièce 30.
(5) La copie faite sur l'original de la lettre patente par Alin Martin,
greffier de la sénéchaussée d'Angoumois, porte la date du vingt-hui-
tième jour d'août 1548.
Alin Martin, échevin d'Angoulème, en 1558, fut greffier à la sénéchaussée et au présidial de la ville. La famille posséda la fief de
Bourgon.

mandé pour eux le retour au quartage et le conseil privé
en avait délibéré à Turin. M. du Lude lui-même avait
fait connaître au roi qu'il était urgent de supprimer l'impôt détesté, dans l'intérêt de tous. Le roi écrivait le
29 août (1) au connétable qu'il ne voulait rien faire « sur
la modération de la gabelle du Poictou dont il — (M. du
Lude) — m'escript jusqu'à ce que je soye de retour à
Lyon. » Si le roi n'avait pas pris d'engagement ferme
pour la suppression de la gabelle avec Laurent Journault, il est certain que le retour à l'ancien mode de perception de l'impôt du sel avait été officieusement indiqué ; ces promesses servirent d'adjuvant à la lettre patente. M. du Lude, dès le 31 août, écrit au maire de Poitiers de Saint-Jean d'Angély (2). « Le Maistre des Eaulx
et Forests d'Angoumoys est venu de la court, qui a apporté quelques articles et moyens pour le proficts du
roi et le soulagement de son peuple. » Le 3 septembre
1548 le corps municipal de Poitiers écrit à M. du Lude
qu'on dit la gabelle abolie par le roi et réduite au
quart et demi-quart. La décision était prise, il ne s'a-
gissait plus que de l'exécuter en temps opportun et de
faire payer cette faveur, le plus cher possible aux provinces.

Au moment où Laurent Journault quittait Turin, arrivait un autre ambassadeur des communes d'Angoumois ; cet ambassadeur était Charles de Sainte-Foy (3),
fils puîné de Charles Chabot baron de Jarnac. Les communes, nous l'avons vu, avaient soupçonné la loyauté

(1) A.-H.-P. Tome XII.

(2) A.-H.-P. Tome XII.

(3) Charles Chabot, sgr de Sainte-Foy, né du 2e mariage de
Charles, baron de Jarnac, avec Magdeleine de Puyguyon, fut guidon
à la compagnie de son frère Guy, il eut une fille mariée au baron de
Surgères. Mort en 1573.

du seigneur de la Dourville et elles craignaient qu'il
n'eut éludé la mission dont il s'était chargé. Jour
nault avait refusé de soumettre au roi toutes les
réclamation formulées par les révoltés, et avait limité
son intervention à la modération ou à la suppression
de la gabelle ; les insurgés cherchèrent donc un ambassadeur plus souple qui fit connaître au roi les vœux
de ses sujets d'Angoumois dans toute leur étendue.
On ne sait comment les communes eurent l'idée de
s'adresser à Charles de Sainte-Foy. Son père : si dur à
La Rochelle en 1541, semble fort adouci en 1548 par
sa lettre du 24 septembre (1) adressée au duc d'Aumale,
il excuse les « pauvres gens de sa terre de Jarnac. Il
est donc probable que sur une démarche des insurgés
il autorisa son fils à servir d'ambassadeur aux communes. Sainte-Foy partit donc avec une mission
officielle des insurgés eux-mêmes, le sauf conduit délivré à ce seigneur par le colonel Boullon en fait foi.
Voici cette pièce (2) : « Messieurs les cappitaines et gens
de la commune. Le coronal des pays d'Angoulmoys,
Périgort et Xaintonge vous prie de ne faire déplaisir
à M. de Sainte-Foy présent porteur, lequel nous faict
ce bien d'aller devers le roy pour son service et le bien
de toute la commune. Escript aux portes d'Angoulesme, ce douzième jour d'Août 1548. Vostre bon ami
le coronal Boullon ». Sainte-Foy, dut arriver à Turin
vers le 21 Août, et remit au roi l'exposé complet des
réclamations des communes de sa province. « Ces articles » (3) énumèrent les divers impôts qui chargaient
le peuple ils critiquent avec fermeté tailles ordinaires,

(1) B.-N.-F. $\frac{20463}{193}$ pièce 21.
(2) B.-N.-F. $\frac{3146}{60}$.
(3) B.-N.-F. $\frac{3146}{50}$ etc. C. $\frac{842}{8917}$ pièce 6.

lods et ventes, impôt des cinquante mille hommes de
pied, vente des bénéfices, des offices, du domaine, taxe
des aisés, gabelle surtout. Le don gratuit de joyeux
avènement n'échappe pas à leur juste ironie : « Le terme
de don gratuit est supposé et non véritable, car combien
que par lettres patentes soit dict don gratuit et tel
nommé, néanmoins par la teneur d'icelles, il y a contraincte rigoureuse de paiement. » La gabelle naturellement donne lieu aux plaintes les plus fortes, spécialement en ce qui concerne les abus des employés de
l'administration et de la ferme : « Quartement se sont
élevez aultres officiers sur le faict du sel, dont le principal
est nommé Margurin, eux disant être supérieurs des précédents dicts impôts »... Nos révoltés ne ménagent pas
la vérité aux puissances, ils ne craignent pas de dire au
roi : « A l'avènement du prince il fut déclaré et publié par
tout le royaume qu'il ne vouloit et n'entendoit avoir
aulcun debvoir de son peuple, sauf les tailles ordinaires :
néanmoins a contrainct de payer les dicts impôts »

Les pauvres plaignants comprenant trop bien que
leurs exigences devaient être modérées, limitaient cependant leur vœux au remplacement de la gabelle par
le quartage comme Laurent Journault avait dû le demander : « Par quoy supplie très humblement le Roy leur remettre l'impôt de la Gabelle à douze livres dix sols par
muictz selon la charge qu'en a prise d'Orville maistre
des eaulx et forêts d'Angoulmoys. »

Les articles contiennent l'affirmation du loyalisme
des Pitaux qui n'ont pas d'autre prétention que de faire
diminuer l'injuste gabelle. Ils demandent d'ailleurs amnistie pour la révolte et réclament contre tout envoi de
troupes dans le pays : « Item supplie le roy très humblement que pour avoir faict la dicte levation il luy plaise
ne user de rigueur contre eulx, ne envoyer aulcuns gen-

darmes pour ce faict, et faire commandement aux gen-
tihommes de ne se lever ou émouvoir contre la dicte
commune pour aulcun deplaysir qu'ils pourroient avoir
prins en ce faict, qui pourroit estre occasion que la
dicte commune seroit contraincte de nouveau s'élever
contre les dicts gentilhommes, ce qu'elle ne voudroit,
mais supplie très humblement le roy de leur pardonner
et remettre ce qui a esté faict. »

L'ambassade de Sainte-Foy ne changea rien aux réso-
lutions bien arrêtés du roi : il maintint purement et simplement les dispositions édictées dans sa lettre patente
du 19 août. Henri II écrivait le 27 août au Comte du
Lude (1) : « Jay entendu par Sainte-Foy, fils du sieur de
Jarnac, les remontrances et supplications qu'il m'a faictes
de la part des communes assemblées en Angoumoys,
lesquelles tendent à miséricorde, sur quoy vous avez
esté amplement informé de mes intentions par les dé-
pesches qui ont esté faictes par moy et les gens de·mon
conseil, estant à Lyon, par quoy ne vous en fays redictes. »

Malgré la lettre patente du 19 août, Henri II avait
maintenu ses ordres d'envoi de troupes dans l'Ouest :
la nouvelle manifestation des communes angoumoises
ne suspendit pas les préparatifs militaires dont le détail
sera exposé dans un des chapitres suivants.

(1) A.-H.-P. Tome XII.

CHAPITRE IX

L'INSURRECTION DE BORDEAUX

Situation politique de Bordeaux. — Etat des esprits au commencement du mois d'Aout 1548. — La Jurade fait appel a M. de Moneins, son retour. — Convocation de la bourgeoisie a l'Hotel de
Ville le 17 Aout. — Evénements des 18, 19, 20 et 21 Aout. —
Assassinat de Moneins. — Scènes de meutre et de pillage. — Rétablissement de l'ordre.

Bordeaux, en 1548, jouissait de privilèges municipaux
très étendus que Charles VII avait accordés à la
ville au moment de l'expulsion des Anglais. Ces privilèges donnaient une autonomie réelle à la capitale de
la Guyenne. Malgré cette situation privilégiée, les cito-
yens de la grande ville n'oubliaient pas l'indépendance
politique dont ils avaient joui si longtemps sous les rois
anglais, non plus que les bénéfices commerciaux qu'ils
retiraient alors de cette union si avantageuse pour eux
à tous les points de vue. Bordeaux était, il est vrai,
exempt de la gabelle, mais toutes les autres taxes la gre-
vaient. L'une d'elles, celle des cinquante mille hommes
de pied, lui était odieuse, et disposait à la révolte une population bien privilégiée cependant par comparaison au
reste du pays. Malgré les nombreuses causes de mécontentement, il ne paraît pas que les premiers mouvements
insurrectionnels extérieurs aient beaucoup ému le
peuple bordelais : le soulèvement de l'Angoumois, la

7

mise en déroute de la gendarmerie du roi de Navarre, faits certainement connus et grossis par l'imagination publique, semblent ne faire sur les masses aucune impression sérieuse. La classe bourgeoise, seule, est alors mécontente, car l'arrêt du 6 novembre contre la ville de Bordeaux incrimine déjà les délibérations de la Jurade des 9 juin, 10 juillet et 4 août 1548, délibérations antérieures à toute révolte. La situation changea peu après la victoire des révoltés d'Angoumois sur la troupe régulière. Les colonels de Saintonge et d'Angoumois du 25 juillet au 8 août avaient lancé dans toute la région des appels à l'insurrection qui furent entendus. Les paroisses du Libournais, du Fronsadais, de l'Entre-deux-Mers s'agitèrent, et le mouvement suivant la vallée de la Garonne se propagea jusqu'à Marmande. Le peuple de Bordeaux commença alors à donner des signes de mécontentement, car la Jurade crut devoir en écrire au roi de Navarre (1).

L'autorité royale était assez mal représentée à Bordeaux au mois d'août 1548; le gouverneur de la province, Henri d'Albret, résidait toujours à Pau dans son propre royaume, il était suppléé à l'ordinaire par son lieutenant Tristan de Moneins (2), mais celui-ci était alors absent de Bordeaux en raison d'une mission spéciale. Charles Chabot, baron de Jarnac, maire perpétuel de la ville, résidait au dehors ; il n'y avait donc sur place aucune force gouvernementale ; seuls la Jurade et le Parlement représentaient l'autorité. La Jurade avait à sa tête

(1) B.-N.-D. $\frac{775}{10}$.

(2) B.-N.-F. $\frac{26131}{141}$. Une quittance porte les indications des noms et qualité du lieutenant gouverneur, Tristan de Moneins, chevalier, baron dudit lieu, gentilhomme de la chambre du Roy et son lieutenant général au pays et duché de Guyenne — Moneins est situé dans le pays de Labourd (Basses-Pyrénées).

le sous-maire Etienne de Lestang, les membres les plus
influents se nommaient Guillaume le Blanc, avocat répu-
té, Raymond, du Sault, prévôt de la ville et frère du commandant du château du Hâ, Bonneau dit Macanan, De
Lange, Guillaume de Lestonnac, riche négociant dont le
rôle secret fut très important. Jean de Pichon occupait
l'emploi de greffier et clerc de la ville. Le Parlement,
imprégné des doctrines d'obéissance absolue à la royau-
té, représentait vraiment seul l'autorité royale. Son premier président était M. de la Chassagne, homme âgé,
fatigué, peu apte à jouer un rôle actif dans des circonstances difficiles. Les premières indications de l'état des
esprits à Bordeaux au début du mois d'août, nous l'a-
vons dit, sont données par une lettre de la Jurade au
roi de Navarre. Les jurats écrivent à Henri d'Albret le
8 août. « Sire, nous sommes advertys qu'au pays de
Xaintonge et Angoulmoys s'est faict une commotion populaire laquelle suict le pays et tant que nous craignons
qu'ils voulsissent entreprendre avec le commun peuple
du dict païs passer la rivière de Dordogne et se jeter sur
les païs de vostre administration. » Si nous en croyons
les remontrances (1) présentées par Guillaume-le-Blanc
au roi Henri II, pareille lettre fut adressée le même
jour au roi de France et à M. de Jarnac, maire et capitaine de la ville. Les deux rois étaient déjà avertis
depuis longtemps du début de l'insurrection. Henri
d'Albret connaissait, mieux que personne, la gravité du
mouvement ; mais froissé d'être mis au second plan, il
abandonna toute direction et M. de Jarnac ne sortit pas
de son château d'Angoumois. Le sous-maire et les
jurats devaient peu compter sur l'activité du roi

---

(1) Remontrances faictes au Roy par les habitants de Bordeaux
etc., dans les pièces de l'*Histoire de Bordeaux* par dom Devienne.

de Navarre car dès le 11 août (1) ils adressaient à
Bayonne une lettre pressante à M. de Moneins pour
le supplier de revenir à Bordeaux. Ils lui communi-
quaient en même temps leur correspondance avec
Henri d'Albret, la lettre portait : « Encore hier (10 août)
escripviz au dict sieur comme l'émotion et assemblée
croît chaque jour et de leur entreprise... Et pour obvier à l'inconvénient irréparable qui pourrait provenir,
vous supplions humblement qu'il vous plaise venir
par çà pour pouvoir sur ce délibérer, vous acquitter de
tout ce qui vous sera possible de faire pour le service
et obéissance que debvons au roi. » M. de Moneins ne
balança pas ; en présence de cet appel pressant à revenir d'urgence ; le 16 au matin il était rentré à son poste.

Depuis le commencement du mois d'août le corps
municipal chargé de la police avait pris de minutieuses
précautions contre l'émeute possible de la populace
bordelaise ; celle-ci très turbulente par elle-même
s'augmentait d'un élément de désordre emprunté aux
nombreux matelots de toutes nations qui fréquentaient
le port. La milice bourgeoise dans laquelle n'entraient
que les gens établis avait été renforcée par l'adjonction
ordonnée par le Parlement de nombreux privilégiés ;
gens de loi, procureurs, avocats, notaires, prirent la
picque et durent monter des gardes de nuit. Les portes
de la ville avaient reçu doubles gardes ; la porte du beffroi
municipal fut « claveurée ». Raymond du Sault, prévôt de
la ville, avec une troupe soldée de vingt hommes gardait la mairie : spécialement responsable de la cloche
municipale il surveillait le beffroi de sa maison
située au pied de cet édifice. Le capitaine du guet

(1) B.-N.-D. $\frac{775}{22}$.

avec ses neuf archers avoit recommandation d'avoir
l'œil à ce qu'il n'y eut sédition. » Chaque jurat dans son
quartier fit opérer le désarmement des suspects : ces
précautions semblaient devoir suffire à assurer l'ordre.
M. de Moneins dès son arrivée prit la direction de son
gouvernement.

. Ce seigneur, en fonction seulement depuis 1547, n'était
pas aimé à Bordeaux : la bourgeoisie se sentait froissée
de voir un étranger occuper un posté aussi important,
au détriment des grands seigneurs du pays (1). Le gouverneur, obéi en temps de paix, en raison de ses fonctions
allait se trouver sans force en temps troublé, par
manque de crédit personnel près de ses administrés.
Le 16 août Moneins trouvait le nord du pays bordelais
révolté et sa capitale en pleine effervescence. La ville
n'avait pas encore fait acte de révolte ouverte, mais les
meneurs, ne pouvant alléguer le prétexte de la gabelle,
excitaient le peuple à demander l'abolition de l'impôt des
cinquante mille hommes : ils réclamaient aussi des libertés politiques plus étendues. M. de Moneins dès
son arrivée convoqua la Jurade qui lui exposa l'état des
esprits et lui rendit compte des mesures de précaution
qu'elle avait prises. Le gouverneur ne saisit pas de suite
la gravité de la situation créée à Bordeaux par les excitations des agitateurs du pays et les succès de la révolte
extérieure. Il ordonna à la Jurade de convoquer pour
le lendemain la bourgeoisie à l'Hôtel de Ville, déclin-
rant « qu'il seroit bon pour entendre les queurs et voul-
lentés des subjets, les assembler le lendemain matin en la
maison commune de la dicte ville où il entendroit leur

---

(1) Paradin note que les Bordelais « estoient très mal contents
d'estre gouvernés par luy qui estoit, comme ils disoient, d'estrange
nations disant que les seigneurs et gentilshommes du païs estoient
assez suffisans pour estre leurs gouverneurs. »

remonstrer des choses qui leur seroient agréables et qu'il entend après avoir d'eulx sçeu leur intention, de faire à son endroit en sorte que la dicte ville demeurât en son entier et les habitants d'icelle en leur liberté (1) ». Les jurats firent observer à Moneins le danger de réunir une assemblée, même triée, dans les circonstances présentes ; ils ne purent le faire changer d'avis : à un avocat du roi qui insistait, il répondit sèchement qu'il savait ce qu'il avait à faire. La Jurade convoqua donc la bourgeoisie pour le lendemain matin à l'Hôtel de Ville. Il est clair que les bourgeois électeurs, gens établis, étaient seuls appelés à se joindre à la Jurade pour cette réunion ; mais le peuple surrexcité des métiers et du port emplissait les rues étroites du vieux Bordeaux et il fut impossible d'empêcher son infiltration au milieu des bons bourgeois. La Jurade ouvrit la séance par des appels à la concorde, puis le gouverneur prononça un discours sur lequel il comptait beaucoup pour apaiser les esprits. Rapidement l'assemblée devint houleuse, des motions violentes se produisirent. Un bourgeois important, Guillotin, surnommé l'Avocat de la Commune, affirma hautement la nécessité de l'union de la ville avec les révoltés du dehors. « Des mutins et sédicieux parlèrent irrévérencieusement à M. de Moneins. » Celui-ci, passant d'une confiance injustifiable à un découragement absolu, ne se montra ni adroit ni énergique, et dans la crainte de violences immédiates il souscrivit sans résistance aux injonctions menaçantes de la populace. La convention (2) passée à l'issue de cette assemblée entre le

(1) Remontrances faites au Roy déjà citées.

(2) B.-N.-D. $\frac{775}{23}$ pièce N° 9.

Escript passé entre M. de Moneins et les habitants de Bordeaux.

gouverneur et le peuple constate, malgré ses formules
obséquieuses, la défaite de l'autorité. Dans ce document
le peuple supplie le roi « d'abolir la gabelle dans toute
le duché de Guyenne et remectre les choses en leur
premier estat, aussi maintenir et garder les habitants
de cette ville ez privilèges et franchises à eulx octroyés
par le feu roi Charles VII à la réduction de la Guienne,
contenuz au contract sur ce faict par le dict seigneur puis
naguères confirmés... que les personnes, à faulte de
payer les arrérages de la solde de cinquante mil hommes
de pied que le roy prend sur les villes clauses, soient délivrés et le dict subside aboly ; et que les dicts habitants
demeurent quittes des dicts arrérages de la dicte solde ;
pareillement, pour obvyer à ce que ceulx qui se sont eslevez n'ayent occasion venir envahir la dicte ville, fust le
plaisir du dict sieur de Moneins vouloir délivrer les
prisonniers détenus à cause de la gabelle, tant au chasteau de Blaye qu'au chasteau du Ha de ceste dicte
ville, et par mesme occasion faire vuider de la dicte
ville ceulx qui se sont meslés du faict de la gabelle...
le dict sieur de Moneins fit réponse qu'il en advertiroit
le roy et le supplieroit leur vouloir octroyer ce que
dessus : de quoy le dict peuple, à haute voix, l'auroit
remercié très humblement, levant les mains en haut en
signe d'obéissance. »

Au sortir de cette séance où Moneins effayé avait tout
accordé, la Jurade lui remontra qu'il aurait dû être plus
ferme ; il était difficile cependant de prendre une attitude résolue en n'ayant d'autres forces disponibles que
la milice bourgeoise, bien peu sûre elle-même. En tout
cas la faiblesse du gouverneur amena le jour même un
résultat facile à prévoir. Le bas peuple, sûr de l'impu-
nité, arrêta tous les officiers de la gabelle dont l'expulsion était demandée : ils furent conduits devant le gou-

verneur qui, n'osant résister, ordonna, pour les sauver,
leur incarcération au château du Hâ, Le 18 août la Jurade, plus énergique que M. de Moneins, rendit la liberté aux gabelleurs emprisonnés illégalement. Le 17 août
Moneins, portant aussi son attention sur les événements
de l'extérieur, avait envoyé dans l'Entre-deux-Mers les
seigneurs de Seignan, et de Bisquetant, avec mission de
faire appel au loyalisme des habitants pour rester calmes
et fidèles ; il leur promettait même (1) sa visite sous peu
de jours, s'engageant à appuyer leurs demandes auprès
du roi, Le même jour il écrivait (2) hâtivement au gouverneur de Blaye au sujet des sommations réitérées du
chef de l'insurrection extérieure, communication qui
avaient fait l'objet de trois lettres de M. des Roys au
Parlement. Cette lettre, écrite au sortir de l'assemblée
tumultueuse du 17 août, montre Moneins très abattu.
Il ne songe plus qu'à négocier avec les communes :
il prévient le gouverneur de Blaye que « demain
messieurs les présidents de la Cassagne et Mirambeau, pour le service du roi et repos du pays, prendront la peine d'aller à Blaye ou à Bourge et d'illec au
lieu qui sera advisé pour traiter avec ceulx qui ont la
conduite de la dicte commune et pour la réduire à l'o-
béissance du roi et des prisonniers qu'il vous demandent et autres moyens ». Le blocus de Blaye du
18 août et les événements du même jour à Bordeaux
firent obstacle à la mission annoncée : mais on voit que
Moneins était prêt à tout pour amener la pacification.

M. de Moneins, conformément à l'engagement, sous-
crit prit le 18 août un arrêté (3) ordonnant l'élar-

(1) B.-N.-D $\frac{775}{6}$.

(2) B.-N.-D. $\frac{775}{25}$, pièce n° 3.

(3) B.-N.-D. $\frac{775}{21}$.

gissement des détenus pour délits fiscaux à Bordeaux
et à Blaye. Les considérants de l'arrêté manquent de
bravoure. Le gouverneur s'appuyant sur l'avis du parlement dit : « Veu la grande émotion populaire et les
propos hier à lui tenus par la commune de la présente
ville, lesquels il a communiqués au dict sieur, et attendu
la disposition où est à présent la plus grande partie du
peuple de ce pays, pour crainte de mutinerie et éviter
de plus grands dangers, veu l'imminent périlz et veu
trois messives escriptes à la cour (1) par le sieur des
Roys, capitaine de Blaye, les prisonniers qui sont détenus, tant au chasteau de Blaye qu'au chasteau du Hâ
de la présente ville, pour raison de la gabelle, sont élar-
gis. » Ce premier succès, comme on devait s'y attendre,
enhardit les séditieux. Malgré des mesures de surveillance rigoureuses, telles que la présence d'un jurat
de garde à la maison de ville, le dimanche soir
19 août des troubles éclatèrent dans Bordeaux ; la maison d'un gabelleur fut pillée, puis, la garde bourgeoise
intervenant, les émeutiers prirent la fuite : quelques-
uns furent blessés. L'excitation populaire croissait
d'heure en heure et la municipalité maintenait difficilement l'ordre (2). Moneins, ne se jugeant plus en sûreté
dans la ville, se réfugia au Château-Trompette avec quelques gentilhommes de sa suite. Le même jour M. de Pon-
tac, receveur général de la gabelle, demandait asile au
château du Hâ, sa vie étant en danger dans Bordeaux (3).

(1) Le Parlement de Bordeaux.

(2) Bouchet, parlant de l'excitation du peuple, dit qu'à Bordeaux
« S'étoit élevée toute la Commune ayant nouvelles de ce qu'on faisoit
en Saintonge et Engoulmois qu'il leur sembloient et mesmement aux
méchaniques que tout devait estre commun et tant là qu'ailleurs les
plus pauvres estoient les plus hardys. »

(3) B.-N.-D. $\frac{775}{21}$.

Le Château-Trompette n'avait aucune garnison, dit Bordenave, témoin oculaire (1), sauf « un Basque pour fermer seulement les portes ; et lorsque le lieutenant du roi s'y retira, il n'y trouva nulles vivres, ny poudre et y vescut deux jours de la place et de la taberne, tant la longue paix avait rendus nonchalens ceux qui avoient la principale charge de la forteresse, très importante pour le cours de la Garonne ».

Moneins avec sa faible suite se trouvait en sûreté au Château-Trompette, car il pouvait en sortir sans danger par le fleuve ou par la campagne. Quels conseils réveillèrent dans l'esprit du gouverneur une velléité d'énergie ? On ne sait : mais le mardi 21 août, Moneins se décida à faire une démonstration militaire destinée à intimider ses administrés. A cinq heures du matin il envoya chercher le capitaine du Guet et le prévôt de la ville, puis il sortit du Château-Trompette escorté d'une dizaine d'hommes, « les armes découvertes, ayant l'arquebut sur la cuisse et le feu dessus les uns, les autres l'arbalète bandée, en passant par les rues les apparantes de la ville (2) ». On savait trop bien le nombre de soldats dont disposait le gouverneur pour qu'il pût en imposer et sa démonstration militaire fournit un prétexte heureux à l'émeute toute prête. La populace remplit rapidement les rues en criant à la trahison : les émeutiers coururent de suite à l'Hôtel-de-Ville, la porte du beffroi fut brisée, on sonna le tocsin. Les jurats, qui étaient réunis avec les membres du Parlement tout près de l'Hôtel-de-Ville, alors situé rue des Ayres, ne purent résister à la poussée populaire et rassembler la garde bourgeoise. Les insurgés se saisirent des portes de la ville par lesquelles les

(1). Bordenave, *Histoire du Béarn et de la Navarre*.
(2) Remontrances faites au roi par les habitants de Bordeaux, par Guillaume Le Blanc, avocat en la cour et jurat de Bordeaux.

paysans des environs prévenus par le son du tocsin,
entrèrent toute la journée en grand nombre (1). Moneins, voyant l'émeute éclater, rentra bien vite au Château-Trompette. Cette forteresse, située à l'angle nord-
ouest de l'enceinte, était du côté de la ville, serrée par de
petites rues qui aboutissaient à ses murs ; le peuple éleva
des barricades près des barrières du château et en
fit le blocus. Il s'était saisi du premier Président du
Parlement qu'il envoya près de M. de Moneins pour
lui demander de rendre au peuple les châteaux Trompette et du Hâ et de venir habiter à l'Hôtel-de-Ville, donnant ainsi un gage de confiance à la population. Après
beaucoup d'hésitations Moneins consentit, sur les assu-
rances du président de la Chassagne, à se rendre à
l'Hôtel-de-Ville. Il y était à peine entré qu'il comprit
que sa vie était en danger, car une multitude hurlante,
sur laquelle personne n'avait plus d'action, avait envahi
l'édifice. Vers une heure de l'après midi le gouverneur,
s'étant hasardé à sortir, fut attaqué par les révoltés et,
quoique défendu par des bourgeois et quelques jurats,
il fut massacré avec deux de ses officiers. Les membres
du Parlement et les jurats présents n'échappèrent à la
mort qu'en se cachant dans les maisons voisines. La
populace dont les chefs, dit Bordenave, étaient un or-
fèvre, un chaussetier, un sellier et un pâtissier, força
le président de la Chassagne et quelques conseillers à
marcher avec elle; elle se livra aux excès et pillages
coutumiers : vingt officiers des gabelles furent massacrés et leurs corps salés abandonnés dans la rue. On
tua Andraut, principal receveur des deniers de la ville

(1) Remontrances faites au roy déjà citées : « Les mutins et sédicieux forçant les portes et gardes d'icelles, au moyen de quoy entra
si grand nombre d'étrangers, qu'en moins d'une heure il y eut de
vingt-cinq à trente mille hommes en armes. »

après des tortures d'un raffinement sauvage. Les maisons des gabelleurs et de leurs partisans, ou soi-disant tels, devaient être et furent pillées. Les émeutiers arboraient la croix rouge d'Angleterre et criaient « Vive Guyenne » en opposition avec le cri de « Vive France » manifestation loyaliste (1). L'émeute décelait ainsi ses désirs et certainement une influence étrangère. Toute la journée et la nuit du 21 août l'émeute fut maîtresse de Bordeaux ; la cruauté des foules éclatait en plein jour, les insurgés en signe de triomphe exigèrent que le corps de Moneins restât dans la rue exposé à tous les outrages : les Carmes venus avec deux cents bourgeois pour lui donner la sépulture faillirent être massacrés (2).

Cette émeute de populace sans chef autorisé, sans dessein arrêté à l'avance, ne pouvait rester longtemps maîtresse d'une ville où les éléments d'ordre étaient en nombre. Les jurats, réunis au membres du Parlement échappés aux mains des émeutiers, se concertèrent. Les bons bourgeois, un instant terrifiés, s'assemblèrent en armes dans la nuit du 21 au 22 et à la pointe du jour se saisirent des portes abandonnées par les émeutiers. A huit heures du matin ils marchèrent sur l'Hôtel-

---

(1) S. GOULART (*Trésor d'Histoires admirables*, Cologne, 1610) raconte que les conseillers du Parlement furent contraints de quitter leurs robes pour se mettre en pourpoint et affublés de bonnets à la matelotte portèrent la pique et marchèrent parmi la racaille. Bouchet insiste dans sa narration sur la violence faite au président Le Chassagne forcé de marcher avec les émeutiers jusqu'au soir. Ces détails sont confirmés par la dépêche de l'ambassadeur Vénitien Gustiniani, voir pièce 57.

(2) Bordenave raconte que « ceux qui passaient près du cors mort du Lieutenant du Roy, qui gisait nu sur la rue, ensanglantaient le fer de leurs picques dans ses playes et brandissant les dictes picques jetaient plusieurs cris de joyeuse acclamation, comme un triomphe de victoire ».

de-Ville qui ne fut pas défendu et le tocsin cessa de reten-
tir. Les gens de la campagne étant presque tous rentrés chez eux, pour éviter leur retour les portes restèrent fermées et les jurats (1) « mirent grandes et assu-
rées gardes et empeschèrent que cinq mil hommes ou
plus qui estoient hors de la ville du côté de la rivière
n'entrassent, et de tout ce jour les portes ne furent ou-
vertes. » Et le même jour « furent les étrangers mis hors
de la dicte ville ». En réalité la révolte ouverte de Bordeaux finit le 22 : mais le triomphe de l'ordre n'était pas
bien assuré car on n'osa pas enterrer solennellement le
corps de Moneins. L'arrêt du 6 novembre 1548 constate
qu'il resta « nud sur les carreaux, jusqu'au lendemain de
huit à neuf heures du matin et depuis porté en terre, sur
albardes sans digne service, ne solenipté d'obsècques
et funérailles. » Moneins, en effet, fut enseveli secrètement et on n'entama aucune poursuite contre les meurtriers ; l'autorité était encore trop faible et craignait le
renouvellement des émeutes. Le 25 août le Parlement
reprit ses séances et, vu la gravité des circonstances,
il resta tout entier à Bordeaux en permanence, renon-
çant à ses vacances ordinaires. D'après les remontrances
de Guillaume Leblanc, présentées au roi en mars 1549,
le calme aurait été rétabli complètement dès le 22 août.
Il faut accepter cette affirmation avec réserve ; car si la
bourgeoisie était ennemie du désordre, elle comptait
nombre de mécontents qui partageaient les passions
populaires et demandaient comme les révoltés la
diminution des impôts et l'extension des libertés lo-
cales. Le jugement du 6 novembre contre la ville
témoigne de ces dispositions, car il incrimine les délibérations de la Jurade des 16, 17, 26, 28, 29 et

---

(1) Remontrance faite au roy par les habitants de Bordeaux.

31 août, des 1 et 5 septembre transformées en ordonnances et publiées à cri public. L'opposition, sinon
la révolte, durait donc encore quinze jours après la
mort de Moneins, et ce même document atteste les
bonnes relations établies entre la Jurade de Bordeaux
et les colonels de Saintonge.

Il est certain cependant que peu après l'effervescence
tomba : le parti modéré devenant le plus fort, une
entente étroite s'établit entre le Parlement et la Jurade.
Cette dernière assemblée, comme preuve de ses bonnes
dispositions, admit la présence de sept conseillers du
Parlement à ses délibérations. L'adjonction officielle de
magistrats aux élus de la ville était un gage donné à l'ordre.
Le Parlement prit alors l'autorité en mains et dès le commencement de septembre exerça des poursuites contre
les chefs de l'émeute du 21 août (1). Lavergne, l'un d'eux,
fut écartelé, supplice jusqu'alors réservé aux crimes de
lèse-majesté. Le bas peuple fut en même temps désarmé, mais la garde de la ville resta jusqu'au 20 octobre
entre les mains de la milice bourgeoise. Le Château-
Trompette fut cependant réoccupé vers le 20 septembre
par une troupe d'infanterie commandée par le capitaine
Vescq qui, avec le consentement de la Jurade, remplaça
dans le château la garnison de miliciens commandée
par le jurat de Lestonnac.

------

(1) A.- H.- G. tome xv. Les comptes du receveur de Bordeaux indiquent des dépenses faites avant l'arrivée de Montmorency pour frais
d'exécution, « Eschafaud faict à Saint-Eliége pour deffaire le bastard
de Branno et autres patiens ». Ces dépenses doivent concerner les
supplices ordonnés par le parlement.

CHAPITRE X

L'ANGOUMOIS ET LA SAINTONGE
DE SEPTEMBRE A NOVEMBRE 1548

L'Angoumois au commencement de Septembre. — La Saintonge reste sous les armes dans la région côtière. — Impuissance de M. du Lude. — Révolte des paroisses du sud de l'Angoumois et de la Saintonge. — Menaces du duc d'Aumale. — Le duc traverse l'Angoumois où il maintient M. du Lude. — Protestations unanimes de fidélité. — Commencement de la répression.

Après la publication de la lettre patente du 19 août qui s'effectua rapidement dans les provinces insurgées, une détente s'était faite. Cette proclamation d'amnistie, jointe d'ailleurs aux promesses officieuses de suppression de la gabelle, avait agi sur les masses ; néanmoins il était impossible que tout fût apaisé dans les quatre jours de délai donnés par le roi, et celui-ci comptait bien sur l'inobservation de cette condition pour ne pas exécuter ses promesses. Les contrées où se recrutait la grande bande de Blanzac restèrent quelque temps encore sous les armes, car le colonel d'Angoumois écrivait encore de Mallatrait le 3 septembre (1) à la Jurade de Bordeaux qui lui fit faire réponse. A partir de cette date cependant l'action centrale communaliste pa-

(1) La lettre du Colonel Bois-Menier à la Jurade bordelaise fut portée par Innocent Robert Pinthier, capitaine de la paroisse de Passinc, Etienne de la Garde, concierge de Barbezieux, et Jehan Boismenier de Saintes (Arrêt contre la ville de Bordeaux).

rait terminée, et il est à croire que les chefs s'effor-
cèrent de faire oublier leurs hauts faïts.

Dans la première décade de septembre M. du Lude
s'occupa d'empêcher toute réunion des paroisses et il
y réussit au moins sur la rive droite de la Charente. La
nouvelle de la suppression de l'impôt odieux de la Gabelle courait le pays et M. du Lude, d'abord hostile à la
réunion des Etats des provinces, demanda lui-même au
roi l'autorisation de convoquer ces assemblées. Henri II
approuvant ces propositions lui écrivait de Vizille, le
9 septembre (1) : « vous advisant, M. le Comte, que je suis
très content que voyez ceulx que les communes de Xaintonge et d'Engoulmoys doivent envoyer devers vous
et que preniez par escript signé de leurs noms, leurs
doléances et demandes qu'ils veulent faire, leur promettant que vous m'enverrez le dict escript, estimant
que je ne seray pour les refuser en choses honnêtes et
raisonnables pour la bonne volonté que vous m'avez
toujours cognue que j'ai eue de bien et gracieusement
traicter mes subjects, et s'il s'en trouve que mes officiers sur le faict des gabelles ou aultres, les ayant in-
duement molestés, les assurerez qu'en prince qui aime
justice et qui ne veult souffrir tort à nully, je ferai faire
telle insigne pugnition qu'elle servira d'exemple. »
Comment le peuple n'aurait-il pas pris confiance dans
ces belles paroles confirmatives de la lettre patente
du 16 août ? Le roi au même moment faisait connaître
ses véritables intentions envers les provinces de
l'Ouest à son ambassadeur Marillac. Il lui écrivait
d'Embrun, le 7 septembre (2), pour l'informer de la

(1) A.-H.-P. T xii.

(2) B.-N.-C. $\frac{334}{8302}$. Lettre du roi à M. de Marillac (1510-1560), son
ambassadeur près de Charles-Quint.

révolte de Bordeaux et des mesures de répression ordonnées. Il ajoutait que déjà « aulcuns ont commencé
à envoyer devers moy pour requérir ma miséricorde .... il y a plus de bruict que d'aultre chose : mais
cela estant de la première conséquence qu'il est, je
veux bien qu'il soit donné pugnition comme je l'espère qu'il aura été faict dedans peu de jours. » Le
roi avait proclamé l'amnistie, mais il se promettait de
l'appliquer à sa façon : il connaissait assez ses juges
pour être sûr qu'ils trouveraient le moyen de pronon-
cer légalement force condamnations.

Le sud de la Saintonge paraît s'être calmé comme
l'Angoumois dès le commencement de septembre : mais
l'île d'Oléron et la côte qui lui fait face ne déposèrent
pas les armes. La région de Marennes, Arvert, Hyers,
Brouage, Saint-Just, faite de marais salants et coupée de
canaux, était d'un abord impossible à la cavalerie ; aussi
ses habitants, tous paludiers, avaient-ils couru sus aux
gabelleurs dès le début de l'insurrection. Confiants dans
leurs moyens naturels de défense ils résistaient aux ten-
tatives d'apaisement et leurs bandes, toujours en éveil,
faisaient des incursions chez leurs voisins, terrori-
saient même l'île d'Oléron. Le mal devint si grand
que le capitaine de la paroisse de Marennes, Guibert,
publia le 10 septembre (1) un arrêté significatif, destiné à mettre fin aux exécutions sommaires faites sous
le prétexte de la Gabelle : en voici un passage. « Le
capitaine et ses conseillers eluz par la plus seine partie d'iceulx (les habitants) fait sçavoir qu'inhibitions et
defenses sont faictes de dire et nommer aulcun, personnage des dicts habitants ne aultres, gabelleur, que
premièrement il n'ait été déclaré, vérifié et condamné

_____

(1) Voir Paradin. Ch. VII, l'arrêté est cité *in extenso.*

par le dict capitaine et ses dicts conseillers estre **gabelleur** (1), à la peine de souffrir la mort... et à semblable
peine de souffrir la mort comme dessus, de soy assembler en trouppe de nuict comme de jour, ne sonner
tocquesain sans l'autorité, commandement, licence et
permission du dict capitaine et de ses dicts conseillers
et sans premièrement leur avoir faict entendre la cause
pour laquelle ils se veulent assembler, afin qu'il n'y ait
aulcune personne foulée ou endommagée. » Les efforts
des gens d'ordre furent d'ailleurs impuissants et Paradin dit fort justement. « Par la teneur de cette ordonnance l'on peut clairement veoir l'estat en quoy les
choses estoient pour lors. » Cet état permanent de révolte
de la côte santone est constaté au même moment par
M. du Lude qui écrivait le 12 septembre (2) aux officiers de justice de la Rochelle. « Comme nous avons
esté adverty des vilenys, larcins, roupture de maysons, et excez faicts par aulcuns rebelles et seditieux
en l'ysle d'Oleron, Marennes et ailleurs et mesme en
la maison du prieur de La Perroche au dict lieu d'Oleron, les neufvième et dixième jour de septembre, par
force et violence, Nous, pour ces causes vous mandons,
commettons, et enjoignons.... vous ayez a vous enquérir et informer diligemment..... sur les dictes violences, sacrilèges, ravissements, pilleryes, larcins et
aultres faicts. » M. du Lude ordonnait enfin de faire
le procès à tous les coupables. Il était bien de donner
des ordres pour l'administration de la justice, mais les
moyens de force manquaient. Les régions troublées
défendues par la nature et la résolution des insurgés

---

(1) Cette prescription prouve bien que le mot de Gabelleur était
appliqué à d'autres qu'aux officiers royaux connus forcément par leur
emploi.

(2) B.-N.-F. $\frac{20555}{23}$, pièce 15.

bravaient les menaces des autorités royales. Le procureur du Roi de La Rochelle adressa à Oléron des
ordres d'informer en exécution du mandement de M. du
Lude ; rien ne put s'exécuter, car les pillards de la Perroche connus étaient trop nombreux. Les sujets fidèles
de l'île d'Oléron renvoyèrent le 6 octobre au Procureur
du Roi la commission qui leur avait été adressée pour les
poursuites : « nous vous advertissons, écrivaient ils (1),
que avons reçu le mandement de prinse de corps que
vous avez envoyé à la requête du prieur de la Perroche
contre les rebelles qui l'ont saccagé, lequel nous avons
bonne volunté mectre à exécution et l'eussions faict
aysement, car sommes les plus forts, mais ne ozons
l'entreprendre parceque ceulx de Marennes sont fort
mutinez contre nous et ne ozerions aller à Xaintes ne
aultres lieux hors cette isle, pour la menace qu'ils nous
font de nous venir piller avec mil hommes. » Cette
impuissance de l'autorité à se faire obéir au commencement d'octobre est encore bien nettement avouée par
le lieutenant général de La Rochelle, d'Angliers. Il
écrivait le 9 octobre (2) au duc d'Aumale une longue
lettre relative aux informations dirigées contre les
rebelles de la côte, avouant qu'aucun acte d'instruction
n'avait pu aboutir « pour le grand nombre et force des
mutins » et il donnait des exemples de leur audace. « Je
en tiens ung d'Hiers qui est fort chargé et pour raisons
du quel les rebelles d'Hiers (3) retiennent prisonnière
la femme de sa partie qui est prête d'accoucher et ses
petits enfants qu'ils ont délibéré de punir de telle
pugnition que le prisonnier sera condamné. » Il rend

(1) B.-N.-F. $\frac{20555}{25}$, pièce 34.

(2) B.-N.-F. $\frac{20555}{131}$.

(3) Canton de Marennes (Charente-Inférieure).

compte au duc que les gens d'Oléron n'ont pas exécuté
la prise de corps « décrétée contre cinquante ou
soixante de leur île ». Il dénonce en même temps les
agissements des seigneurs de Chassagne et de Saint-
Palais « qui les 9 et 10 septembre derniers ont mené
une troupe de 6500 hommes levés dans vingt-cinq paroisses du pays de Cozes (1) et sont venus deux fois le
chercher dans sa maison de l'isle d'Arveyres pour le
prendre et que tout a esté pillé ».

La rebellion ouverte était donc au 9 octobre constatée officiellement pour la Saintonge côtière. L'Angoumois et la Saintonge du sud, avons-nous dit,
tendaient à la soumission dès la première quinzaine
de septembre : cependant l'apaisement n'était pas
complet car M. du Lude, tout en proclamant ouvertement les lettres patentes, laissait deviner les intentions
réelles du roi par l'ouverture d'informations judiciaires. Ces préliminaires de répression inquiétèrent
les populations du Bas-Angoumois qui adressèrent
une nouvelle requête au roi vers le 20 septembre. Cette
requête devait insister pour obtenir une amnistie complète, car le baron de Jarnac, en envoyant le double de
ce document au duc d'Aumale, lui écrivait le 24 septembre (2) : « J'ay envoyé mon troisième fils devers le
roy ne sachant que vous fussiez si près pour l'advertir de ce qu'ont faict les communes qui sont nommées
dedans une requête qu'ils font porter au dit sieur » et
plus loin il indique que d'autres paroisses « qui ne
sont point comprises dans la requeste que je vous envoye m'ont supplié d'estre receuz en mesme effect. »
Il est à croire que la note du baron de Jarnac, portée à

(1) Arrondissement de Marennes, canton de Cazes.
(2) B.-N.-F. $\frac{20463}{163}$, pièce 21.

Lyon par son fils Sainte-Foy, ne changea rien aux ré-
solutions bien arrêtées d'Henri II. L'incertitude de
l'avenir, malgré les promesses royales formelles, entre-
tint un reste d'effervescence dans le Bas-Angoumois et la Saintonge du sud jusqu'au commencement
d'octobre. M. du Lude s'installa de sa personne à
Saintes vers le milieu de septembre avec sa compagnie de gendarmerie : dans cette ville, en préparant l'occupation des points stratégiques de la vallée de la Charente, il dirigeait déjà des recherches contre les rebelles, et procédait à des arrestations. Le 29 septembre
M. du Lude indique dans un mémoire envoyé au
duc d'Aumale que « la prinse de quelques colonelz
des communes de par de ca », avait été effectuée.
Henri II écrivait de Lyon le 30 septembre (1) à M. de
la Roche-Pot « le principal mutin de Xaintonge a été
empoigné » (2). Ces arrestations premières montraient
trop l'intention du roi et on s'explique aisément la nouvelle requête des communes.

Les pays du sud de l'Angoumois et de la Saintonge qui n'avaient encore aucune idée de la marche des troupes de la répression étaient plus exci-
tables que les riverains de la Charente, et M. du Lude
n'osait s'aventurer bien loin dans cette région où
une émeute grave éclata le 24 septembre. Le seigneur d'Aubeterre (3) et Guy Chabot, seigneur de
Montlieu, rendirent compte le 27 septembre au duc d'Aumale du soulèvement de quelques paroisses de leur

(1) B.-N.-F. $\frac{20548}{163}$,pièce 26. Il s'agit probablement de simples capitaines de paroisses.

(2) B.-N.-F. $\frac{3134}{21}$, pièce 28.

(3) François Bouchard d'Aubeterre, fils de Louis et de Marguerite
de Mareuil, marié en 1541 à Isabeau de Saint-Sergue, mort en 1555,

voisinage. M. d'Aubeterre écrivait (1) : « lundy dernier à
deux lieues d'ici sonarent quelques paroisses le toque-
sain et se rassemblèrent de 800 à 1000 hommes et n'eust
esté la crainte de MM. de Montlieu, de Ribeyrac et de
moy et qu'ils sont nos voysins d'assez près pour les
empescher.... ils eussent continué en leur delloyale entreprise ». Guy Chabot de son côté écrivait (2): « M. d'Aubeterre vous fera amplement entendre l'envie que
quelques communes ont de s'esmouvoir et n'estoit la
crainte qu'ils ont de nous deux, ils l'eussent deja faict,
si est ce qu'ils continuent à faire leurs monstres les
jours des festes. » Les paroisses en mouvement étaient
Palluaud et Salles-La-Valette en Angoumois, Médillac,
Rioux-Martin et Yvier en Saintonge (3). Les deux cor-
respondants du duc d'Aumale n'indiquent pas la cause
occasionnelle de la nouvelle émeute, mais il est certain
qu'elle fut amenée par un essai d'intervention des juges
du pays dans les affaires de l'insurrection. La preuve
nous en est donnée par une lettre de Mme de la Force (4)
au duc d'Aumale. Cette dame, après avoir excusé les habitants de sa terre de Montboyer pour avoir pris part aux
émeutes, écrivait (5) : « que le procureur de sa juridiction pour avoir faict information, contre aulcuns des paroisses cyrcums voisines qui auroient de navrez aulcuns

(1) B.-N.-F. $\frac{20469}{73}$, pièce 22.

(2) B.-N.-F. $\frac{20469}{79}$, pièce 23.

(3) Les deux premières localités appartiennent au canton de Montmoreau, les trois autres à celui de Chalais (Charente).

(4) Philippe de Beaupoil, dame de La Force, mariée en 1542 avec F.
de Vivonne de la Châtaigneraye veuve le $\frac{10}{7}$ 1547, à la suite du célèbre
duel avec Guy Chabot remariée en 1556 avec F. de Caumont dont le
fils fut duc de la Force.

(5) B.-N.-F. $\frac{20555}{106}$, pièce 49.

de la compagnie du roy de Navarre, a esté pillé par eulx
et sa mayson abattue et presque entièrement ruynée. »
Montboyer est exactement au centre des paroisses insurgées le 24 septembre et c'est bien à cet événement
que s'applique la lettre de Mme de la Force. On voit que
la seule menace d'une répression suffisait encore pour
réveiller l'ardeur des Pitaux. Le mouvement semblait
pouvoir s'étendre ; aussi le duc d'Aumale prit-il des
mesures en conséquence. Il avait reçu les lettres des
deux seigneurs, sans doute le 30 septembre, il ordonna
de Poitiers, le 2 octobre (1), à M. d'Aubeterre d'avoir à
faire cesser de suite les rassemblements et d'avertir les
habitants qu'ils eussent à se retirer « chacun en sa maison obeysant au roy comme de bons et loyaux subjects » et de les prévenir qu'en cas de résistance « il
mettrait à feu et à sang eulx, leurs femmes, enfants et
maysons ». Le même jour le duc adressait une lettre analogue à Laurent Journault dont il connaissait l'influence
et le dévouement. Le maître des eaux et forêts d'Angoumois avait reçu du roi une commission analogue à
celle décernée aux seigneurs du pays le 27 juillet ; en
vertu de cette commission le duc lui écrivait(2) : « M. de
la Dourville, jay esté adverty que puis naguères, il y a
quelques paysans des paroisses de Palluau, Salles, Medillac, Ru-Martin, Yvier qui comme gens mal conseillés
se sont de nouveau élevés et on faict sonner le toque-
sain », et il lui commandait d'aller trouver les rebelles
pour les faire rentrer dans le devoir. Il terminait d'ailleurs sa lettre par les menaces d'exécution militaire déjà citées en cas de désobéissance prolongée.

(1) B.-N.-F. $\frac{20469}{75}$, pièce 29.

(2) B.-N.-F. $\frac{20555}{114}$, pièce 30.

L'arrivée des troupes régulières allait singulièrement simplifier la tâche de M. du Lude, jusqu'alors très ingrate. La marche des compagnies de gendarmerie avait été très lente, car les ordres de mobilisation, donnés dès le début du mois d'août, ne produisaient pas encore d'effet au 15 septembre. M. de Fontaine(1), gentilhomme de la Chambre du roi, envoyé en mission par le duc d'Aumale près de M. du Lude et de M. de Burye, lui rendait compte le 23 septembre que les compagnies les plus rapprochées arrivaient seulement en Limousin (2). Le 29 septembre la situation s'était améliorée et M. du Lude pouvait envoyer au duc un état de répartition provisoire des compagnies arrivées ou près d'arriver à destination ; il demandait qu'on hâtât la marche de ces dernières (3). L'arrivée prochaine de la gendarmerie et surtout des lansquenets amollissait les courages et du Lude constatant l'impression écrivait au duc : « Toutefoys, Monseigneur, veu que ceulx de Ponts s'adoucissent et commencent de monstrer bonne volonté il vous plaira ne retarder la bande ecossaise que je vouldroys estre déjà par desça pour toujours gaigner païs ». Le 2 octobre du Lude n'osait pas encore se hasarder au sud de la Charente, il attendait la compagnie du marquis du Maine pour marcher. Le 6 octobre il n'avait pas encore bougé. « Je suys en ceste ville, écrivait-il (4) au duc, attendant la compagnie de M. le Marquis de Mayne pour aller à Ponts, parce qu'il y a

---

(1) Jehan de Bueil seigneur de Fontaines, gentilhomme de la chambre du Roi, lieutenant à la compagnie Montpensier en 1550.

(2) B.-N.-F. $\frac{25555}{63}$, pièce 18.

(3) B.-N.-F. $\frac{20555}{44}$ et $\frac{20548}{93}$, pièce 25 et 26.

(4) B.-N.-F. $\frac{20555}{93}$, pièce 35.

quelques paroisses rebelles et désobéissantes et que je
seray bien ayse de m'en approcher pour les faire venir
à la raison comme les aultres ». L'intervention de Laurent Journault et de M. d'Aubeterre n'avait pas encore
réussi et du Lude, malgré les forces régulières proches,
n'osait bouger de Saintes. Comme il l'avait écrit le 24
septembre (1), il ne voulait pas se hasarder à Pons avec
une seule compagnie. Il aurait dû avoir plus de confiance en son ascendant moral car, dans la même lettre,
il constatait (2), que « ceulx des isles commencent un
petit à s'adoulcyr et ay opinion que sytot que la troupe
des Lansquenetz s'approchera ils s'humiliront encore
plus fort, sachant fort bien que les gens de cheval ne
leur peuvent faire d'ennuy. » Le pays de Marennes, la
côte, les îles devenaient donc plus traitables à partir de
l'arrivée du duc d'Aumale à Châteauneuf sur Charente :
le 8 octobre, on ne constatera plus aucune résistance
dans les deux provinces.

M. du Lude vint aux ordres à Châteauneuf où la colonne qui devait marcher sur Bordeaux se constitua définitivement. Le duc d'Aumale reprit ensuite sa marche
le 10 octobre, laissant à la disposition du gouverneur
un certain nombre de compagnies de gendarmerie, pour
tenir garnison dans les places et pour former des colonnes
volantes. Les compagnies d'Etampes et Maugiron qui
occupaient Angoulême, le 3 octobre, n'y furent pas main-
tenues : la compagnie du connétable forte de 100 lances les
remplaça (3). La compagnie d'Etampes (4) fut envoyée à
Saint-Avit au centre des dernières paroisses insurgées.

(1) B.-N.-F. $\frac{20555}{44}$, pièce 19.
(2) La région de Marennes.
(3) Monstre de la compagnie à Angoulême le 12 novembre.
(4) Monstre de la compagnie à Saint-Avit le 11 octobre.

La Hunaudaye (1) occupa quelque quelque temps Jarnac, Maugiron (2) se trouvait le 11 à Bonneuil près Châteauneuf. Curton se dirigea vers les confins du Périgord (3) pour aider le sénéchal Guy Chabot (4) à maintenir l'ordre dans sa province. Cette compagnie stationnait à Lamothe-Montravel près Castillon le 28 octobre.

M. du Lude, après le départ de la colonne active, n'avait pas hésité à se porter de sa personne au centre du pays berceau de l'insurrection : nous le retrouvons avec sa compagnie installé le 14 octobre à Barbezieux et dirigeant lui-même des opérations de police qui devaient pacifier le pays par la terreur. Le 14 octobre il écrit (5) au duc d'Aumale qu'il ne peut retrouver un cordelier recherché et il procède à l'arrestation d'un prêtre. « Quant au prestre, dit-il, j'ay ceste nuict envoyé M. de Loubbes et partie de ma compagnie, dont je scauray aujourd'hui nouvelles. » Ce prêtre, contre lequel on mobilise une troupe, ne peut être que le curé de Cressac, le célèbre Jean Morand, qui avait soulevé et commandé sa paroisse. Du Lude craignait encore son audace et le dévouement de ses

---

(1) Monstre de la compagnie à Jarnac le 11 octobre

(2) Monstre de la compagnie à Bonneuil le 9 octobre.

(3) Monstre de la compagnie à la Mothe-Montravel le 28 octobre.

(4) Guy Chabot, à la fin de septembre, avait rendu compte au duc d'Aumale du refus d'obéissance des autorités municipales de Périgueux qui ne voulaient pas recevoir sa compagnie d'ordonnance en garnison. M. de Brissac le 8 octobre signalait aussi cette mauvaise volonté au duc disant « quant à ceulx de Périgueux, ils ne sont si mauvais que de vous donner occasion de les châtier » $\left(\text{B.-N.-F.} \frac{20451}{293}\right)$. L'affaire paraissait cependant assez importante pour être signalée par l'ambassadeur vénitien dans sa dépêche du 20 octobre. — Voir pièce 57.

(5) B.-N.-F. $\frac{20555}{46}$, pièce 44.

anciens soldats : cela explique les minutieuses précautions prises pour son arrestation. La prudence du comte
du Lude pouvait paraître exagérée à ce moment, car depuis l'arrivée du duc d'Aumale à Châteauneuf, le 8 octobre, comme on vient de le dire, la crainte avait opéré
une conversion générale. Les villes, qui presque toutes
avaient manifesté pour l'insurrection adressent au duc
d'Aumale des protestations de fidélité ; elles implorent
d'ailleurs, comme Angoulême (1), l'exemption de toute
charge en se basant sur leur misère. Les seigneurs
qui craignent pour leurs rentes, innocentent le plus
possible leurs tenanciers. Le baron de Ruffec (2)
s'adresse au duc d'Aumale avec la recommandation de sa
tante Louise de Bourbon, abbesse de Fontevrault (3) ;
Mme de la Force déclare (4) au duc que ses sujets de
Montboyer n'ont marché que contraints et forcés par
leurs voisins. Le baron de Jarnac lui-même, certifie (5)
que les hommes de sa seigneurie n'ont cédé qu'à la
force et ne méritent pas de punition. Les gens de
Guitres, si ardents en août, eux qui voulaient mourir
pour leur colonel et conquérir le pays jusqu'à Toulouse,
sont heureux de préparer un pont de « cuveaulx » pour
la colonne d'Aumale.

Henri II avait donc le droit d'écrire, le 30 septembre,
à M. de la Roche-Pot (6) : « Mon cousin, je suis advisé

---

(1) B.-N.-F. $\frac{20511}{9}$, pièce 46.

(2) Philippe de Volvire, baron de Ruffec, marié à Catherine de
Montauban, son fils Philippe fut gouverneur de l'Angoumois.

(3) B.-N.- F. $\frac{20469}{93\ et\ 95}$, pièces 39 et 40.

(4) B.-N.-F. $\frac{20555}{166}$, pièce 46.

(5) B.-N.-F. $\frac{20463}{16\ 5}$, pièce 20.

(6) B.-N.-F. $\frac{3134}{21}$, pièce 28.

quant aux communes de Bourdeaulx et de Xaintonge,
que de tous les deux costés les choses n'y sont seulement apaisées mais attendent les portes ouvertes et
les mains joinctes, telles rigueurs de justice ou miséricorde qu'il me plaira leur impartir. Le principal
mutin de Xaintonge a esté empoigné et ceulx du Par-
lemen de Bourdeaulx ont desja faict exécuter grande
partie des principaux mutins de la ville. »

Le duc d'Aumale savait que le roi destinait le comte
du Lude à la lieutenance de roi en Guyenne, aussi l'a-
vait-il remplacé en Poitou provisoirement par M. de La
Roche-Posay (1). Au moment de son passage en Angoumois le duc adressa au roi un rapport général détaillé
sur les événements passés et sur la situation présente.
Le roi écrivait vers le 10 octobre (2) à Montmorency :
« Sçaurez que M. d'Aumale me envoye ung mémoire
de toutes les isles de Xaintonge qui ont esté rebelles :
toutes me sont redevables tant des sinquante mil
hommes de pyé que de la gabelle et davantage. Vous
sçaurez que tous mes officiers ont favorisé les communes et seus qui ne l'ont voulu fayre ont esté tuez :
pour cela je pense qu'il les fauldra tous changer. » Le
roi avant tout ne perdait pas de vue les intérêts du
trésor.

La Saintonge et l'Angoumois, occupées militairement
dès octobre, devaient attendre le châtiment définitif
jusqu'en décembre. Le comte du Lude, appelé à Bordeaux peu après l'entrée du connétable dans cette ville,
laissa le gouvernement intérimaire des deux provinces
nord à M. de Sansac, qui l'exerçait déjà sous lui depuis

---

(1) Jean Chasteigner, baron de la Roche-Posay, Talmont, etc., fils
de Guy, marié à Claude de Montberon.

(2) B.-N.-C. $\frac{340}{\text{Suppl}}$,

la destitution de Larochebeaucourt en octobre. Ce
nouveau gouverneur eut tout le temps de préparer la
besogne des juges commissaires par l'arrestation des
personnages les plus mêlés aux manifestations insur-
rectionnelles. Il ne semble pas, comme on le verra
plus loin, que Sansac ait été très dur pour ses compatriotes.

CHAPITRE XI

LA REPRESSION MILITAIRE

Mesures militaires antérieures au 1er septembre 1548. — Le roi apprend l'insurrection de Bordeaux, ordres donnés le 1er septembre. — Le roi rentre en France. — Effectifs mis en mouvement. — Constitution et marche des colonnes du duc d'Aumale et de Montmorency. — Jonction des colonnes. — Leur arrivée a Bordeaux.

Le 1er septembre 1548, le roi apprit à Laroque (1) la nouvelle de l'insurrection de Bordeaux par un courrier du roi de Navarre. La nouvelle était grave. Le roi arrêta sa tournée d'inspection et rentra à Pignerol le 2 ; dès la veille il avait écrit au connétable pour lui annoncer l'assassinat de Moneins et lui donner les premiers ordres relatif à la répression. « Vous entendez, disait-il, de quelle importance est cela et le besoing qu'il y a d'y pourvoir promptement, mesmement aux villes des frontières. Je vous prie donc, mon cousin, de faire en toute diligence ·despècher des commmissaires pour lever la légion de Languedoc et la faire marcher de ce côté-là, et pour lever en Basque et Béarn tant de gens que l'on pourra pour mettre esdictes Dacs et Bayonne.» Le 3 octobre, le roi, ayant réuni en conseil le connétable de Montmorency et le duc d'Aumale, arrêta d'une

_____

(1) Rocca-Bruna. 23ᵏ, S. E. de Coni (Piémont).

façon définitive le plan de campagne contre l'insurrection des province de l'Ouest (1).

Nous avons déjà indiqué que depuis le commencement d'août 1548 des ordres avaient été donnés par la répression de l'insurrection. Ces premiers ordres sont contenus dans la lettre du 27 juillet au comte du Lude. Après l'affaire des gendarmes du roi de Navarre les circonstances devenant plus graves, le roi donna l'ordre de mobiliser un certain nombre de compagnie de gendarmerie, puisque le 10 août le comte du Lude rendait compte à ce prince de la mise sur pied de sa compagnie et de celle du marquis du Maine (2). Ces ordres furent complétés par la lettre patente du 9 août (3) rédigée à Lyon par le conseil privé qui mettait le comte du Lude à la tête d'une force de 1000 hommes d'armes et de 12000 fantassins. Les ordres de mobilisation furent lancés immédiatement, car le 19 août (4) le roi en parlait au comte du Lude et le 21 août (5) le cardinal de Lorraine en donnait avis aux habitants de Poitiers. Le bruit de cette mobilisation s'était déjà répandu en France car à la date du 19 août Louis de Bueil, comte de Sancerre, inquiet de n'être pas prévenu, écrivait au duc d'Aumale pour savoir si sa compagnie était au nombre de celles appelées à faire campagne (6). Il

(1) Guillaume Ribier, *Lettres et Mémoires d'Etat*, pièce 12.

(2) Claude de Lorraine marquis du Maine, puis duc d'Annale, né le $\frac{1}{8}$ 1525, de Claude et d'Antoinette de Bourbon ; marié à Louise de Brézé, fille de Diane de Poitiers, tué au siège de la Rochelle $\frac{14}{9}$ 1573. — En 1548, le lieutenant de sa compagnie était Artus de Maillé, seigneur de Brézé.

(3) A.-H.-P. T. xii.

(4) A.-H.-P. T. xii.

(5) A.-H.-P. T. iv.

(6) B.-N.-F. $\frac{20469}{67}$ Louis de Bueil, comte de Sancerre, fils de Jacques et d'Anne de Sains (1545-1563).

convient de rappeler que les compagnies de gendarmerie, hors du temps des montres, étaient fort incomplètes. Ce réglement autorisait la délivrance des congés
à un quart de l'effectif et dans la pratique cette proportion était toujours dépassée ; le roi, tout le premier, par
économie prescrivait souvent des réductions beaucoup
plus fortes. On comprend donc facilement que la mise
sur pied de guerre des compagnies était une opération
de longue haleine. Cela explique comment des
ordres donnés avant le 9 août n'avaient encore produit
aucun effet utile au 1er septembre 1548. Le roi conser-
vait sans doute un vague espoir d'apaiser la révolte
sans l'intervention de troupes trop nombreuses, aussi
sans annuler ses ordres du commencement d'août, il
ne poussait pas très activement la constitution du corps
d'armée destiné à M. du Lude. On ne trouve du reste
pas trace de la levée des gens de pied qui devaient
faire partie de ce corps d'armée : ce qui prouverait
bien la croyance du roi à une terminaison quasi pacifique de l'insurrection.

La nouvelle des événements de Bordeaux fit changer
tous les ordres donnés antérieurement pour la répression. Deux centres de révolte existaient maintenant et
de loin l'insurrection de Bordeaux paraissait redoutable.
Le 3 septembre Henri 11 arrêta donc un nouveau plan
de campagne contre les provinces de l'Ouest : il n'en fit
du reste pas mystère car, le 6 septembre (1), il l'expliquait
aux échevins de Poitiers dans une lettre datée de Prégelas ; il l'écrivait d'Embrun le 7 du même (2) mois à
son ambassadeur Marillac, enfin il le détaillait à M. du

(1) A.-H.-P. T. iv.
(2) B.-N.-F. $\frac{30}{10}$.

Lude dans sa lettre du 9 septembre, datée de Vizille (1) :
« J'écris, disait-il, pour cet effet — (la convocation des
compagnies de gendarmerie) — par tous les bailliages
et sénéchaussées de mon royaume lectres dont je vous
envoie le double. D'avantage je fays marcher droit à
icelluy païs toutes les bandes de lansquenetz que j'aye
en Picardie et quelques d'adventuriers françoys ; et y
enverré mon cousin le duc d'Aumale qui partira dedans deux jours en poste pour aller avec les dictes
forces rompre icelles assemblées et les faire venir à la
raison si d'elles-mesmes ne s'y mettent, comme je pense,
que d'elles-mesmes feront, vu qu'avec si peu de compagnies que celles que vous avez maintenant vous les
avez chassées jusque de là Charente.... Mon dict cousin
le duc d'Aumalle s'en ira avec cette force joindre mon
cousin le Connétable, lequel j'envoie par le Languedoc
droict à Bourdeaulx, si bien accompagné d'aultre nombre de gendarmes, chevaul-légers et gens de pied que
je fais venir de Piémont et aultres lieulx, que j'espère
de brief avoir la maîtrise de ceulx du dict Bourdeaulx...
Et afin que par la mer ils ne puissent aucunement estre
secourus, j'ay mandé à mon cousin le duc d'Estampes
qu'il fasse aller à l'embouchure de la rivière du dict
Bourdeaulx le plus grand nombre de navires de son
gouvernement qu'il pourra, pour arrêter et prendre, s'il
est possible, tout ce qu'il y voudra entrer ou sortir, en
attendant le retour de partie des navires et aultres
vaissaux que j'aye en Ecosse, lesquels j'emploierai aux
mesmes effects ». Le plan de campagne se trouve tout
entier exposé dans la lettre qui vient d'être citée, nous
allons en décrire l'exécution. Il convient de remarquer
d'abord que le roi renonça à faire lever la légion de

(1) A.-H.-P. T. xii.

Languedoc, comme il en avait donné l'ordre le 1er septembre, les nécessités pressantes ne permettant pas d'attendre le résultat d'un recrutement provincial, toujours très long (1). On se contenta de concentrer près de Toulouse les bandes françaises les plus rapprochées de ce point.

Nous allons examiner successivement l'organisation des deux colonnes et nous indiquerons ce qui fut fait pour la flotte.

EFFECTIFS DES DEUX COLONNES.
COLONNE D'AUMALE. CAVALERIE.

La gendarmerie mobilisée avait été à peu près tout entière dirigée sur l'Angoumois. On trouve (2) dans divers documents authentiques les noms de 17 ou 18 compagnies de gendarmerie affectées à l'expédition. Ces compagnies, à l'effectif de 820 lances, font 2460 cavaliers, la lance fournie comptée à trois hommes : en diminuant d'un cinquième le chiffre réglementaire proportion habituelle des incomplets d'après les montres, il reste pour effectif véritable 2000 chevaux. Cinq à six compagnies de chevau-légers paraissent aussi avoir fait partie de la cavalerie de la colonne ; en portant le chiffre total de la cavalerie à 2500 che-

---

(1) Les ordres donnés pour la levée de fantassins français avaient été connus et exagérés dans l'entourage du roi, car le 19 septembre l'ambassadeur vénitien attribuait à chaque colonne 5000 fantassins français, en sus des lansquenets et des bandes de Piémont,—il démentait en même temps la nouvelle d'une levée de 12000 Suisses qu'il avait affirmée dans sa dépêche du 8 septembre· Voir pièce 57.

(2) Voir la note E. L'ambassadeur vénitien donne aussi ce chiffre de 800 lances pour la colonne d'Aumale dans sa dépêche du 19 septembre.

vaux on n'est pas loin de la vérité. Le 8 août, à Châteauneuf-sur-Charente, il fut fait répartition de ces compagnies de gendarmerie entre le service territorial et la colonne mobile du duc d'Amale. On trouve classées à cette colonne les unités suivantes : Jean d'Albon (1) de Saint-André, maréchal de Saint-André (2), Rohan (3), la Hunaudaye (4), Maugiron (5) du Lude, Terride (6), Sancerre, Lafayette (7), La Garde écossaise (8), Termes (9). Ces compagnies avec les chevau-légers ne dépassaient pas 1200 chevaux.

L'infanterie du duc d'Aumale se composait uniquement du corps des lansquenets, stationnés en Picardie ; au départ son effectif était de 4.000 hommes, chiffre donné par le duc lui-même, le 26 septembre, aux échevins de Poitiers pour les fournitures d'étape. Cette colonne d'infanterie aurait pu se grossir d'infanterie française, car

(1) Jean d'Albon de Saint-André, né en 1472, mort à Fontainebleau $\frac{17}{12}$ 1549, lieutenant-général en Lyonnais en 1539, épousa en 1510 Charlotte de la Roche-Tournoel.

(2) Jacques d'Albon, fils du précédent, maréchal de France en 1547, François de Scepeaux, plus tard maréchal de Vieilleville, était lieutenant de la compagnie et la commandait.

(3) René de Rohan, fils de Pierre de Rohan-Gié et d'Anne de Rohan. — Rohan, mort en 1552.

(4) René de Tournemine, baron de la Hunaudaye, fils de Raoul et de Marguerite Caillon, mort en 1552 à Pontivy.

(5) Laurent de Maugiron, comte de Montléars, fils de Guy et d'Ozanne l'Hermite, mort en 1588.

(6) Antoine de Lomagne, sieur de Terride, capitaine de gendarmerie (1547-1469), mort en 1570.

(7) Louis Motier, sieur de Lafayette, capitaine de gendarmerie (1536-1577).

(8) Jacques de Montgommery, comte de Lorges, capitaine (1542-1557), tué à la bataille de Saint-Quentin en 1557.

(9) Paul de la Barthe, sieur de Termes (1482-1562) maréchal de France le $\frac{24}{6}$ 1558.

le colonel-général Colligny se trouvait à ce moment
même en Picardie avec neuf bandes françaises; on préféra le laisser avec les troupes indigènes à la garde de
la frontière. La colonne Montmorency fut formée par
un prélèvement opéré sur les corps français et étrangers qui occupaient le Piémont. Un état contemporain
indique que le corps d'occupation de ce pays se composait de bandes françaises et italiennes à l'effectif de
14715 hommes, de 7 compagnies de gendarmerie et de
5 compagnies de chevau-légers : c'est sur cet effectif
que furent prélevés un peu plus de 1.000 hommes de
pied, une compagnie de gendarmes et une de ce chevau-légers. C'est à cela que se réduisait la troupe
un peu pompeusement annoncée par le roi Henri dans
ses communications officielles : avec les services et les
non combattants cela devait faire une agglomération
de 3.000 hommes au plus. La colonne, en arrivant en
Languedoc, se compléta par l'adjonction de fantassins
français au nombre de 1500 environ, de quelque cavalerie et d'une artillerie qui possédait 18 pièces de canon (1).

(1) Ces chiffres sont ceux donnés par la dépêche de l'ambassadeur
Gustiniani du 8 septembre. « Fanti 960. Nomini d'arme 40. Célati
50. » Ce chiffre de l'effectif infanterie s'accorde avec le résultat de la
monstre du 9 février 1549 qui donne aux bandes de Piémont un chiffre
un peu supérieur 1040 hommes. Le roi n'avait pas voulu diminuer la
sécurité de ses possessions italiennes comme l'indique le Vénitien dans
sa dépêche (Voir pièce 57). La compagnie de gendarmerie doit être la
compagnie de Termes de 40 lances, la compagnie de chevau-légers
était la compagnie Cherlde.

FLOTTE.

Le roi avait écrit le 7 septembre au duc d'Etampes (1),
gouverneur et vice-amiral de Bretagne, pour lui pres-
crire d'envoyer une flotte à l'embouchure de la Gironde
« pour prendre tout ce qui voudrait sortir ou entrer ».
Le duc d'Etampes escortait alors Marie de Lorraine,
reine douairière d'Ecosse, amenant sa fille Marie Stuart
en France pour épouser le Dauphin : il dut recevoir l'instruction royale vers le 11 septembre au plus tôt. L'ordre
lui fut réitéré le 14 par Montmorency qui écrivait (2) :
« Ne faict doubte, Monsieur, que vous ayez faict ce qu'avez
peu, pour envoyer à l'embouchure de la rivière du dict
Bourdeaulx ung bon nombre de navires afin d'empescher qu'il n'en sorte et ny entre aulcun vaisseau, sans
être pris et amené, ainsy que le roy vous a dernièrement escript. » Le roi, pour exciter les marins, leur
abandonnait sa part des prises. Ces ordres prouvent d'ailleurs que le roi et son ministre ignoraient
l'état réel de la flotte. Le duc d'Etampes répondit
au connétable par une lettre du 24 septembre (3)
où il dépeint l'état lamentable de sa marine. Il ne peut
exécuter les ordres « parce que les mariniers sont pour

---

(1) Jean de Brosse de Bretagne, duc d'Etampes, né $\frac{1}{1517}$, marié à
Anne de Pisseleu, maîtresse de François Ier, gouverneur et amiral de
Bretagne (1543-1562), cap. de Gendarmerie (1541-1564), mort le
$\frac{27}{1}$ 1515 à Lamballe.

(2) B.-N.-F $\frac{20510}{25}$, pièce 56.

(3) B.-N.-C $\frac{340}{8081}$, pièce 20.

la plupart en Normandye dans leurs maisons où il leur
a convenu revenir et passer le pays de Bretagne sans
estre secourus de vivres par estapes ». Il ajoutait qu'il
n'y avait aucune victuailles dans les navires, qu'il faudrait un mois pour le ravitaillement, même si l'ar-
'gent nécessaire était envoyé immédiatement ; il craignait d'ailleurs que les équipages ne voulussent pas
embarquer en raison de l'insalubrité des bateaux et
d'un retard de deux mois de solde aux équipages. Ces
raisons étaient trop valables : la flotte ne sortit pas des
ports de Bretagne. Le 20 octobre seulement (1) le roi
put envoyer à Bordeaux et en Saintonge des galères
revenant d'Ecosse ; ces vaisseaux aidèrent au transport
de 1200 hommes de renfort envoyés à l'armée d'occupation de ce pays.

Formation des colonnes.

« *Colonne d'Aumale.* » — Nous avons indiqué aux effectifs que huit compagnies de gendarmes et quelques
chevau-légers furent affectés à la colonne d'Aumale,
pendant que d'autres unités tenaient garnison ou circu-
laient dans l'Angoumois, la Saintonge et le Périgord ;
l'aggrégation des compagnies de gendarmeries à la colonne s'effectua à partir du 8 octobre pendant le séjour
du duc à Châteauneuf et pendant les jours suivants du
10 au 13 octobre.

(1) L'ambassadeur Gustiniani, dans sa dépêche datée de Moulins
(20 octobre), indique cette affectation des galères d'Ecosse. « Sª Mª Xª
si manda le galere che sono ritornate di Scotia. »

INFANTERIE.

Les 12 enseignes de lansquenets qui composaient l'infanterie du duc d'Aumale tenaient garnison en Picardie sur la ligne frontière d'Abbeville à Péronne. Le 3 septembre le roi, de Pignerol, donna l'ordre (1) à M. de la Roche-Pot, lieutenant général en Picardie, de mettre immédiatement en mouvement les lansquenets. Après avoir indiqué lui-même la division des colonnes il ajoutait : « Je vous prye, mon cousin, faire partir, immédiatement m'a lettre reçue, les dictes bandes de lansquenets et leur bailler un chef sage et advisé qui les mène et conduise, par les plus grandes journées que faire se pourra, droict à Bloys et de là en Poictou où mon cousin le duc d'Aumalle leur fera sçavoir le chemin qu'ils auront à tenir plus avant ». Des recommandations spéciales étaient faites pour la perception des prestations dues à la troupe ; pour rendre la colonne plus légère, le roi recommandait de faire fournir aux lansquenets « du charroi pour porter leurs armes et de leur bailler argent pour payer leur charroi. » Le roi finissait en disant : « m'avertirez du jour que vous les ferez partir affin que je puisse sçavoir le temps où ils seront au dict Poitiers. » Le connétable insistait le même jour auprès de son frère pour la prompte exécution des ordres royaux ; il lui écrivait (2) : « Je vous prie promptement donner ordre et faire partir les lansquenets, le plus tôt qu'il vous sera possible, car l'affaire où on les veut employer est telle qu'elle requiert célérité. » Il ajoutait même une

(1) B.-N.-F. $\frac{3134}{21}$, pièce 13.

(2) B.-N. Fontanien $\frac{269}{156}$, pièce 114.

recommandation singulière : « vous pourrez faire courir le bruict que vous envoyez les lansquenets hiverner en Normandie. » Cette ruse ne pouvait guère tromper les espions étrangers. Le roi tenait beaucoup à la prompte mise en route des lansquenets, car le connétable écrit à son frère, le 8 septembre de Chorges (1) : « Je vous prye faire hâter et diligenter le plus que faire se pourra et je désire bien que nos forces arrivent au lyeu de l'affaire en ung mesme temps. » Le connétable écrit à ce sujet à son frère le 12, de la Côte Saint-André, qu'il est sûr à cette date que les bandes sont déjà « bien avant en chemin pour marcher en Poictou ». C'était aller vite en besogne : les ordres de marche arrivaient à peine à destination. La lettre du roi, écrite le 3 septembre de Pignerol, ne put guère toucher Amiens avant le 11 du même mois ; le temps nécessaire à la transmission des ordres, à la mobilisation des troupes et à leur concentration à Amiens demanda bien six jours, c'est donc à partir du 18 septembre que l'on doit faire dater le début de la marche des lansquenets vers l'ouest. Le 28 septembre le duc d'Aumale arrivait à Poitiers et les lansquenets faisaient étape près de cette ville le 30. Le 3 octobre ils continuaient leur route, traversant l'Angoumois, et le 8 ils étaient rendus à Châteauneuf-sur-Charente.

COLONNE MONTMORENCY (2).

Les troupes françaises occupant le Piémont se trouvaient réparties dans onze places fortes : les garnisons de Turin et de Pignerol étaient les plus nombreuses.

(1) B.-N.-F. $\frac{3116}{55}$, Chorges (Hautes-Alpes, arrondissement d'Embrun).

(2) Voir la note. G.

En raison de l'urgence on dut se préoccuper de prendre
la voie la plus courte pour atteindre Bordeaux. On
arrêta donc de suivre une route déjà pratiquée antérieurement et qui par le mont Genèvre aboutit dans
la vallée de la Durance : tout autre chemin n'eut pas
permis d'atteindre Bordeaux le 20 octobre (1). Ces
ordres de mouvement, adressés le 3 septembre de Pignerol aux garnisons les plus proches, amenèrent probablement en six jours dans cette place la concentration
des six bandes d'infanterie et de la cavalerie destinée au
connétable. La première colonne fut donc en état de
partir vers le 8 septembre.

La colonne de Montmorency, comptant au départ,
avec les non valeurs, un effectif d'environ 3000 hommes,
dut probablement se fractionner en deux détachements
pour se mouvoir et vivre dans un pays pauvre et très
montagneux. La tête de colonne suivit donc la vallée
du Chisone, affluent du Pò, jusqu'à Prégelas (1), franchit
les Alpes au mont Genèvre, descendit la vallée de la
Durance, traversa le Languedoc par Nîmes, Montpel-
lier, Narbonne et arriva à Toulouse dans les premiers
jours d'octobre : les troupes de Piémont près de cette
ville firent jonction avec de la cavalerie et des bandes
françaises, au chiffre de plus de 1200 hommes. La
colonne était concentrée entièrement le 8 octobre à
Grenade.

RÉUNION DES COLONNES.

Les deux généraux avaient quitté ensemble le roi
à la Côte Saint-André le 15 octobre. La commission
spéciale de lieutenant-général au pays et duché de

(1) Pragélato, commune de la province de Turin, 40 kilomètres de
Pignerol sur le haut Chisone.

Guyenne n'avait été remise au connétable que la
veille (1). Le 28 septembre, Aumale était rendu à Poitiers et le 1er octobre Montmorency arrivait à Toulouse.
A partir du commencement de ce mois les deux généraux entrent en communication constante, en vue de la
jonction rapide de leurs forces. Montmorency, très mé-
ticuleux, donnait des instructions précises et réitérées
à son jeune camarade; il lui écrivait de Toulouse le 6 octobre (2) : « Depuis j'ay receu lectres du roy par mon
neveu d'Andelot (3) qu'il m'a envoyé avec toutes celles
que lui aviez escriptes et à M. le cardinal vostre frère,
par le jeune Fontaine par où j'ay sceu, comme aussy
vous m'avez escript, que vous pourriez être à Châteauneuf-sur-Charente, environ le huictième de ce moys, qui
m'est grand plaisir ». Le 4 octobre le duc d'Aumale
écrivit au connétable certainement pour lui confir-
mer la route qu'il allait tenir. Montmorency le 6 octobre
rappelait encore à son coopérateur les conventions
faites entre eux en Dauphiné pour la réunion de leurs
colonnes ; il lui écrivait de Toulouse : « Je partyrai demain et feray telle diligence par ces journées que je
vous ai faict sçavoir que bientôt seray près de Bourdeaulx et vous attends, suivant que vous sçavez qu'il
feust arrêté avant nostre département, et que le roy nous
y manda pour prendre une résolution sur la façon que
nous aurions à tenir sur la dicte ville. » Il le priait en
outre d'accélérer sa marche, disait-il, « à cette cause,
Monsieur, il faut prendre vostre chemin le plus droict

(1) André Duchesne. Lettres patentes datées de la Côte Saint-André
le 14 septembre 148.

(2) B.-N.-C. $\frac{342}{0005}$, pièce 36.

(3) François de Coligny, sgr d'Andelot, 4e fils de Gaspard et de
Louise de Montmorency (1521-1569).

que vous pourrez sans passer par Bourdeaulx. » Le connétable avait à cœur la prompte jonction des colonnes, car de Grenade, le 8 octobre (1), il réitère ses ordres au duc : « Je vous ay souvent ce que vous désirez faict savoir, par un un gentilhomme des myens et depuis par chevaucheurs exprès, le chemyn et les journées que je fays pour rapprocher du dict Bourdeaulx affin que vous dressiez les vostres pour nous joindre ensemble ». Le connétable avait complété sa lettre par un tableau de ses étapes de Grenade à Bordeaux.

Fin du mouvement.

Colonne d'Aumale. — Le duc d'Aumale, en partant de Poitiers, avait tracé sa route sur Châteauneuf par Lusignan, Mauzé, Villefagnan et Rouillac. A partir de Châteauneuf, le 8 octobre, il eut à tenir compte de l'avis du connétable qui lui interdisait de se porter directement sur Bordeaux. La réunion des colonnes devait donc s'opérer en amont et le plus près possible de cette ville en se réglant sur les mouvements du connétable. Le duc décida de se porter directement de Châteauneuf sur Saint-Macaire et Langon où Montmorency devait arriver le 16 octobre. La marche dans cette direction comportait trois passages de rivières très larges, à Guitres, Castillon et Saint-Macaire. Le duc était avisé en outre du mauvais esprit des gens de Guitres et qu'à Castillon les habitants de l'Entre-deux-Mers avaient caché leurs embarcations sur la rive gauche de la Dordogne. D'Aumale fit pratiquer par Guy Chabot les habitants de Guitres

(1) B.-N.-C. $\frac{342}{1727}$, pièce 38,

rendus plus souples par l'arrivée de la compagnie de
Saint-André le 3 octobre : un pont de bateaux fut promis
par eux (1) pour le 13, date du passage de la colonne.
M. de Lansac (2), gouverneur de Bourg, requit le 12
octobre toutes les embarcations de son port : elles
remontèrent vers Castillon sous la garde d'arcque-
busiers (3). M. des Roys fit la même opération à Blaye (4),
et envoya ses bateaux vers Langon. Le duc d'Aumale (5),
poussant devant lui une avant-garde de cavalerie,
partit de Châteauneuf le 10 octobre ; il passa par Blanzac,
Barbezieux, Montlieu, franchit l'Isle à Guitres le 13 et
la Dordogne les 14 et 15 octobre à Castillon : La
troupe campa à Pujols, l'état-major à Blazimont (6).
Ensuite par Sauveterre, la colonne atteignit Saint-
Macaire en face de Langon où elle effectua le 16 le
passage de la Garonne.

COLONNE MONTMORENCY

Montmorency quitta Grenade le 9 octobre avec toute
sa colonne concentrée, et descendit la vallée de la Garonne. Cette grosse masse de troupes réclamait tous les

(1) B.-N.-F. $\frac{20493}{189}$, pièce 41. La compagnie Saint-André fit montre
à Guitre le 3 octobre.

(2) Louis de Lansac-Saint-Gelais, sieur de Lansac, né en 1512, marié à Jeanne de la Roche-Andry, gouverneur de Bourg en 1586,
ambassadeur célèbre, finit sa carrière en 1589.

(3) B.-N.-F. $\frac{20511}{12}$, pièce 42.

(4) B.-N.-F. $\frac{20469}{147}$, pièce 43.

(5) B.-N.-F. $\frac{20469}{83}$. Le duc de Vendôme écrit au duc d'Aumale qu'il
est prévenu de son départ de Châteauneuf le 10 octobre.

(6) Mémoires, journaux du duc de Guise. Voir la lettre du roi de
Moulins, 18 octobre, qui indique ces dates.

jours des cantonnements nombreux en dehors du gîte
d'étape principal ; cette condition avait été prévue à l'a-
vance par Montmorency et les cantonnements annexes
sont indiqués au tableau des logis (1).

Le 9 la colonne fit étape au Mas (2), le 10 à Saint-Ni-
colas (3), le 11 à Auvillars (4), le 12 à Layrac (5), le 13 à
Damazan (6), le 14 à Caumont (7), le 15 à Hure (8), le 16
elle arrivait à Langon.

Le 16 et le 17 octobre les deux colonnes firent leur
jonction et le connétable put prendre ses dernières dispositions pour se porter sur Bordeaux.

. La marche fut reprise le 17 ; la colonne fit étape ce
jour-là à Podensac ; le 18 elle occupait le camp de La
Prade, où elle séjourna le 19. Le 20 elle fit son entrée
à Bordeaux.

(1) B.- N.- F. $\frac{20548}{87}$, pièce 37.

(2) Arrondissement de Toulouse (Haute-Garonne).

(3) Arrondissement de Castel-Sarrazin (Tarn-et-Garonne).

(4) Arrondissement de Moissac (Tarn-et-Garonne).

(5) Arrondissement d'Agen (Lot-et-Garonne).

(6) Arrondissement de Nérac (Lot-et-Garonne).

(7) Arrondissement de Marmande (Lot-et-Garonne).

(8) Arrondissement de la Réole (Gironde).

CHAPITRE XII

L'INSURRECTION ET LES PUISSANCES ÉTRANGÈRES

SITUATION DE LA POLITIQUE ÉTRANGÈRE EN 1548.
CHARLES-QUINT ET HENRI II — HOSTILITÉS DE L'ANGLETERRE — AFFAIRE
D'ECOSSE — RELATIONS DE L'AMBASSADEUR DE FRANCE DE SELVE — IL
SIGNALE L'ARRIVÉE D'UN AGENT SECRET BORDELAIS — LORD COBHAM, GOU-
VERNEUR DE CALAIS, PRÉVIENT LE LORD PROTECTEUR DES ÉVÉNEMENTS DE
BORDEAUX — DISPOSITIONS DE LORD SOMMERSET A L'ÉGARD DE LA
FRANCE — CHARLES-QUINT ACCUEILLE LES RÉFUGIÉS BORDELAIS, SES
INSTRUCTIONS A SON AMBASSADEUR EN 1548.

A la mort de François Ier la France était en paix avec
l'Empire et l'Angleterre depuis les traités de Crépy
en Valois (1545) et Ardres (1545). La paix, d'ailleurs,
était précaire car la guerre avait failli recommencer
avec l'Empereur en 1547, François Ier aidant sous main
les princes protestants mis au ban de l'Empire. En Angleterre, le successeur d'Henri VIII, âgé de neuf ans seulement, était sous la tutelle de son oncle, le duc d'Hert-
ford et de Sommerset, qui exerçait la régence sous le
titre de Lord Protecteur. Les relations avec l'Angleterre étaient plutôt tendues.

Depuis l'avènement d'Henri II le connétable de
Montmorency exerçait les fonctions de premier ministre et dirigeait spécialement toute la diplomatie française. Au moment où l'insurrection de Guyenne éclata,
la situation n'avait pas changé en apparence avec l'Empire, mais les relations s'étaient fortement refroidies
avec l'Angleterre. La paix ne régnait que de nom : la

guerre existait de fait, mais limitée. Depuis 1542 la petite Marie Stuart régnait en Ecosse ; la France et l'Angleterre se disputaient la main de cette enfant. Une
guerre ayant éclaté entre l'Angleterre, Marie de Lorraine, reine douairière, invoqua son alliée la France et
un secours important fut envoyé par Henri II sous la
conduite de François, duc d'Aumale, frère de la reine-
mère (juin 1548). Les hostilités entre les deux pays
existaient donc de fait, mais une fiction diplomatique
permettait provisoirement de différer la guerre ouverte.
Naturellement les relations étaient des plus difficiles et
André de Selve avait fort à faire comme ambassadeur à
empêcher la rupture entre les deux pays.

On comprend facilement que, l'insurrection de la
Guyenne se produisant au moment où la guerre entre
la France et l'Angleterre paraissait imminente, les contemporains aient pu voir dans cette coïncidence l'effet
d'une machination secrète. Le roi et le connétable n'a-
vaient aucun doute à ce sujet et les diplomates français, accrédités près de l'Empereur et d'Edouard VII,
surveillaient attentivement les moindres démarches
suspectes.

Depuis l'expédition française d'Ecosse, le régent
Sommerset avait, par représailles, fait arrêter les négociants français résidant ou voyageant en terre anglaise ;
dès le 9 août 1548 le ministre français André de Selve
signalait au connétable les relations suspectes existant
entre les marchands français arrêtés à Calais et des
négociants anglais. Ces marchands étaient « serviteurs
ou facteurs d'un Sr Lestonnat de Bordeaux (1)». Le nom
du jurat est indiqué pour la première fois comme aidant
les Anglais dans des opérations de commerce illicites.

(1) Correspondance politique d'André de Selve, ambassadeur en
Angleterre (1546-1549), publiée par Lefèvre-Pontalis (Paris, 1888).

Au début de l'insurrection de la Gabelle, la formation de bandes considérables assez bien organisées avait fait supposer en France aux personnages officiels une immixtion anglaise ou espagnole. Les échevins de Poitiers, écrivant le 16 avril au conseil privé à Lyon pour rendre compte des progrès de l'insurrection, disaient : « Et se doubte bien qu'il y ait gens étrangers et ennemys du royaume en leur troupe, parce que l'on dict qu'il y a des gens fort bien aggerroyés et qu'ils payent en angelots et doubles ducats ; voyre que par la mer ont reçu or, argent et munitions de guerre : aussi s'yl n'y avoit que commune ne seroit leur hardiesse si grande (1). » Le comte du Lude, le même jour, écrivant au corps municipal de Poitiers pour le rassurer sur l'éventualité d'une invasion des Angoumoisins, disait : « Messieurs, ne vous étonnez point : ce ne sont que communes et n'ont point d'artillerye. Je ne craignais rien sinon qu'ils prissent quelques villes à la frontière. » Ces derniers mots décèlent certainement la crainte d'une intervention ou d'une alliance étrangère. L'opération militaire de Tallemagne sur Blaye semble bien dénoter un plan inspiré par l'étranger, ainsi que nous l'avons déjà fait remarquer : mais la preuve rigoureuse ne peut en être fournie. Le roi et le connétable, eux, ne doutaient pas de l'existence d'un complot noué avec l'Angleterre et l'Empire ; dans sa lettre du 9 septembre (2) au comte du Lude, le roi lui annonce la mission confiée au duc d'Etampes qui doit bloquer l'embouchure de la Gironde « pour arrêter ce qui voudra entrer ou en sortir ». C'étaient les secours attendus, croyait-il, par les insurgés qu'il voulait intercepter. Des historiens du XVIIIe siècle ont affirmé nettement que

(1) A.-H.-P., t. iv.
(2) A.-H.-P., t. xii.

dès le début de la révolte Charles-Quint essaya d'en
profiter. Desormeaux, dans son histoire de la maison de
Montmorency, affirme « que Charles-Quint avait envoyé
à Londres le comte de Buren pour engager les Anglais à entrer avec une armée en Guyenne et recouvrer leur ancien patrimoine ». Dom Devienne, de son
côté, assure que le roi, apprenant la révolte de la Gabelle, « sut en même temps que le comte de Buren,
ambassadeur de l'Empereur à Londres, sollicitait fort
les Anglais de profiter de la circonstance pour reprendre la Guyenne, offrant de son côté de faire une
descente dans la Champagne ». La mission spéciale
du comte de Buren, si elle est probable, n'est pas
authentiquement confirmée : mais l'intérêt porté par
Charles-Quint au succès de la révolte n'est pas dou-
teux. Dans sa lettre du 14 septembre (1) le gouverneur de
Calais, Lord Cobham, annonçait au lord protecteur la
révolte de la Guyenne d'après des renseignements
émanant certainement de négociants bordelais ; il
ajoutait : « Et pour confirmation de ces nouvelles, plaît-
il à Votre Grâce de savoir que nous avons reçu aujour-
d'hui de M. de Roelx (2) la lettre ci-incluse et aussi un
avertissement de lui par Hugues G... de la dicte rébellion dans le royaume de France de la façon ci-dessus
spécifiée, ajoutant à cela que, si le peuple de là-bas
avait quelque promesse d'assistance par quelques
gentilshommes anglais, ils resteraient en tel courage
qu'il serait une affaire dure et très difficile de les
apaiser ». La communication de M. de Roelx personnage considérable de l'Empire au gouverneur de Calais, l'opinion de Cobham sur l'avenir possible de la

---

(1) British Museum. Caligula E VI. Cottonian. Collection (Pièce 17).
(2) La dépêche de M. de Roelx n'a pu être retrouvée.

révolte semble bien prouver un échange antérieur de
vues entre les deux cours d'Angleterre et d'Espagne.
Ce qui peut en outre corroborer l'idée d'une intervention secrète de Charles-Quint, c'est l'accueil que
reçurent près de lui les réfugiés bordelais fuyant la
justice du connétable, réfugiés dont la seule présence
en Espagne troublait le roi jusqu'en 1550.

Henri II croyait surtout à une intervention anglaise
comme suite naturelle des hostilités engagées en
Ecosse. L'ambassadeur de France eut l'ordre de chercher à savoir si les rebelles avaient envoyé demander
des secours en Angleterre. De Selve mit pour cela de
bons espions en campagne. Il écrivait, le 19 septembre,
de Stretham au roi : « J'ay sceu, de deux ou trois endroicts, qu'il y a sept ou huit jours qu'il arriva un navire flamant à Hantonne (1), venant de La Rochelle,
lequel mit en terre un personnage français qui vint en
diligence, et, fort secrètement vers le Protecteur. Il
était, comme l'on présume, envoyé de la part de ceux de
La Rochelle ou de Bourdeaulx et ne m'a pas été possible jusque icy d'en entendre davantage ni de savoir
le nom du messager. » L'ambassadeur rapportait ensuite les propos tenus par le Protecteur sur la révolte,
révolte beaucoup plus grave qu'on voulait bien le dire :
« que ceulx qui estoient assemblez ne disoient pas
moins   sinon qu'ils ne se rendroient jamais qu'ils
n'eussent confirmation de tous leurs privilèges qu'ils
avoient du temps qu'ils estoyent sous les roys d'Angleterre..... qu'il estoit adverty qu'ils tenoient les châteaulx
de Bordeaux, La Rochelle et ung aultre qu'il n'a sceu
nommer en leur puissance et qu'il y avoit beaucoup de
gentilhommes et gens de nom de leur ligue et qu'on lui

(1) Little-Hampton Cte. de Surrey. (Angleterre).

avoit dict qu'ils portoient la Croix Rouge, tels que font
les Anglois ». De Selve ne pouvait savoir que le Lord
Protecteur lui récitait à peu près littéralement la
lettre de Lord Cobham reçue depuis peu. L'ambassadeur de France ne croyait du reste pas à l'intervention anglaise malgré qu'on l'annonçât en Flandre.
L'aigreur croissante des relations entre la France
et l'Angleterre se manifesta peu après : de Selve, le
29 septembre, annonçait à M. de la Rochepot, chargé
de suivre les négociations entamées entre les deux
pays, que le Lord Protecteur se préparait à faire saisir
tous les navires français sans déclaration de guerre
préalable. Cette exécution, bien anglaise, eut été un
secours indirect à l'insurrection : mais l'événement ne
se réalisa pas. L'ambassadeur de Selve continuait d'ailleurs à surveiller toutes les menées des révoltés en
Angleterre : dans sa dépêche du 15 octobre, il donne
le nom de l'agent signalé dans sa lettre du 19 septembre, comme répandant des bruits favorables à l'insurrection. Il le dit se nommer « Pierre de Prul, serviteur de Guillaume de Lestonnat de Bourdeaulx, riche
marchand qui passe à Londres pour estre le cappitaine
du Château-Trompette » (1). De Selve se chargeait de
faire épier son départ d'Angleterre. Un peu plus tard
le duc de Sommerset, furieux d'apprendre le mariage
de Marie Stuart avec le Dauphin, se déclarait hautement
prêt à secourir Bordeaux, ce qui n'était que juste, disait-
il, puisque la France intervenait en Ecosse. Le Lord
Protecteur ne pouvait croire malgré les affirmations de
l'ambassadeur que la révolte de la Guyenne fut terminée ; il assurait à de Selve tenir de source sûre « qu'il y

(1) Guillaume de Lestonnac, après le 21 août, avait mis quelques
hommes dans le château Trompette et s'en était fait le capitaine.
Le renseignement donné à Londres était donc vrai.

avait parmi eulx grand nombre de gentilhommes et
gens d'étoffe et bien 8.000 hommes fort bien armés. »
Ce même jour le comte de Huntley affirmait à de Selve
que le protecteur avait parlé « des embarras que le
roy d'Angleterre feroit à la France ».

Ces velléités d'interventionn'aboutirent pas : des encouragements, des promesses vagues de secours, voilà
où se bornèrent les interventions étrangères d'après
les documents officiels. Le connétable, tenu aux courant
des agissements bordelais en Angleterre, ne les perdit
pas de vue et pendant son séjour à Bordeaux, si nous en
croyons les remontrances de G. Leblanc, il assista aux
interrogatoires des accusés soumis à la question et il
n'aurait jamais pu avoir aucun aveu de complot concerté
avec l'étranger. En tout cas les menées de Lestonnac, dénoncées par de Selve, conduisirent le Jurat au dernier
supplice. Montmorency n'avait pas obtenu de preuves
certaines des trahisons de Bordeaux, sa conviction ne
fut pas néanmoins ébranlée. Dans sa lettre du 24 octobre
à M. de Marillac, il narre avec complaisance les résultats de son expédition pour que l'ambassadeur les répète
autour de lui : « de sorte que ceulx du dehors du royaume qui estoient bien ayses et se promettoient
quelque advantage des dictes émotions peuvent bien
cesser d'en ryre et ne doivent espérer auculne chose. »
Cette phrase vise bien évidemment Charles-Quint.
Dans une dépêche du 28 novembre au même Marillac,
il revient avec détails sur les résultats de sa campagne
de Guyenne, et finissait ainsi : « La follye et entreprise
étoit grande comme vous pouvez penser, mais Dieu
mercy, ils n'avoient le sens ni la force de l'exécuter et
espère après l'ordre donné tel qu'il est à présent et
les punitions faictes comme elles sont des aultres, le
roy ne sera plus en peine de telles séditions. Je n'ay

voullu faillir à vous en escrire pour en savoir répondre
où l'on vous en parlera. » Montmorency tenait à faire
savoir à l'Empereur qu'il n'avait rien à espérer de l'insurrection. En Angleterre de Selve eut bientôt la satisfaction d'annoncer au Protecteur la fin de la révolte.
Le 24 novembre il écrivait au roi : « Le Protecteur fut
ennuyé d'apprendre ces nouvelles et sa figure le montra
clairement. »

L'Angleterre comme l'Espagne continuèrent quand
même à s'inquiéter de la situation de la Guyenne.
Charles-Quint, dans les instructions données le
1er Janvier 1549 à son nouvel ambassadeur en France,
Simon Renard, recommandait de surveiller « le
faict de la Guyenne et si même elle sera du tout
pacifiée quant à la rebellion qu'elle fit naguères ». La
politique de Charles-Quint devait prévoir la possibilité du renouvellement de cette révolte, pour le moment
prochain où la guerre avec la France recommencerait·
Cela explique aussi la protection donnée par le souverain aux réfugiés bordelais dont la présence dans
les états de l'Empereur inquiétait le roi Henri II.

Les faits que nous venons d'exposer semblent bien
montrer quelque peu l'action étrangère dans la révolte,
de la Guyenne, mais les encouragements anglais, les
seuls bien démontrés, sont restés à peu près plato-
niques, probablement en raison de la courte durée de
la révolte. Quelques mois plus tard cette insurrection
eut singulièrement aidé l'Angletere dans la guerre
qu'elle déclara à la France. Il est d'ailleurs bien certain
que l'intervention étrangère, désirée par quelques chefs,
ne fut pas invoquée par le plus grand nombre des révoltés. Les Pitaux ne pouvaient avoir de politique,
leur révolte n'était qu'un fait de misère sociale et c'est
en cela qu'elle reste digne de pitié.

CHAPITRE XIII

LA REPRESSION A BORDEAUX

Le soulèvement de Bordeaux, la mort tragique de
Moneins avaient surpris Henri II qui comptait sur la
fermeté du Parlement et sur celle de Moneins pour
maintenir l'ordre dans la capitale de la Guyenne. Il
écrivait à Montmorency le 1ᵉʳ septembre (1) : « Moneins
a esté tué et trois de ses gens par ceulx de la ville de
Bordeaux qui se sont élevés et font comme les autres du
dehors, avec lesquels ils ont intelligence. » Le Roi, craignant pour les places de la frontière espagnole, prescrivait leur mise en état de défense ; et le 3 septembre il
arrêtait les lignes principales de l'opération militaire
à exécuter contre les provinces révoltées, comme celles
de la répression à confier aux juges civils (2).

(1) Guillaume Ribier, *Lettres et mémoires d'Etat*, t. II.

(2) La date est donnée par l'arrêt du $\frac{6}{11}$ contre la ville de Bordeaux,
qui porte : « Veu par les juges désignez par le Roy les lettres dudit
Seigneur contenant leurs pouvoirs et commissions du IVᵉ jour de
septembre dernier. »

C'est un lieu commun historique de charger Montmorency d'avoir organisé la répression sanglante de
la révolte de l'ouest ; on en profite pour mettre en ba-
lance l'humeur clémente du duc d'Aumale, sa bonne
grâce, sa douceur et on l'exempte naturellement de
toute responsabilité. Il est propable que Carloix, l'auteur
des Mémoires de Vieilleville, n'est pas étranger à la
formation de la légende. Ce facile conteur écrit : « Mont-
sieur le Connétable lui remonstra (au roi) que ce n'estoit pas de ceste heure que ces peuples étoient capri-
cieux, rebelles et mutins car du temps du feu roy son
seigneur et père les Bordelais et pays circum, voysins
s'estoient oubliés en pareille faute et qu'il fallait exter-
miner et en ung besoin y planter une nouvelle peuplade
pour n'y plus revenir, s'offrant le dict Connétable d'en
prendre charge. » Un peu de réflexion suffit pour
montrer que ce récit, trop souvent cité, est de pure fantaisie. Le connétable rabroueur, hargneux, cruel même
quelquefois, possédait l'apparence voulue pour endosser
les excès de répression vis-à-vis de l'histoire moderne ;
mais les contemporains ne se sont pas trompés sur son
rôle et n'ont eu pour lui que des éloges. En réalité toute la
répression militaire et judiciaire avait été arrêtée par le
roi dans le conseil tenu à Pignerol le 3 septembre. Montmorency n'a certainement pas poussé aux mesures de
clémence ; chef de guerre endurci, il devait souhaiter
l'écrasemeut des révoltes, cette « vermine » qui faisait
« toujours de pis en pis. » Mais comment le ministre
prudent d'Henri II aurait-il pu conseiller la destruction
de tout un peuple ? Sa correspondance n'a pas gardé trace
de propositions aussi sanguinaires. D'ailleurs son collègue d'Aumale n'avait pas plus que lui des sentiments
de pitié pour les pauvres paysans révoltés de misère,
car nous l'avons vu menacer d'extermination totale les

paroisses d'Angoumois rassemblées (1) le 24 septembre (2) au son du tocsin. — Au vrai les deux généraux exécutaient sans répugnance les ordres du roi, et Montmorency, le 6 octobre, pouvait rappeler au duc que les mesures de répression avaient été arrêtées de concert. On ne saurait donc rejeter sur un seul une responsabilité qui était partagée sans hésitation par les deux chefs. Il est d'ailleurs permis de distinguer le mode d'action des deux généraux. Montmorency, déjà d'âge mûr, vieilli dans la pratique du pouvoir, ne supportait pas la résistance et imposait durement sa volonté ; d'Aumale dans toute la fleur de la jeunesse, favori du roi et de la cour, avait des manières affables qui lui gagnaient les cœurs. Le contraste était frappant, l'histoire en a profité pour exagérer le rôle de chacun des généraux dans un sens opposé.

Les habitants de Bordeaux, après la violente crise du 21 août, avaient compris la gravité de l'acte criminel commis par les irresponsables de la populace ; la Jurade prit de sévères mesures de police pour éviter de nouvelles émeutes et le Parlement châtia cruellement les plus coupables des criminels. L'assemblée municipale multiplia ses preuves de soumission et de fidélité par de nombreuses adresses aux diverses autorités du pays : à M. du Lude, à M. de Burie, à M. de Jarnac (3). Le roi, dès le 7 septembre, avait reçu leurs protestations de fidélité (4) ; à la fin de ce même mois, ils envoyaient une ambassade au duc d'Aumale à Poitiers, et au même moment une de leurs députations se présen-

(1) B.-N.-F. $\frac{3116}{55}$.

(2) B.-N.-F. $\frac{342}{9005}$.

(3) Remontrances faites au roy par les habitants de Bordeaux,

(4) B.-N.-C. $\frac{343}{1302}$. Le roi à Marillac.

tait à Narbonne au connétable. Protestations de dévouement, lettres, ambassades, ne devaient pas arrêter les
châtiments « décidés par le roi ».

Montmorency avait quitté Henri II le 15 septembre
à la Côte Saint-André ; il descendit le Rhône en barque
et entra par Nîmes dans son gouvernement de Langue
doc. Il quitta Nîmes le 21 pour Narbonne où il s'arrêta
quelques jours, puis gagna Toulouse vers le 1er octobre.
Il reçut dans cette ville une nouvelle députation bordelaise, dont il parlait (1) le 6 octobre au duc d'Aumale en
ces termes : « J'ay aujourd'hui ouy les Présidents et
Jurats de Bourdeaulx qui ne preschent aultre chose
qu'une bien grande obéissance de leur ville et que j'y
trouveray toutes choses pacifiées et ne seroit ja besoing
des miennes forces ; mais nous y mènerons notre caution quant et nous et croy que nous y ferons le service
au Roy qu'il désire. » Le grand rabroueur ne dédaignait
pas à l'occasion de dissimuler sa pensée sous des formes
aimables, car il ajoutait : « Je les ay renvoyés à la dicte
ville avec les plus douces et honnestes paroles qu'il m'a
esté possible, de sorte que je les ay grandement assurés. »

Le duc d'Aumale avait quitté le roi en même temps
que le connétable : il descendit la Loire jusqu'à Tours
d'où il gagna Poitiers le 28 septembre. Dans cette ville
il reçut une lettre de la municipalité bordelaise apportée
par une députation conduite par le jurat Guillaume
Leblanc. Cette lettre, datée du 29 septembre (2), exprimait les sentiments de dévouement et d'obéissance de
la Jurade. Il y répondit le 3 octobre (3) par une lettre

(1) B.-N.-F. $\frac{20555}{105}$, pièce 36.

(2) B.-N.-F. $\frac{2051}{6}$, pièce 27.

(3) B.-N.-F. $\frac{20511}{5}$, pièce 31.

d'une banalité rassurante dont il envoya copie au
connétable. Celui-ci félicita son jeune collègue d'avoir
joué, lui aussi, les Bordelais. Il écrivait (1) : « J'ay
trouvé fort bonne et prudente la réponse que vous leur
avez faicte pour les contenir et assurer et aussi à ceulx
d'Engoulmoys et de Xaintonge affin qu'ils ayent meilleure occasion de persévérer en l'affection qu'ils disent
avoir et porter, au dict seigneur ».

Les bonnes paroles de Montmorency n'avaient pas
dû rassurer les Bordelais, car le 5 octobre, la veille du
jour où il recevait si bien les députés de leur ville, il
avait lancé une proclamation (2) par laquelle il défen-
dait aux habitants de sortir de Bordeaux, donnant seulement six jours à ceux qui étaient partis pour y revenir. Un certain nombre de Bordelais comprirent le
sens de cet avertissement et se réfugièrent en Espagne.

Le roi indiquait dans sa lettre du 1er septembre au
connétable, qu'il adressait au comte de Foix-Candale (3)
une commission analogue à celle qui avait été donnée
à Moneins : le comte de Candale, grand seigneur fort
connu dans le Midi gascon, reçut donc la mission de
venir à Bordeaux faire l'intérim du gouverneur. Il arriva dans la deuxième quinzaine de septembre et s'éton-
na de trouver un pays représenté comme en ébullition
réellement fort tranquille. La ville était en paix depuis
longtemps et les campagnes avaient déposé les armes.
Candale écrivait que les gens de l'Entre-deux-Mers s'ex-
cusaient de ce qu'ils se sont assemblés et faict
quelques monstres qu'ils disent avoir esté faictes pour
se garder des Xaintongeois, s'ils les venoient assaillir. »

(1) B.-N.-C. $\frac{342}{9.27}$, pièce 38.
(2) A.-H.-G. Tome xii, p. 346.
(3) Frédéric de Foix-Candale, comte de Candale, de Benauge et
d'Astarac, captal de Buch, etc., † 1571.

La paix était si profonde que l'envoyé royal n'hésitait
pas à faire venir près de lui sa femme et ses enfants.
Il signala la vérité au roi par une lettre du 7 octobre (1)
qu'il finissait en disant : « J'ay du tout adverty bien au
long M. le Connétable comme il vous a plu me commander. » Mais Montmorency ne voulait pas comprendre
le sens pacifique des lettres de M. de Foix-Candale, il
écrivait de Grenade, le 8 octobre, au duc d'Aumale (2) :
« Je vous envoys la lettre qu'ay reçu de M. de Candale,
en laquelle vous verrez s'il vous plaist le peu de sécurité qu'il y a en l'obéissance que vous promettent tous
ceux de Bordeaux, lesquelz seront bien ayses de nous
y mener désarmés pour nous commander. » Il serait
difficile d'expliquer l'opinion du connétable en présence de la lettre optimiste de M. de Candale ; si elle
ne demontrait pas que Montmorency écartait à l'avance
tout renseignement pouvant entraver la répression arrêtée en Italie.

Le connétable, duement prévenu qu'il n'avait à craindre aucune résistance, prit néanmoins toutes les précautions justifiées par la présence d'un ennemi sérieux.
Le corps d'infanterie sous ses ordres était remarquable
surtout par les bandes françaises et italiennes du corps
de Piémont ; ces troupes d'élite par le luxe de leur
équipement, leur tournure martiale, frappèrent les pays
traversés d'une admiration que Brantôme beaucoup
plus tard rappelait avec complaisance (3).

Le 16 octobre, la jonction des deux corps de Mont-

---

(1) Guillaume Ribier, *Lettres et mémoires d'Etat*, t. ii.

(2) B.-N.-C. $\frac{342}{9227}$, pièce 38.

(3) BRANTÔME, *Hommes Illustres et Grands Capitaine Français*
(*M. de Bonnivet.*) « J'ay ouy dire à ung cappitaine qui n'estoit que soldat pour lors, qu'aulcunes compagnies passant de Piémont pour
venir en Guyenne avec le connétable pour la Gabelle, on vit pour ung

morency et du duc d'Aumale s'effectua à Langon. Ce
jour-là une députation de la Jurade vint offrir au connétable les clés de Bordeaux, en l'invitant à faire son
entrée solennelle, on lui demanda seulement d'épargner
à la ville la garnison des lansquenets justement redou-
tés pour leur brutalité et leurs rapines. Montmorency rebuta les députés et refusa un bateau super-
bement décoré que la ville le priait d'accepter pour
descendre jusqu'à Bordeaux (1). Le connétable n'a-
vait plus besoin de dissimuler, il était sûr qu'aucune résistance ne surgirait. La marche sur Bordeaux fut continuée. Le 17, l'avant-garde campa à Podensac, le 18, elle atteignit La Prade et le corps
d'armée se concentra tout entier dans cette localité
le 19 octobre. Le connétable avait annoncé d'avance
au roi son entrée à Bordeaux pour le 20 octobre (2).
le général en chef voulut tenir sa promesse. La Prade,
hameau situé sur la grand route de Toulouse à 2 k.
de la Brède et à 20 k. de Bordeaux, était un
centre trop éloigné de cette dernière ville pour
que les troupes de pied pussent atteindre leur destination de bonne heure. Au 20 octobre, le jour

coup au cappitaine La Chasse, gentilhomme provençal, cinquante soldats qui tous avoient le bonnet rouge ou de velours fourré d'or avec
la chaîne au col faisant deux tours, avec le fourreau et l'escape de
velours. Aussi j'ay ouï dire qu'à la Couronnelle de M. Bonnivet, car il
n'en avoit qu'une, il s'y trouva quatre-vingts corselets de Milan tous
gravez et dorés. » — Le capitaine La Haye n'est pas indiqué à la
monstre du corps de Piemont du 7 février 1549. Voir note E.

(1) A. H. G. Tome II. Comptes du Receveur. Dépenses faites pour
mener à Langon la maison sur l'eau.

(2) Voir note H.

Mémoires-Journaux du duc de Guise. Lettre du cardinal de Guise.
au duc d'Aumale. Lapalisse, 17 octobre. «Croyez, M. mon frère, qu'il
a (le Roi) cette envie que soyez avec M. le Connétable qui lui a mandé
devoir estre devant Bordeaux le 20 de ce moys. »

commençant à poindre seulement à six heures du matin,
il est probable qu'en prévision de l'entrée matinale à Bordeaux, l'avant garde d'infanterie dut venir cantonner le 19
très près de la Ville au pont de la Maye (1) et à Bègles.

Bordeaux en 1548 était couvert du côté de la terre par
une enceinte de murailles flanquée de tours et précédée
d'un fossé. Huit portes principales défendues chacune
par un ouvrage donnaient accès dans la ville. Sur la
rivière elle était inattaquable, ce qui permettait à
l'assiégé de concentrer toutes ses forces sur le
front de terre. En cas de résistance, l'armée de
Montmorency aurait eu à bloquer une ville de péri-
mètre étendu et munie de moyens d'action très supérieurs à ceux de l'attaque. Les arsenaux de la ville
contenaient beaucoup d'armes, 55 canons, deux cent
milliers de poudre. Après une entrée de vive force dans
Bordeaux les assiégeants eussent trouvé une deuxième
enceinte encore debout et derrière elle la vieille ville
aux rues étroites, dont toutes les maisons se seraient
changées en citadelles avec des gens déterminés à se
défendre. Mais Bordeaux n'avait jamais pensé à résister
à une armée royale : le petit peuple depuis septembre
avait été désarmé, ses chefs les plus audacieux mis à
mort et la bourgeoisie, d'ailleurs loyaliste, craignait
pour ses charges et pour ses biens. La fermeté impitoyable du connétable, malgré ses bonnes paroles de
Toulouse, ajoutait aux craintes trop bien fondées de la
population. Les récents exemples des exécutions sommaires de Marmande (2) montraient trop ce qu'elle de-

(1) A.-H -G. tome XII. Le compte du trésorier de la ville indique
une dépense pour réparations « au pont de La Maille » par ordre d'un
Jurat Vidal. Il semble qu'on aida ainsi la marche des troupes, car la
dépense précède immédiatement celles qui se rapportent à l'occupation de Bordeaux.

(2) Bouchet, *Chronique d'Aquitaine.*

vait attendre de la clémence royale. Pour toutes ces
causes, l'esprit public était déprimé, la ville toute entière n'espérait de salut que dans l'entière soumission
aux volontés du lieutenant-général. Elle essaya de fein-
dre la joie pour désarmer des juges prévenus d'avance.

Les portes de Bordeaux s'ouvrirent donc toutes
grandes à l'armée royale : la porte Saint-Julien, aboutis-
sant de la route de Langon, fut décorée aux frais de la
municipalité (1) et les rues « tendues comme en pleine
joye », écrit l'historien de Lurbe, témoin oculaire.

Le 20 à six heures du matin le connétable pénétra
dans Bordeaux à la tête de son infanterie et suivi de son
artillerie. Bouchet rapporte que les généraux entrèrent en la ville « comme si par combat on l'eut gagnée,
à trompette et clairon, accompagnés de leurs gens de
guerre en bon ordre et de 18 pièces d'artillerie et du-
rèrent à entrer de six heures du matin jusqu'à quatre heures du soir, et iceulx entrés mirent à chacune porte de
la ville une enseigne avec grosse garde de lansquenetz
criant « vive France ». Le cri national triomphait du
cri séparatiste « Vive Guyenne ». Les troupes péné-
trèrent donc dans Bordeaux par les portes Saint-Julien
et du Mirailh, elles occupèrent solidement l'hôtel-de-ville
et le Palais de l'Ombrière ; l'artillerie fut mise en batterie
sur les places et dans les rues (2).

Plus tard des historiens inventèrent l'entrée du connétable de Montmorency à Bordeaux par une brèche

(1) A. H. G. t. VII. Comptes du receveur. « Divers frais pour la
porte de la maison sur l'eau et les portals tant à M. le Connestable
qu'au portal de Saint-Julien et aultres frais qui montant à 178ˡ, 12ˢ, 8ᵈ. »

(2) Bordenave indique que l'entrée des troupes se fit par la porte
des Augustins (porte de Mirailh) mais la porte Saint-Julien, décorée par la Jurade, fut aussi utilisée. Outre les portes, il y
avait en ville deux postes à occuper de suite : la Mairie, rue des
Ayres et le palais de l'Ombrière, siège du Parlement proche du Mar-

pratiquée dans la muraille à coups de canon, rien dans les documents officiels ou dans les historiens contemporains n'a été écrit pouvant justifier cette fable invraisemblable, à qui l'autorité du président de Thou a donné seule consistance (1).

Montmorency, après son entrée dans la ville, s'occupa dans les deux premiers jours au désarmement complet de Bordeaux. Le petit peuple ayant déjà rendu ses armes en septembre à la Jurade, la bonne bourgeoisie dut rendre les siennes au connétable. A la date du 24 octobre, Montmorency écrivait à l'ambassadeur Marillac(2) : « J'ay fait prendre et mettre dans les chasteaux les armes que j'ay trouvées dans la dite ville pour armer au moins 15000 hommes avec 55 grosses pièces d'artillerye et bien deux cent milliers de pouldre appartenant à la dite ville et qui serviront bien ailleurs. » Le désarmement de Bordeaux s'opéra de suite, mais pour la banlieue et le plat pays, l'opération fut longue et difficile, les magasins réceptionnaires manquaient quoique tous les châteaux seigneuriaux dussent en tenir lieu au besoin ; le désarmement marcha donc assez lentement car nous voyons que le 7 novembre le connétable fut obligé de prendre un nouvel arrêté pour con-

ché. La troupe dut pénétrer simultanément par les portes de Mirailh et Saint-Julien, les colonnes marchant l'une sur la Mairie par la rue Buan, l'autre sur le Marché par la rue de Mirailh, les deux colonnes se flanquant dans leur marche parallèle.

(1) Bordenave, qui écrivit son *Histoire du Béarn et de la Navarre* longtemps après 1548, déclare que l'entrée des troupes se fit par la porte « non pas par la brèche comme dit Paradin ». Paradin ne dit rien de tel, il faut rendre à de Thou ce qui lui appartient. Il est certain que, dans la seule matinée du 20 octobre, on n'aurait pas pu pratiquer avec le canon une brèche permettant l'entrée de l'armée en bon ordre.

(2) B.-N.-C. $\frac{344}{8349}$, pièce 50.

traindre des paroisses suburbaines récalcitrantes à s'exécuter (1).

Tout le corps expéditionnaire 10 000 combattants au moins, sans la suite, se trouvait concentré à Bordeaux et dans la banlieue, les compagnies de cavalerie pour la plupart occupant des localités de la rive droite. L'entretien des troupes incombait à la ville. Cette première punition n'était que le prélude des châtiments réservés à Bordeaux, car les légistes spécialement choisis allaient entrer en action. Le Parlement de Guyenne en effet, malgré ses récents services reconnus par le roi lui-même, était suspect de pactiser avec la révolte; il fut donc suspendu par Montmorency et remplacé par quelques juges commissaires choisis dès le 4 septembre (2), dans les hommes à tout faire des parlements de Provence, de Normandie et de Paris. Ils devaient connaître spécialement des faits insurrectionnels qui ne pouvaient à Bordeaux être couverts par l'amnistie du 19 août. Avant tout, le connétable ordonna à ses juges d'entamer le procès du Corps de Ville comme responsable de l'insurrection. Tout se passa dans les formes avec la minutie juridique du temps; dès le 23 octobre le président de la commission judiciaire Etienne de Neuilly, maître des requêtes de l'Hôtel, homme violent et sans scrupules, ouvrit une instruction criminelle contre Bordeaux et ses administrateurs responsables. Guillaume Leblanc, Jurat et avocat renommé, fut chargé de représenter la ville défenderesse. Le procureur du roi mettait en cause pour rebellions, séditions, émotions, meurtres, homicides

(1) A.-H.-G. Tome XII, p. 348. Cet arrêté concerne « La Tresne, Sénac, Carignan, Camblancs, Floirac et autres paroisses de la juridiction de cette ville ».

(2) L'arrêt contre la ville de Bordeaux du 6 novembre indique cette date.

commis et perpétrés en pays bordelais (1) Pierre d'Au-
gères, Resmond du Sault, Pierre Fretin, Pierre Boyer,
Bartholomé Vidal, Guillaume de Lestonnat, Bertrand de
Lange, Bonneau dit Macanan, Etienne de Lestang, Sous-
Maire, prévôt et Juraz, Jehan Pichon, clerc et greffier
et Guillaume Martin, procureur de la ville de Bordeaux,
représéntant le corps de la ville. Pendant cette instruction les recherches policières se multiplièrent, les archers
du grand prévôt, les compagnies de gendarmerie fouil-
lèrent fructueusement villes et campagnes, car le 6 novembre 1548 l'arrêt rendu contre Bordeaux constate déjà
cent vingt détenus sous les verrous. Les arrestations, faci-
litées par les dénonciations (2), avaient été nombreuses
dès l'entrée du connétable, car dans sa lettre du 24 octobre
à Marillac il écrivait : « Mesme a été mise la plus grande
partie des mutins entre les mains et tous les jours j'en
prends quelques-uns qui serviront d'exemple. » L'instruction contre le Corps de Ville de Bordeaux, menée
avec une lenteur relative, aboutit au jugement du 6 novembre ; les poursuites criminelles contre les particuliers devaient suivre l'exécution de l'arrêt rendu contre
la ville. L'arrêt contre Bordeaux exposait l'historique
de la révolte, et en terminant s'exprimait ainsi : « Les
juges ont déclaré et déclarent la dicte communauté, corps
et université de la dicte ville privez à perpétuité de tous
privilèges, libertez, droicts, actions, exemptions, immu-
nité, maison de ville, Jurade et conseil, clerc procureur,
bourse commune et de tous droictz justice, etc. » L'artillerie de la ville était confisquée, le désarmement complet ordonné sous les peines de corps et de biens pour
les détenteurs d'armes illicites. La fortification et le

(1) B.-N.-F. $\frac{3146}{27}$. Jugements contre la ville de Bordeaux.

(2) B.-N.-D. $\frac{775}{13}$.

ravitaillement des châteaux étaient mis « aux cousts » des habitants ainsi que l'armement et l'équipement de deux barques affectées à la garde du port; tous les frais de l'expédition incombaient naturellement à Bordeaux qui devait en outre payer une amende de 200 000 liv. La ville restait responsable de tous les dommages-intérêts qu'on pourrait réclamer pour les faits d'insurrection « tant par la famille de M. de Moneins que par toutes aultres personnes lésées ». L'abaissement de la ville était porté à son comble par les humiliantes cérémonies expiatoires prescrites. Le corps de Moneins devait être exhumé de l'église des Carmes en présence de la Jurade et de cent vingt notables en robes de deuil « avec un cierge de deux livres allumé en main, cierge portant les armoiries du défunt gouverneur; le corps devant être transporté solennellement à l'église cathédrale de Saint-André dans une chapelle édifiée à mémoire perpétuelle du crime (1). Les délégués de la ville, en passant devant l'hôtel du connétable, devaient se mettre à genoux et crier à haute voix « pardon à Dieu et au Roy et à Justice en criant miséricorde ». Si nous croyons Paradin, la cérémonie de l'amende honorable aurait eu lieu le 7 novembre et les supplices auraient commencé le même jour. Cette dernière assertion paraît peu croyable; en effet l'arrêt contre Bordeaux se terminait ainsi: « Pour le regard des personnes des dicts Jurats et six-vingt auteurs, fauteurs des dictes séditions, rebellions et désobéissances, sera procédé extraordinairement à l'encontre d'eux particulièrement pour raison des dits crimes. » Les juges commissaires auraient donc opé-

---

(1) Il est inutile de réfuter la légende du corps de Moneins déterré par la Jurade avec les ongles ; outre la difficulté du procédé, l'arrêt authentique suffit à détruire le conte populaire que l'historien O'Reilly n'a pas craint de répéter.

ré comme un simple tribunal révolutionnaire, si dans la
seule journée du 7 novembre, jugements et exécutions
s'étaient succédé. Il est certain d'ailleurs que jusqu'à la
fin de novembre et au commencement de décembre, Bordeaux vécut avec le spectacle de supplices quotidiens, car
120 à 140 condamnations capitales furent prononcées par
les commissaires. Les condamnés étaient généralement
de petites gens des métiers de Bordeaux ou des paysans
du Fronssadais et du Libournais ; mais pour rehausser la
valeur de la répression la haute bourgeoisie bordelaise
eut à fournir son contingent aux supplices. Parmi les
condamnés de marque on cite les deux frères du Sault,
gentilhommes, l'un prévôt de la ville, l'autre lieutenant
de M. de Jarnac au château du Hâ et Guillaume de
Lestonnac, Jurat : tous trois furent décapités (1). On ne
reprochait aux deux premiers que d'avoir faibli devant
l'émeute ; pour Lestonnac le connétable possédait les
preuves de sa trahison par la correspondance de l'ambassadeur d'Angleterre. Guillotin (2), l'avocat de la commune, déjà poursuivi par le Parlement, fut condamné
au feu par les commissaires. Des supplices variés et
raffinés furent mis en usage et Jean Baron grand-prévôt de l'armée, chargé des exécutions, avait fort à
faire pour ne pas retarder l'activité impitoyable des
juges. Les instructions criminelles n'étaient pas termi-
nées le 27 novembre, puisque le connétable écrivait ce
jour-là (1) à M. de Marillac : « Et avons encore laissé

(1) Il n'y a pas lieu de s'occuper d'un crime mis à la charge du
connétable qui aurait abusé de la femme de Lestonnac. De la Faille, qui
mentionne cette tradition dans les *Annales de Toulouse* (1701), a soin
de le faire dubitativement. Aucun contemporain n'en a parlé.

(2) A. H. G. t. XII. Les comptes du Receveur montrent que Guillotin avait été déjà poursuivi et arrêté, par l'ordre du Parlement sans
doute.

commissaires et prévòt pour parachever ce qui reste à
juger afin que ceulx qui ont fait les faultes ne demeurent
impunis (1). »

Les commissaires quittèrent Bordeaux pour l'Angoumois dans les premiers jours de décembre. Le
parlement de Bordeaux étant suspendu, les affaires
criminelles relatives à l'instruction furent confiées au
parlement de Toulouse. Les Bordelais, quoique terrifiés,
ne se laissèrent pas d'ailleurs abattre complètement : le
Corps de Ville fit appel de l'arrèt qui le frappait par
devant le Grand Conseil.

Henri II, après son entrée triomphale du 23 septembre,
résida à Lyon jusqu'à la fin du mois ; il en partit le
2 octobre se dirigeant vers le Bourbonnais. Le roi, entre
sa femme et sa maltresse (2), voyageait avec sa cour à
petites journées : on le trouve à Tarare le 4 octobre, le 8
il était à La Palisse où il séjourna, sauf quelques courtes
absences, jusqu'au 17 ; le 18, il arrivait à Moulins. Henri
d'Albret avec sa femme et sa fille vint l'y rejoindre au
même moment. Nous avons déjà vu par la lettre du
27 juillet adressée au comte du Lude qu'Henri II avait
donné rendez-vous à son oncle à Lyon pour son retour
d'Italie ; la date de la réunion ayant changé par suite du
raccourcissement du voyage italien, Henri II lui fixa un
nouveau rendez-vous à Moulins. Le duc de Vendôme,
qui avait fait ses préparatifs pour le voyage de Lyon,

(1) B. M. C $\frac{343}{9375}$, pièce 51.

(2) Diane de Poitiers était très liée avec le connétable et les Guise.
Claude, marquis du Maine, frère du duc d'Aumale, était son gendre :
au commencement d'octobre, elle demandait un congé pour ce prince
dont la femme venait d'accoucher. Vers le 15, le roi écrivait à Montmorency : « Si M. le marquis ne fait plus rien là, envoyé le voyr sa fame. »
Diane remerciait le 18 octobre le connétable de sa complaisance, elle
le tenait au courant de tout.

arriva également vers le 18 octobre dans cette ville (1).
Le roi de Navarre et sa femme étaient opposés au mariage de leur fille Jeanne avec Antoine de Bourbon.
Henri II savait que le roi de Navarre ne le ménageait
pas en paroles à ce sujet (2). « L'on m'avait adverty,
écrivait-il au connétable à ce moment, qu'y disoit
qu'il parleroit bien à moy, se que j'attendoys en
grand devotion, toutefois sa colère s'est refredye et
m'a tyns les plus dous propos. » Henri II, qui voulait
par politique le mariage de Jeanne d'Albret avec Vendôme, mit son oncle au pied du mur en le sommant de
tenir la parole déjà donnée, de consentir à l'union
projetée. « I fyt ce quy peut pour l'alonger », continue
le roi dans la même lettre, « mais je lui dys qu'il falloit
quy le fit et que se fut dedans dymanche, se qui m'a
accordé. »

Le mariage fut donc célébré le 21 octobre avec
pompe, Henri II menait lui-même sa cousine : mais dès
le lendemain le roi se plaisait à donner ironiquement
des nouvelles de l'événement à son favori (3). Montmorency était l'objet de l'animadversion du roi de
Navarre qui ne pouvait supporter l'affront de sa
mise à l'écart et la reine Marguerite, quoique détestant,

(1) Le duc de Vendôme semble avoir été prévenu fort tard de cette
nouvelle réunion. Le 10 octobre en effet (B M F $\frac{20409}{83}$) il écrivait au
duc d'Aumale : « serons Samedy (le 13 octobre) à vous en quelque lieu
que vous soyez et nous nous romprons le col et à nos chevaulx ». La
compagnie de gendarmerie de Vendôme avait été mobilisée et son chef
la commandait lui-même, il s'était même excusé près du duc d'Aumale
du retard apporté à cette opération (B. N. F. $\frac{20466}{69}$), expliquant qu'il
avait envoyé un équipage de 25 chevaux à Lyon où le roi l'avait
convoqué.

(2) C. N. C. $\frac{342}{8097}$, pièce 46.

(3) B.-N.-C. $\frac{3122}{7}$, pièce 47.

son mari prenait son parti par politique. Le cardinal de Guise écrivait (1) de Moulins au connétable vers le 20 octobre qu'elle se plaignait de lui, disant : « Par ainsi que vous vouliez prendre tout l'honneur de son mari et cacher ses bons services.... et tant d'autres follyes qu'elle sait dire pour brouiller tout le monde. » L'amertume débordante d'Albret lui faisait parler de donner sa démission de gouverneur de la Guyenne ; le roi écrivait : « S'il me voulait quiter son gouvernement il me feroyt plaisir, mais je ne le crois pas. » Henri II connaissait bien le gascon auquel il avait à faire, car Albret garda le gouvernement dont il s'était si peu préoccupé depuis le 1er août. Actes et intrigues n'empêchaient pas le roi de suivre avec attention les opérations de ses généraux, Albret lui-même s'en préoccupait, mais c'était pour conseiller des rigueurs. A propos du président de la Chassagne, contraint sous peine de mort par les insurgés de se joindre à eux pour quelques heures, il disait à son neveu : « que c'était bien faict de chastier le président de la Chassagne et que c'est un méchant paillard (2). »

Le roi depuis le commencement de la révolte, avait pu apprécier pleinement le mérite du comte du Lude, déjà très connu par ses brillants états de service antérieurs.

---

(1) B.-N.-C. Fontanien $\frac{359}{243}$.

(2) B.-N.-C. $\frac{8907}{342}$, pièce 46. Le président de la Chassagne était venu à Moulins pour se justifier près du roi ; grâce au roi de Navarre il fut maltraité et l'ambassadeur vénitien, dans sa dépêche du 20 octobre datée de Moulins, mentionne le fait avec regret. Il constate que La Chassagne, forcé sous peine de mort de marcher avec les émeutiers, s'était ressaisi très vite, il ajoutait : « Ancora che dapoi sia stato delli principali auttori del deponer delle arme che si fatto in Burdeos... è stato ritenuto e mandato sotto buona custodia al Sr Contestabile. » — La Chassagne ne rentra jamais en grâce.

Le gouverneur du Poitou avait inspiré dès le début
de l'insurrection une telle confiance au roi, que ce dernier n'hésita pas à lui donner le gouvernement civil supérieur de tout l'Ouest et le commandement éventuel de
l'armée destinée à la répression. Ce dernier projet n'a-
boutit pas, par suite de l'extension de la révolte, mais le
roi avait continué sa confiance à M. du Lude, qui seul
lui paraissait assez énergique et assez habile pour maintenir l'ordre dans les provinces après le départ de
Montmorency. Henri II, le destinant à remplacer Moneins, à devenir le suite le gouverneur réel de la
Guyenne, écrivait à ce sujet à Montmorency de se
souvenir (1) « que c'est luy que vous sçavez que je
délibère de leser en Guyenne ». Le cardinal (2) de
Guise écrivait le même jour à son frère : « Le roy a
trouvé fort bien que vous ayez laissé Larochepozay à
Poitiers, le roy continue à vouloir laisser M. du Lude
lieutenant en Guyenne. » M. du Lude ainsi désigné par
le roi quitta l'Angoumois rapidement, pour prendre à
Bordeaux possession de l'emploi pour lequel il était
désigné, il n'en fut pas d'abord déclaré titulaire, cela
par la volonté expresse du roi (3).

Après avoir mis en train la répression, Montmorency
aurait dû quitter Bordeaux et rentrer à la cour dans les
premiers jours de novembre 1548, s'il avait cédé aux
instantes prières du roi (4) ; mais des occupations ur-
gentes prolongèrent son séjour. Il dut dès le milieu de
novembre réduire l'effectif des troupes du corps d'armée actif. Vers le 10 novembre, le connétable procéda

(1) B.-N.-C. $\frac{8997}{340}$.

(2) Mémoires-Journaux du duc de Guise.

(3) B.-N.-C. $\frac{342}{8997}$, pièce 46.

(4) B.-N.-F. $\frac{3126}{31}$, pièce 48.

lui-même à l'organisation et à l'embarquement d'un détachement de 1200 hommes de pied à destination de
l'Ecosse (1) : Montmorency au même temps, eut à former une colonne légère destinée à reprendre Limoges
occupé pendant quelques jours par les paysans insurgés. 2000 hommes d'infanterie, les compagnies Lafayette et Terride avec deux pièces de canon prirent le
chemin du Limousin, où elles rétablirent l'ordre (2). Les
troupes du corps expéditionnaire restant à Bordeaux
au 15 novembre étaient trop nombreuses pour que leur
entretien fût imposé longtemps à cette ville ; le connétable arrêta donc avant son départ les quartiers d'hiver
de son corps' d'armée et fixa les garnisons en propor-
tionnant leur effectif aux ressources des pays et aussi
aux châtiments mérités par les localités les plus com-
promises. Bordeaux garda provisoirement les bandes
du Piémont, deux compagnies de gendarmerie Lude et
La Hunaudaye et une compagnie de chevau-légers du
Piémont. La compagnie du maréchal Saint-André occupa
Saintes ; Rohan s'établit à Agen, les Ecossais à Libourne,
Termes à Saint-Savinien en Saintonge, d'autres ga-
gnèrent même le Poitou. La Saintonge et l'Angoumois
furent privilégiés car, outre la gendarmerie déjà instal-
lée, on y cantonna le corps des lansquenets à Barbezieux et à Blanzac.

Toutes les affaires importantes réglées, au bout d'un
mois, d'après Paradin, Montmorency et d'Aumale
purent songer à revenir à la cour. Le roi ne cessait de
les presser de se mettre en route depuis la fin d'octobre
tout en recommandant au connétable de ne pas se hâter si les affaires l'exigeaient. Aussi dès que les deux

---

(1) B.-N.-C. $\frac{343}{8375}$, pièce 51.

(2) *Annales françaises de Limoges*. Mss. de 1638, p. 231.

généraux purent quitter Bordeaux, ils se dirigèrent par
la voie la plus courte vers Paris. Montmorency et d'Aumale voyageaient ensemble et nous constatons leur présence le 27 novembre (1) à Montrésor en Touraine
(350 kil. de Bordeaux) ; ils avaient couché l'avant-veille
à Poitiers ainsi que le raconte Bouchet. Il est probable
que tous deux marchaient avec leur train et que le
voyage s'accomplit par étapes puisque le roi, dans une
lettre d'octobre (2), parlait d'envoyer « mules et aque-
nées » pour faire diligence. Dans ce cas on peut admettre quatre à cinq jours de voyage jusqu'à Montrésor ; le départ de Bordeaux remonterait donc au 22 ou
au 23 novembre (3). Le connétable dans la même lettre
indique à son correspondant, l'ambassadeur Marillac,
qu'il compte arriver à Saint-Germain le 1er décembre. Le
duc d'Aumale devait être pressé de revenir à la cour où sa
fiancée Anne d'Este l'attendait depuis quelques jours.
Cette union avec une petite-fille de France qui approchait du trône la maison de Guise fut célébrée en grande
pompe à Saint-Germain-en-Laye le 4 décembre 1548.

(1 B.-N.-C. $\frac{343}{9375}$.

(2) B.-N. Fontanieu. $\frac{259}{283}$.

(3) Voir la note I.

CHAPITRE XIV

L'ANGOUMOIS ET LA SAINTONGE JUSQU'A LA FIN DE 1548

La répression en décembre. — Désarmement des populations. — Enlèvement des cloches. — Les juges commissaires a Angoulême. —
Occupation militaire du Bas-Angoumois. — Jean Baron et les supplices. — M. de Sansac rend compte au duc d'Aumale des opérations des juges commissaires.

Le connétable de Montmorency et le duc d'Aumale
avaient quitté Bordeaux vers le 22 novembre pour ral-
lier la cour ; l'impatience du roi ne leur permit pas de
visiter l'Angoumois et la Saintonge qu'ils traversèrent
rapidement pour gagner Poitiers et Paris. Ces provinces
ne furent pas pour cela mises en oubli, et, comme l'ont
dit certains historiens modernes, exemptes de toute punition grâce à l'intervention du duc d'Aumale. Le connétable au contraire s'en expliquait nettement en quit-
tant Bordeaux. Il écrivait le 27 novembre (1) à M. de Marillac au sujet du Bordelais : « Bien vous advertiray qu'il
a esté faict bonnes et grosses exécutions des aulteurs
et faulteurs des sédictions exemplaires à tous aultres. »
Il ajoutait plus loin : « Et avons encore laissé les Commissaires et Prévôt pour achever ce qui reste à juger et
exécuter afin que ceulx qui ont faict les faultes ne demeurent impunis. » La sanglante besogne de Neuilly
et de Baron n'était donc pas encore terminée à la fin

_____

(1) B.-N.-C. $\frac{943}{3573}$, pièce 51.

de novembre, mais le moment approchait où l'Angoumois et la Saintonge connaîtraient la valeur de la parole royale. Montmorency ne les oubliait pas et dans
cette même lettre à Marillac il disait : « Et de ceulx de
Xaintonge et d'Angoumois qui avaient voulu faire de
mesme, sera pareillement faict telle punition qu'il appartient, à quoi il y a bon commencement. La follye et
entreprise estoient grandes comme vous pouvez penser, mais, Dieu mercy, ils n'avoient le sens ni la force
de l'exécuter. »

Après le départ de M. du Lude pour Bordeaux, à la fin
d'octobre, M. de Sansac, qui lui était adjoint, fut chargé
du gouvernement de l'Angoumois et de la sénéchaussée de Saintonge, en remplacement de Larochebeaucourt destitué et emprisonné. Avec l'aide des garnisons
du pays et secondé par le prévot des maréchaux de la
province, Philippe Horric, Sansac put faire un choix des
rebelles les plus compromis et les joindre aux colonels,
au curé de Cressac, aux capitaines des paroisses qui en
septembre et octobre avaient été emprisonnés au château d'Angoulême. Sansac avait du reste fort à faire ;
car le désarmement du pays était ordonné par le connétable depuis la fin d'octobre et c'était là une grosse
et longue opération. Paradin donne, à la date du 26 octobre, le texte de l'arrêté adressé de Bordeaux par Montmorency au sénéchal de Saintonge : cet acte, applicable
naturellement à l'Angoumois, contient des dispositions
générales qui furent reproduites dans les documents
de même ordre envoyés dans les sénéchaussées de
Guyenne où s'étaient produites des insurrections. Cet
arrêté ordonne le désarmement du pays révolté, exemption faite des gentilshommes et des gens du roi : quant
aux autres, disait l'arrêté, « qu'ils aient dedans certains
brief temps que pour ce vous leur impartirez à déposer,

consigner et apporter incontinent toutes sortes d'armes comme piques, hallebardes, javelines, espieux, bâtons à deux bouts, hacquebuttes, arbalètes, arcs, rondelles, boucliers, espées, dagues, poignards, toutes aultres espèces d'armes offensives et défensives sans aucune ne retenir, sinon coutaux pour leur usage ; savoir est ceux des villes et faubourgs de votre dicte sénéchaussée dedans les chasteaux, maysons, tours et lieux forts d'icelles villes et ceux des villages du plat pays dedans les chasteaux, maysons des gentilshommes seigneurs châtelains et haults officiers desquelz ils seront vasseaux et subjects pour être conservés par les dits seigneurs. » Les cloches (1) qui avaient appelé le peuple des campagnes à la révolte ne furent pas oubliées : l'arrêté les traita en armes et des plus dangereuses. Il prescrivait à toutes les autorités : « Consuls, échevins, gouverneurs... des villes, marguillers et procureurs des paroisses, abbés etc. d'avoir en temps très court à faire abattre, rompre et mettre en pièces toutes et chacunes des cloches grosses et petites qu'ils ont en leurs églises et se trouvant aux lieux communs et publics des dictes villes, sans aucune excepter. » Il fallait une permission royale pour conserver et se servir d'une cloche. En Saintonge, la place de Saint-Jean d'Angely, toujours fidèle, eut le privilège de conserver ses cloches. Il est probable que pour la même raison Angoulême dut conserver les siennes.

L'arrêté du 26 octobre fut rapidement mis en exécution, car un procès-verbal authentique (2) montre que le

(1) Rabelais *Pantagruel*, 4e livre, fait deux allusions à la révolte de 1548, chapitre LXVI « Je y oi, par Dieu, le toquesaing horrifique, tel que jadis souloient les Gascons en Bourdelois faire contre les gabelleurs et commissaires. » — Prologue du Quart Livre — « Icy sont les Gascons reniants et demandants retablissement de leurs cloches. »

(2) A.-H.-S. tome vi.

désarmement de douze paroisses voisines de Royan s'effectua du 13 au 20 novembre. Cette opération eut lieu au même moment dans les deux provinces. L'arrêté s'exécuta si rigoureusement qu'on alla jusqu'à saisir, à bord de vaisseaux à l'ancre, l'armement nécessaire aux navires long-courriers, et Sansac, le 25 décembre, écrivait (1) à d'Aumale pour faire rapporter cette mesure mal comprise.

L'enlèvement des cloches s'opéra au même moment, malgré l'opposition du clergé qui voyait avec peine supprimer cet instrument liturgique. L'évêque de Saintes, dès 1549, se plaint (2) de la suppression de cette manifestation du culte qui encourageait la tiédeur de ses diocésains, et fournissait un prétexte plausible aux luthériens dissimulés, déjà nombreux, pour manquer aux offices. L'évêque de Bazas en janvier 1549 formulait (3) les mêmes plaintes qu'il chargeait le cardinal de Vendôme d'appuyer. Les cloches restèrent longtemps sous séquestre et la plupart furent brisées (4) conformément à l'arrêté de Montmorency. Le polygraphe Elie Vinet, passant en juillet 1549 par Barbezieux sa patrie, constate qu'on n'entendait nulle cloche « parce qu'aultant qu'aulcunes d'elles n'avoient que trop sonné il n'en étoit demeuré une seule aux clochers ».

Les opérations de la répression furent pour l'Angoumois et la Saintonge précédées par l'occupation

(1) B.-N.-F. $\frac{20553}{60}$, pièce 53.

(2) Mémoires-Journaux du duc de Guise.

(3) B.-N.-F. Anjou et Touraine, $\frac{10}{4855}$.

(4) La disparition à peu près complète des cloches du XVIe siècle dans l'Angoumois au sud de la Charente est une preuve de la stricte exécution de l'arrêté de Montmorency.

militaire. Les places fortes de la vallée de la Charente, Ruffec, Angoulême, Châteauneuf, Jarnac, Cognac, Saintes reçurent les garnisons de gendarmerie et de chevau-légers : le Bas-Angoumois et les contrées limitrophes de la Saintonge eurent l'honneur de recevoir les lansquenets. Cette légion étrangère formait douze enseignes (1) : quatre commandées par le comte Rhingrave (2), huit par le colonel Ludovic ; les premières à l'effectif de 1254 hommes prirent garnison à Barbezieux, les autres occupèrent Blanzac. 2490 hommes de garnison, pour un petit bourg qui au XVIII⁰ siècle comptait à peine 150 feux, était une charge écrasante ; il est donc certain que les huit bandes étendirent leurs cantonnements dans tout le pays. A cette époque et bien longtemps après, les troupes régulières, l'infanterie surtout, traitaient leurs cantonnements en pays conquis ; on peut croire que les troupes allemandes, qui au XVI⁰ siècle avaient déjà une réputation bien méritée de rapacité et de cruauté, ne changèrent pas leurs habitudes en Angoumois. D'Aumale et Montmorency leur avaient confié un rôle dans la répression, elles n'épargnèrent rien pour justifier la confiance de leurs généraux. M. de Sansac en recevant ces précieux auxiliaires, vint présider lui-même à leur installation. Le 8 décembre il assistait aux monstres qui eurent lieu le même jour à Barbezieux et à Blanzac et il rendit compte au duc d'Aumale de ces opérations administratives (3). Grâce à la présence d'une véritable armée dans la petite pro-

---

(1) B.-N.-F. $\frac{3036}{44}$. Monstre du 8 décembre 1548. Pièce 58.

(2) Jean-Philippe, Rhingrave comte de Salm, général de lansquenets de 1547 à 1550, chevalier de l'ordre en 1557.

(3) B.-N.-F. $\frac{20553}{38}$, pièce 52.

vince d'Angoumois, les juges commissaires pouvaient
avec sécurité venir siéger et fortifier la répression des
peines tirées de leur arsenal juridique. Les commissaires, installés à Angoulême vers le 10 décembre,
menèrent si vivement leurs procès criminels qu'ils
partirent après avoir déblayé le terrain quelques jours
avant la fin du mois. M. de Sansac écrivait le 28
décembre (1) au duc d'Aumale pour lui rendre
compte de ce départ qui le mettait dans le plus
grand embarras, car les juges laissaient en souffrance l'exécution d'une vingtaine d'arrêts. De tout
le personnel judiciaire, Jean Baron, le grand prévôt
de l'armée, restait seul à Angoulême. M. de Sansac,
très embarrassé, écrivait donc le 28 décembre au
duc d'Aumale : « Je ne laisseray à vous faire savoir
qu'ils m'ont laissé vingt arrest dont l'exécution sera
fort longue et de grande cognoissance, tant pour le recouvrement des amendes ès-quelles chacun commun
a esté par eux condamné, que aussy qu'il sera requis à
l'exécuteur d'iceulx, bailler commission aux habitants
d'une chacune paroisse pour esgaler au solt la livre
l'amende à quoy ils ont esté condamnés. Quant aux
biens confisquez d'aulcuns particulièrement jugez à
mort, il faudra que l'on fasse inventaire et iceulx mettre
entre les mains du Roy. » Sansac mentionne encore les
jugements concernant les taxes arriérées de la gabelle
et la valeur des magasins à sel, denrées et matériel, à
rembourser aux fermiers, et pour cette longue suite
d'actes judiciaires les commissaires n'avaient laissé
qu'un greffier sans pouvoirs. On doit supposer que les
juges, fatigués du travail intensif auquel ils se livraient
depuis deux mois, s'étaient peu inquiétés de laisser dans

(1) B.-N.-N. $\frac{20563}{60}$, pièce 53.

l'embarras l'autorité administrative de la province. Un
incident particulier était encore venu compliquer la
situation ; quelques Saintongeais des châtellenies de Barbezieux, Pons, Archiac, quoique duement convoqués,
s'étaient laissés condamner par contumace ; M. de La
Rochebeaucourt, condamné à représenter certaines personnes, réclamait contre elles une ordonnance de prise
de corps : tous réclamaient des juges, et les juges
faisaient défaut. Sansac voyait très bien la finesse des
gens de Saintonge. « J'entends fort bien, disait-il, que
devant estre jugés et les dicts commissaires retirés
ils cuidoient empêcher l'exécution des dicts arrêts. »
Les contumax avaient du reste bien raisonné leur defaut
à comparaître, la méthode expéditive des juges était
trop connue. Sansac pour se tirer d'embarras avait
voulu délivrer une commission au grand-prévôt pour
l'exécution de tous les jugements ; celui-ci avait refusé
bornant son action à la sanglante besogne des exécutions capitales. « Jean Baron, disait Sansac, prévôt de
la connétablie de France, est encore icy qui fait bonne
diligence en son estat, toutfoys je luy ay commandé l'exécution des dicts arrêt et voullu bailler commission qu'il
a refusée et dict qu'il lui est besoing s'en aller à la
court (1) et de faict s'y en va. » Baron ayant rejoint les
commissaires, Sansac se trouvait impuissant à rien faire
car les juges de la sénéchaussée alléguaient avoir défense de rien connaître des faits insurrectionnels ; il
écrivait donc à d'Aumale pour avoir des instructions,
s'offrant d'ailleurs pour terminer de prendre le rôle de
lieutenant-criminel. « Et combien, disait-il, que l'exé-

_____

(1) La lettre patente d'octobre 1549 dit à cet effet : « Et estant nos
cousins de retour et ayant amené quant et eux lesdits commissaires
pour me rendre compte de leurs charges. » Jean Baron devait naturellement suivre les commissaires auxquels il était adjoint.

cution des dicts arrêts soit mieulx séante aux dicts
commissaires qu'à moy je ne fauldray y faire ce qui me
sera possible. »

L'incident dut se terminer au gré de Sansac,
mais il n'existe plus de traces de ces vingt jugements en souffrance. Parmi eux combien comptait-
on d'arrêts de mort? On l'ignore. Les historiens
contemporains, Paradin, Bouchet, de Thou ont cité
seulement ceux des chefs qui avaient conquis la
célébrité ; pour les soldats sacrifiés avec eux,
pour ceux que le prévôt des maréchaux de la
province put faire exécuter par jugement som-
maire, on ne sait rien. Il ne semble pas d'ailleurs
par la lettre même de Sansac que le nombre
des victimes ait été considérable. A. Gauguié (1)
affirme cependant que « les arbres des campagnes
n'eurent pas assez de branches, les créneaux des forteresses assez de crocs pour pendre les malheureux qui
tombèrent aux mains du terrible duc ». Ce sont
là des fantaisies de romancier et il est certain
que le nombre des victimes en Angoumois n'égala
pas le chiffre des suppliciés de Bordeaux. A partir
de la fin de septembre, on avait procédé aux arrestations des chefs de la révolte. Il est vraisemblable
que Sansac, sans entrain, avait encore grossi le
nombre des prisonniers pendant le mois de novembre ; mais certainement l'effectif total n'en fut pas si
grand. Dans sa lettre au duc d'Aumale en date du 8 décembre, Sansac ne dit rien des juges, ils ne devaient
pas encore être arrivés ; le 28 décembre ils étaient déjà
partis. Leur activité en Angoumois ne dura pas plus de
quinze jours : un grand nombre d'affaires civiles étant

(1) *Précis de l'histoire de l'Angoumois.* Montmorency ne fut créé
duc et pair qu'en 1551.

12

jointes aux affaires criminelles, forcément le nombre de
ces dernières fut restreint (1).

Jean Baron, comme le dit Sansac, fit « bonne diligence en son état » à Angoulême comme à Bordeaux ;
il se montra tourmenteur expert en procédant aux supplices des chefs condamnés. Jean Morand, le curé de
Cressac, fut dégradé de prêtrise et brûlé vif. Les deux
colonels roturiers de Saintonge et d'Angoumois, Tail-
lemagne et Boismenier, furent rompus vifs, la
tête cerclée d'une couronne de fer rouge. Puimoreau, gentilhomme, eut la tête tranchée. Mar-
vaud (2), prétend que les exécutions s'effectuèrent à
Angoulême sur la place du Palet. Cette place, connue
autrefois sous le nom de place des Reaux, était réser-
vée aux exécutions judiciaires. Aucune pièce authentique ne fait mention des supplices des quatre chefs,
mais les historiens contemporains les constatent (3).
Des condamnations à mort sont d'ailleurs mention-

---

(1) Les archives de la Commission judiciaire paraissent n'avoir pas
été conservées : il n'existe aucun dossier de ce genre aux Archives Na-
tionales non plus qu'aux archives départementales de la Gironde et
des Charentes.

(2) *Chronique de l'Angoumois.*

(3) Le rédacteur des Mémoires de Vieilleville raconte avec force détails l'exécution de trois insurgés qui à Bordeaux furent « maillotés » ;
on leur brisa les os avec un maillet de fer. « Supplice fort cruel à la
vérité, dit-il, mais les criminels en furent les premiers inventeurs, car
ils avaient pris deux receveurs ou fermiers des greniers à sel d'Angoulême, lesquels attachés tout nus sur une table, ils avoient faict
mourir trop inhumainement à force de bastonnades ; puis, les jettant
dans la rivière, disaient par mocquerie : allez, méchants gabelleurs, saler les poissons de la Charente. » Les souvenirs de Carloix sont con-
fus : il y a là mélange de vrai et de faux, il paraît évident qu'il a voulu
conter le supplice de Boismenier et de Tallemagne ; il n'y avait aucune raison pour supplicier à Bordeaux des gens d'Angoumois pour
un crime commis à Cognac sur Bouchonneau et son employé. Les
Mémoires de Vieilleville sont coutumiers d'assertions erronées.

nées dans la lettre de Sansac déjà citée. Cette lettre
indique en outre, sommairement, les condamnations
qui avaient frappé les provinces ; amendes collectives
pour toutes les paroisses révoltées, réparations pour
tous les dommages causés au gouvernement et aux
particuliers, rappel des taxes échues pour la gabelle,
etc., etc. Les jugements des commissaires ne parlent
pas de l'occupation des pays révoltés par les lansquenets ; il est probable cependant que la Légion étrangère,
en quartiers d'hiver, fut pour les deux provinces le plus
dur et le plus long des supplices infligés aux sujets
rebelles que le roi avait amnistiés le 19 août.

Les commissaires avaient quitté Angoulême vers
le 25 décembre ; Baron, le grand-prévôt, les rejoignit à
la fin du même mois, comme l'indiquait Sansac le 28 décembre. Commissaires et grand-prévôt étaient rentrés
à la cour pour présenter leurs rapports sur la répression : elle ne s'arrêta pas pour cela, car les prévôts des
maréchaux étaient armés par leurs commissions de
pouvoirs étendus pour connaître de tous les crimes
commis pendant l'insurrection. Il est bien certain qu'ils
en usèrent au cours de l'année 1549, l'effusion du sang
ne cessa définitivement qu'au mois d'octobre 1549.

CHAPITRE XV

LA GUYENNE EN 1549. — FIN DE LA RÉPRESSION

Occupation militaire de la Guyenne. — Abus constatés. — Diminution des effectifs du corps d'occupation de Bordeaux. — M. du Lude est nommé officiellement lieutenant du roi en Guyenne. — Lettres patentes de septembre 1549. — Suppression de la gabelle et rétablissement du quart de sel. — Suppression définitive de tout impot sur le sel. — Lettres patentes d'abolition d'octobre 1549. — Conclusion.

L'occupation militaire d'un pays était la punition la plus rigoureuse qu'on put infliger à des provinces rebelles ; le soldat logé chez l'habitant exigeait de lui par la force non seulement les fournitures règlementaires, mais tout ce qu'il pouvait extorquer : les pires attentats étaient l'ordinaire, la répression généralement était nulle (1). Pour les troupes en quartier l'hiver en Guyenne, nous avons sur les excès commis par elles quelques documents authentiques. Henri II écrivait au

(1) La constatation des excès des gens de guerre se trouve au début de toutes les ordonnances royales depuis Charles VII jusqu'à Louis XIV. On peut citer comme exemple l'ordonnance de 1537 sur les attributions des prévôts des maréchaux (Isambert, t. XII). « Comme ayant été adverty que plusieurs gens de guerre de cheval et de pied et autres vagabons et domiciliés oppressent grandement nostre pauvre peuple en leurs personnes et leurs biens... tenans les champs, pillant, robant leurs hostes, forcent et violent femmes et filles, détroussent et meurtrissent les passants, allans et venans à notre grand déplaisir, etc. »

Les troupes régulières n'oubliaient pas qu'elles avaient succédé aux grandes compagnies de la guerre de Cent ans.

roi de Navarre, le 13 mars 1549, une lettre (1) où il constatait que la ville d'Agen s'était révoltée et mise en armes
contre la compagnie de Rohan. Le roi donnait l'ordre
d'ouvrir une information pour établir les responsabilités en jeu dans le conflit, mais d'avance il affirmait que
les gendarmes « s'étoient fort mal conduits auparavant,
vivant à discrétion, et faisant plusieurs outrages aux
habitants de la dicte ville ». Le roi ajoutait qu'il dési-
rait être informé de la vérité (1) et comme les choses
s'étaient passées de part et d'autres pour « justice
pugnition et correction estre faicte tant des hommes
d'armes et archiers de la dicte compagnie que ceulx de
la ville d'Agen qui se trouveraient avoir failliz ». Il
ordonnait l'envoi du grand-prévôt du connétable afin
de procéder à une enquête immédiate sur les méfaits
de la compagnie de Rohan et sur ceux de la compagnie
Ecossaise qui, dit-il, « a faict infinis maux à ma ville
de Libourne ». Le roi prévenait son oncle de tenir la
main à l'exécution de ses ordres ajoutant : « car de dissimuler en telles affaires ne vaut rien, la promptitude
est devoir de justice. » Nous avons pour deux villes
les constatations officielles des excès coutumiers des
troupes, les mêmes abus se produisaient certainement
dans toutes les garnisons et Saintes comme Angoulême
n'eurent pas à se louer des compagnies de Saint-
André (2) et du connétable. Les lansquenets, qui à leur
première traversée de l'Angoumois avaient donné la
mesure de leurs habitudes de pillage, n'épargnèrent

(1) Guillaume Ribier, *Lettres et mémoires d'Etat*, tome ii.
(2) Les Mémoires de Vieilleville affirment que Saintes reçut avec
enthousiasme la compagnie de Saint-André, commandée par Vieilleville, et que cette compagnie vécut d'une façon exemplaire : il n'y a
pas lieu d'ajouter foi aux assertions de Carloix, car les Mémoires-
Journaux du duc de Guise nous donnent, à la date du 22 janvier 1549,
une lettre de Charles de Bourbon, évêque de Saintes, demandant au

certainement pas Blanzac et Barbezieux. Dès le mois
de décembre, un des capitaines stationnés dans cette
dernière garnison demandait au duc d'Aumale d'inter-
céder près du roi pour obtenir la grâce d'un certain
nombre de lansquenets condamnés probablement à
mort, par le juge du corps de troupe. La lettre (1) constate des faits graves de rébellion et de pillage. Nous
trouvons d'autre part, dans les comptes spirituels et
matériels de l'évêché d'Angoulême pour. l'année 1548,
la preuve des excès des troupes. Le comptable rappelle
que les lansquenets envoyés contre les communes ne se
comportèrent pas mieux que les rebelles, qui avaient
précédemment ravagé tous les environs d'Angoulême,
et que les gendarmes ne tinrent pas une meilleure conduite. Le document constate, par suite du peu de sécurité du pays : « qu'en la présente année bien peu de vicaires se trouvèrent aux cènes de peur des dicts gendarmes ». Cette insécurité générale amena la diminution de la culture et l'année 1549 fut une année de disette en Angoumois.

Le roi de Navarre avait accompagné Henri II à son
départ de Moulins le 25 octobre. Il séjourna dans le
nord jusqu'après le départ du connétable, il reprit
alors le chemin de ses états et s'arrêta à Bordeaux où
la Ville lui offrit un repas d'apparat le 29 novembre (2).
Le 10 décembre 1548, on le trouve en rapport avec M. du
Lude. A ce moment, fidèle à son principe d'étendre

duc d'Aumale la fin de l'occupation « à laquelle les vivres du pays ne
peuvent pas fournir. » Il est difficile de croire que les gendarmes de
Saint-André aient donné à Saintes l'exemple de la discipline : quand
les Mémoires de Vieilleville témoignent eux-mêmes contre l'esprit de
cette troupe.

(1) B.-N.-F. $\frac{20589}{26}$, M. de Ligniville au duc d'Aumale.

(2) A.-H.-G. tome XII.

son autorité à tout le duché de Guyenne, il notifiait
pour exécution une Lettre-patente d'Henri II à la sénéchaussée d'Angoumois. M. de Sansac qui avait reçu directement du roi de France cette Lettre-patente sur
l'interdiction du port de la hacquebutte, signalait au
duc d'Aumale cette intervention irrégulière (1). Il
semble que vers la fin de 1548 le roi de Navarre fut
rentré en grâce près de son neveu, car le roi Henri recommandait à M. du Lude d'agir avec ménagement vis-
à-vis de son oncle. « Je me tiens assuré, disait-il, que
sçaurez très bien et prudemment faire, qui me sera
bien agréable et playsir (2). » Le comte du Lude devait
rendre compte de tout au roi de Navarre et n'agir de
lui-même qu'en cas d'urgence. Henri d'Albret, revenu
en faveur, obtenait, le 13 mars 1549, les amendes et la
confiscation des biens de ses sujets condamnés à la
suite des affaires de Bordeaux. Il avait certainement
sollicité ce petit bénéfice et il en remercia chaudement
le roi de France.

L'occupation militaire d'un pays était un tel fléau,
elle suscitait de telles plaintes, de si nombreux conflits,
qu'à la suite des informations prescrites par Henri II,
le roi de Navarre eut ordre de tâcher d'y remédier.
Nous trouvons à la fin de mars 1549 (3) une lettre
d'Henri d'Albret au comte du Lude par laquelle il le
prie d'envoyer à Tarbes pour le jour de la Quasimodo
deux députés de Bordeaux. Il avait pour cette date
(28 avril) convoqué des représentants de toutes les
sénéchaussées de Guyenne à l'effet de chercher des
remèdes aux maux de la province. Il se posait en gou-

(1) B.-N.-F. $\frac{20553}{38}$, pièce 52.

(2) B.-N. Anjou et Touraine $\frac{10}{4253}$, pièce 54.

(3) A.-H.-P., tome XII.

verneur attentif et apitoyé. « N'ayant rien de plus à
cœur, disait-il, que de lui faire cognoistre par effect,
combien je me veulx employer au subject du pays. »
Le résultat des délibérations de cette assemblée de
notables fut envoyé au roi, car le 25 juin 1549 (1), Henri II adressa aux trois Etats de la province une lettre
par laquelle il transformait les fournitures en nature,
dues au soldat cantonné, en indemnité pécuniaire fixe.
La mesure était bonne en elle-même, mais comment
fut-elle appliquée ? Fut-elle même appliquée en Guyenne ?
C'est peu probable. L'occupation militaire des pays
révoltés, en ruinant les provinces, devenait par suite fort
onéreuse aux finances royales ; aussi le roi songea-t-il
rapidement à réduire les garnisons au strict nécessaire.
Le 14 décembre (2) Montmorency écrivait à M. du
Lude que le roi avait décidé la réduction des compagnies de gendarmerie à demi effectif pour soulager le
peuple des provinces. La lettre patente du 14 décembre
datée de Saint Germain-en-Laye fixa l'opération après
la monstre qui devait suivre celle du 25 décembre. Les
grands chevaulx et les armes durent être laissés dans
les garnisons par mesure de précaution.

La garnison de Bordeaux avait subi en novembre une
très forte réduction, elle fut encore diminuée le mois
suivant. Le 14 décembre le connétable donnait ordre à
M. du Lude de faire partir pour l'Italie la compagnie
de chevau-légers du capitaine Cherlde (3). Très mé-
nager des finances de l'Etat, Montmorency, refusait aux
bandes de Piémont stationnées à Bordeaux, la solde et
les avantages des troupes en campagne dont elles jouis-

(1) A.-H.-P., tome XII.
(2) A.-H.-P., tome XII.
(3) Cette compagnie de chevau-légers était la seule venue de Piémont ainsi que l'avait indiqué l'ambassadeur vénitien,

saient en Italie. Dans le courant de janvier 1549, le pays
paraissant définitivement pacifié, Henri II prescrivit à
M. du Lude de préparer le départ des enseignes de
Piémont. Le 30 janvier 1549, le roi réitérait (1) ses ordres
à ce sujet. Il écrivait à M. du Lude : « Je m'attends bien,
M. le comte, que suyvant ce que je vous ai dernièrement escript, vous aurez déjà donné ordre de faire dresser les estapes des bandes de Piémont depuis Bourdeaulx jusque à leur contrée, au gouvernement de mon
cousin le sieur de Saint-André. » Les monstres de départ s'effectuèrent le 7 février 1549 (2) et six enseignes
quatre françaises et deux italiennes avec leur colonel-
général Bonivet (3), reprirent la route d'Italie en passant par Lyon. Cet itinéraire fut sans doute imposé par
la date du départ ; la route suivie à l'aller étant impra-
ticable dans les Alpes en février. Le roi de Navarre,
peu confiant dans l'amitié de son neveu, craignait de
voir ces bandes envahir son royaume ; de son côté
Charles-Quint, prévenu que ces troupes pouvaient être
dirigées contre le Roussillon, les faisait surveiller par
son ambassadeur. Bordeaux ne garda pour toute garnison que deux bandes d'infanterie, celle du capitaine
Aguerres forte de 160 h. et celle du capitaine Vesq auquel on confia le château du Hâ. Deux compagnies de
gendarmerie, Lude et La Hunaudaye de 40 lances chacune, complétaient la garnison. Celle-ci n'était donc pas
forte surtout avec la diminution d'effectif prescrite pour
la gendarmerie : mais le roi, toujours prudent, écrivait

(1) A.-H..P., t. XII.

(2) B.-N.-F. $\frac{300}{46}$.

Les premières étapes furent : Podensac, Marmande, Tonneins,
Port-Sainte-Marie.

(3) François Gouffier, seigneur de Bonnivet, colonel général de l'infanterie française en Piémont, mort en 1558,

le 30 janvier à Mgr du Lude : « Et si vous cognoissiez
qu'il soit besoing de plus grandes forces par de là,
m'en advisant, vous serez secouru (1) ». Henri II ne
perdit pas de vue, d'ailleurs, l'exécution du jugement
rendu contre la ville de Bordeaux ; il écrivait en
janvier 1549 à M. du Lude : « Faites exécuter
ce qui par arrest a esté ordonné tant pour abattre
la maison de ville et faire faire la chapelle ordonnée
pour le sieur de Moneins et les fortifications et advi-
taillements des châteaux susdicts et pour l'accomplissement des aultres choses contenues dans le dict arrest.»

L'entrée solennelle du roi et de la reine dans
Paris s'effectua en mars 1549. A ce moment, une
députation bordelaise vint trouver le roi à Saint-Denis,
pour lui présenter des remontrances destinées à rétablir les événements de la révolte sous leur vrai jour,
réclamant en même temps la remise des peines prononcées par les juges commissaires et par le connétable. Ces
remontrances, rédigées par l'avocat Guillaume Leblanc
ancien jurat, sont véritablement éloquentes, mais d'une
éloquence pressante qui avait le tort de montrer trop
vivement l'injustice et la cruauté de la répression.
Cette protestation était hardie, car le souvenir des crimes
commis par la populace eût dû conseiller à Guillaume
Leblanc de plaider seulement les circonstances atténuantes pour le passé. Le roi fut indigné de l'audace
bordelaise. Il écrivait (2) le 2 avril à M. du Lude : « L'on

---

(1) Les leçons du passé furent vite oubliées, car, en 1561, M. de Burye
qui succéda à M. du Lude en 1558, estimait la garnison de Bordeaux
suffisante avec 25^H au château Trompette et 10 à 12 au fort du Hâ.
« Le surplus avec 30 soldats qui sont en ville sont autant nécessaires
que dans la Beausse qui me semble argent mal dépensé » — et Burye
avait été témoin des événements de 1548. Voir A.-H.-G., t. XII.

(2) B.-N. Anjou et Touraine $\frac{10}{4258}$, pièce 55.

m'a dit qu'on tient propos au dict Bourdeaulx que les
députés qui me vinrent dernièrement trouver à Saint-
Denis m'avoient demandé pardon qu'ils ne purent obtenir de moy, mais tant s'en fault que ce soit véritable,
qu'au lieu d'implorer grâce et miséricorde de leurs
faultes et erreurs, ils me vinrent publiquement proposer une justification pour mettre le tort devers moy,
et s'ils avoient faict comme ils devoient ils n'estoient
pas d'aventure loin d'espérance d'obtenir de moy les
dictes grâces et pardon, dont j'ay accoutumé de me
servir envers mes subjects plus que de rigueur et justice. » Le roi ajoutait malicieusement à ces bonnes
paroles : « Ce que vous pourrez faire entendre partout
où besoing sera afin qu'on cognoisse la faulte de leurs
dicts députés. » L'éloquence de Leblanc n'amena donc
aucun adoucissement dans les poursuites relatives à
l'insurrection et Henri II, toujours méfiant, recommandait dans la même lettre à M. du Lude de faire surveiller les réfugiés bordelais vivant en Espagne. Il était
toujours hanté par la conviction du complot fomenté
par l'étranger et jusqu'en 1550 on trouve des traces de
recherches à ce sujet en France et à l'extérieur.

Les habitants de Bordeaux, même après avoir été rebu-
tés par Henri II, ne perdirent pas tout espoir dans la
clémence du roi et dans les décisions de la juridiction
d'appel. — Nous avons déjà indiqué que le Corps de
Ville s'était pourvu en appel devant le Grand-Conseil
contre le jugement du 6 novembre ; cet appel fut accueilli
et la cause renvoyée devant le Parlement de Toulouse
qui retint l'affaire par arrêt du 22 août 1549. Pendant le
cheminement favorable de cette procédure, les notables
bourgeois de Bordeaux, encouragés par M. du Lude, se
réunirent le 18 juin 1549 en présence du lieutenant-général de la sénéchaussée, Antoine de Saint Salvador, afin

d'arrêter les termes, d'une nouvelle supplique au roi,
tendant à obtenir une amnistie pour les faits d'insurrection. Cette requête signée difficilement par plusieurs
des assistants, qui craignaient de se compromettre, fut
adressée au roi; car le 3 septembre de la même année
une députation de quatre bons bourgeois vint officiellement à la cour, afin de solliciter une « réponse favorable à la requête envoyée ci-devant au roy » (1).

Nous avons dit au chapitre VIII que Henri II avait
fait à Turin la promesse d'abolir le régime de la Gabelle
dans l'Ouest et de revenir au quart de sel. La correspondance de M. du Lude montre que dès le 31 août
cette nouvelle courait la Saintonge, l'Angoumois et le
Poitou. M. du Lude, d'abord opposé à la réunion des
Etats des provinces, se rallia à cette mesure et le roi
par sa dépêche d'Embrun, du 9 septembre 1548, autorisa ces assemblées. Le connétable, rentrant à la cour,
accepta à Poitiers la mission d'apporter au roi les vœux
des Etats pour l'abolition de la Gabelle et le retour au
quartage moyennant une somme une fois payée (2).
Henri II, examen fait de la question, confia cette négocia-
tion administrative à trois hauts fonctionnaires, Charles
de Neuilly, maître des requêtes de l'Hôtel, Antoine Boyer,
sieur de la Chesnaye, général des finances de Languedoc, et François Allemant, sieur du Chillet, contrô-
leur-général des gabelles du sel. Ces personnages
eurent commission d'assembler les trois Etats des
provinces de « Poictou, Chatellerault, Xaintonge, ville
et gouvernement de La Rochelle, Angoulmoys, Haut
et Bas Lymousin, Haulte et Basse-Marche, Périgord. »
Cette assemblée se réunit en juin et juillet 1549. Les

(1) A.-H.-G. t. XV.

(2) G. Bouchet, *Chronique d'Aquitaine.*

Etats offrirent au roi pour le rachat de la gabelle une
somme de 450000 livres tournois. Cette somme devait
être payée par les trois ordres; la noblesse et le clergé
prenaient chacun 75000 livres à leur compte. Le 12 août
les déléguésdes Etats (1) vinrent àAmiens et à Abbeville
trouver le roi pour lui faire part des offres faites par
les provinces. Les négociations traînèrent encore en
longueur quelque temps et les députés durent revenir
d'Abbeville à Amiens devant le conseil privé qui siègeait
dans cette ville, pendant l'expédition du roi en Boulon‗
nais. Le retard apporté à la conclusion de l'arrange-
ment tenait aux difficultés soulevées par la noblesse
qui aurait voulu ne pas contribuer pécuniairement au
rachat, malgré son engagement antérieur. Le roi rejeta
définitivement ces prétentions par sa lettre du 21 août
datée du camp de Montlambert. L'entente se fit alors
rapidement et le roi, revenu de sa campagne du Nord,
accepta les offres des provinces de l'Ouest.

Par l'Ordonnance de septembre 1549 (2) la Gabelle
fut supprimée ; le document officiel lui-même constate les inconvénients de cet impôt et « qu'il est odieux
au peuple ». Le système du quart et demi-quart de sel
fut rétabli dans les provinces où il existait avant 1542.
Le rachat était fixé à 450000^{LT}(3) payables aux termes de
janvier et juillet 1556. La perception de l'impôt annuel
du quartage, fixé à 80000^{LT}(4) livres fut confiée aux Etats
eux-mêmes. Tous les offices de la gabelle furent rem-
boursés aux titulaires justifiant de leurs droits. Impôt

(1) G. Bouchet. Les délégués furent pour le clergé Jehan de Saint
Gelais, évêque d'Uzès, pour la noblesse, Gabriel de Saint Georges,
sieur de Nérac, et pour le tiers François Percheron, Gautier Briffe-
teau et Pierre Allary, sieur de Cornilleau.

(2) A. Fontanon, tome II.

(3) 9 000 000 de francs valeur actuelle.

(4) 1.600000 fr.

et indemnités devaient êtres versés dans la caisse du
receveur général du Poitou. Pour l'exécution de cette
convention les Etats des provinces à créer furent
autorisés à constituer une administration spéciale.
On chargea deux maîtres des requêtes de l'Hôtel,
Hauteclaire et Bouchard, de la création des bureaux
de perception. Ce travail, très détaillé, indique la nécessité de quatre-vingts bureaux pour la Saintonge, le
Poitou, le Périgord, l'Angoumois, la Guyenne etc.
chaque bureau comportait au moins un receveur, un
contrôleur et un personnel inférieur. Cette administration n'a dû exister que sur le papier, le temps manqua pour l'organiser. Le retour à un impôt modéré sur
le sel ne pouvait satisfaire des provinces que la révolte
avait si durement agitées : l'opinion publique dans
l'Ouest, se prononçant énergiquement pour la franchise
absolue. Les provinces entamèrent donc avec le pouvoir royal toujours besoigneux, des négociations qui,
commencées en 1552, aboutirent en décembre 1553 à
l'abolition de tout impôt sur le sel dans les provinces
soumises au quartage. Cette faveur était obtenue
moyennant le versement au Trésor d'une somme de
1.194000^{LT} (1) payable moitié en mars et moitié en juillet 1554. Les trois ordres des provinces se partagèrent
la contribution suivant les proportions admises en
1549. Les provinces de l'Ouest, franches de tout impôt
sur le sel, furent séparées du reste de la France par une
ligne douanière et jusqu'en 1789 restèrent désignées
sous le nom de Provinces rédimées. Cette dernière
conséquence de la révolte de 1548 dépasse un peu les
limites de cette étude : il était cependant nécessaire de
faire connaître le résultat final de l'action violente, mais
excusable, des pauvres Pitaux.

(1) 23880000 fr.

Le temps avait fait son œuvre, la dure répression des
commissaires, continuée par le Parlement de Toulouse
et par les prévôts des maréchaux, n'avait plus de raison
d'être : Henri II favorablement disposé par le rachat de
la Gabelle, ou ramené à une plus juste appréciation des
responsabilités encourues, se décida à clore l'ère de
la répression. La Lettre-Patente d'abolition, datée de
Compiègne (octobre 1549) (1), proclama une amnistie
complète pour les crimes commis dans la période insurrectionnelle. La lettre patente commence par un
exposé historique de la révolte et de la répression militaire : elle constate qu'après le départ du connétable,
du duc d'Aumale et des juges commissaires revenus à
la cour en même temps, les poursuites avaient été con-
tinuées : « mais finallement, disait le roi, les hommes
de Bordeaux et banlieue d'icelle et de tout pays de
Bourdeloys, Engoulmoys, Xaintonge, Poictou et Lymousin où les dictes sédictions et rebellions ont esté
faictes... sont recourus à nous... pour supplier requérir
que nous ne voullions estre en jugement avec eux, ains
faire cesser les dictes poursuites et pardonner et remettre les fautes et offenses contre nous commises ».
— Le roi consentait à pardonner : « Sçavoir faisons,
disait-il, que nous, ayant égard aux grandes exécutions,
punitions, et démonstrations qui ont jà esté faictes
pour raison des dictes séditions et émotions qui par la
rigueur de la justice se doivent encore continuer, si en
ce n'intervenoit notre dite grâce et miséricorde, voulant faire cesser cette effusion du sang et parce les dicts
habitants suppliants... déplaisans des dites faultes re-
courent à nous, leur faire cognoistre la grandeur de
nostre bonté et sur ce leur impartir notre miséricorde :

(1) G. Bouchet donne cette pièce *in-extenso* dans sa *Chronique d'A-
quitaine.*

pour ces causes et autres grandes et nombreuses considérations à ce nous mouvant, avons de notre propre
mouvement... quitté, remis et pardonné... aux dessus
dicts manants et habitants de ladicte ville de Bourdeaulx et banlieue d'icelle et des dictes provinces de
Bourdeloys, Engoulmoys, Xaintonge, Poictou Lymousin... toute peine amende et offense corporelle et toute
autre peine en quoy ils pouroient estre encourus envers
nous et justice par raison des cas dessus dicts. J'ay remis et restitué... en leur bonne fame et renommée et
leurs biens non confisqués, à la charge toutefois de satisfaire aux parties civiles qui se trouveroient avoir
esté intéressées, pour laquelle satisfaction nous voulons et ordonnons que les dites parties se retirent par
devers nos juges présidiaux aux quels la connaissance en doit appartenir. Lesquels juges cognoi-
troient seulement de l'intérêt civil et sans qu'ils
puissent entreprendre aucune cognoissance du criminel au préjudice de la présente grâce abolition
et restitution. Ne semblablement notre Court de Tou-
louze ny autre, plus s'entremettre ne cognoistre des
choses sus dictes en vertu du renvoy et commission
que leur avons fait expédier. » La Lettre-Patente exceptait du pardon général « tant ceux qui ont tué et occis le
dict feu seigneur, de Moneins et nos officiers, que ceux
qui ont mis leurs mains en leurs personnes ; ne les colonels des communes contre lesquels sera procédé par
notre dicte Court de Parlement de Thoulouze suivant
notre dict renvoy en commission, demeurant au surplus les jugements donnés par nos dicts Commissaires,
Prévôts des Maréchaux ; quant pour le regard des particuliers qui ont été juges et sententiés, en leur force et
vertus. » La ville de Bordeaux rentrait en grâce et le
roi oubliait les remontrances hardies qui l'avaient tant

blessé en avril 1549. La capitale de la Guyenne était réhabilitée, le roi lui remettait l'amende de 200000 livres imposée comme contribution de guerre, les privilèges municipaux lui étaient restitués, ainsi que les revenus et domaines confisqués. Le roi à ce sujet avait soin de prévenir Bordeaux de ne rien réclamer de plus que ce qu'il concéderait ultérieurement par lettres patentes. La charge de l'équipement et de l'entretien de deux barques armées en guerre incombait toujours à la ville, ainsi que l'approvisionnement de sûreté des Châteaux Trompette et du Hâ, approvisionnement renouvelable tous les ans. L'Hôtel de Ville échappait aussi à la démolition ordonnée par l'arrêt du 6 novembre 1548. Le roi prescrivait seulement aux habitants de démolir eux-mêmes le beffroi (1).

La lettre d'abolition ramenait enfin la paix dans les provinces si cruellement traitées. La justice expéditive des Prévôts n'eut plus à s'exercer sur tous les insurgés que signalaient ds dénonciations souvent intéressées, mais la Lettre-Patente exceptait encore des catégories qu'on put grossir facilement. A Bordeaux combien pouvaient être accusés d'avoir porté les mains sur les officiers du roi ; dans la campagne tous les capitaines de paroisses pouvaient être poursuivis comme colonels. Néanmoins la Lettre-Patente d'octobre finit réellement la répression et le Parlement de Bordeaux rétabli en décembre 1549 ne dut pas avoir à connaître des cas précédemment attribués à Toulouse pendant sa suspension. — Dans l'Angoumois et la Saintonge, nous voyons par une monstre (2) passée à La-

---

(1) La cloche du beffroi avait été enlevée par ordre du connétable dès son entrée à Bordeaux ; l'opération, mal conduite, amena le bris de la cloche. A.-H.-G. t. XII.

(2) B.-N.-F. $\frac{25714}{83}$.

rochebeaucourt, le 15 novembre 1549, que le prévôt des
maréchaux, Philippe Horric, est établi pour faire « pugnition de pillards, de vagabonds et oppressants le
pauvre peuple du pays et duché d'Angoulmois. » Il
n'est plus question de rebelles, mais qu'il était facile de
classer dans les pillards et vagabonds ceux qui avaient
porté les armes contre le gouvernement. Des actions
civiles durent s'exercer aux termes mêmes de la lettre
patente d'octobre ; les arrêts des commissaires, cités par
Sansac dans sa lettre du 28 décembre 1548, faisaient déjà
mention de condamnations pécuniaires mais envers l'E-
tat ; la lettre patente d'octobre 1549 réservait en outre
les droits des particuliers, aux indemnités. Des réclamations s'étaient déjà produites au cours des événements
car une action fut intentée dès le 10 octobre 1548 contre
le colonel Puymoreau par F. Gélinard, sieur de Malaville comme responsable de l'incendie de son château
par ses insurgés. Cet exemple fut certainement suivi
par tous ceux qui avaient eu à se plaindre des méfaits
de la Jacquerie, et ces procès rappelèrent encore longtemps au pays les suites de la révolte.

L'occupation militaire des pays de l'Ouest n'avait pas
été de trop longue durée : les relations entre la France
et l'Angleterre, très mauvaises depuis le mois de juin
1548, se changèrent en hostilités déclarées en juillet 1549
et le roi Henri envahit le Boulonnais, au mois d'août.
La prévision de ces hostilités avait fait rappeler sur la
frontière de Picardie la plus grande partie des forces
stationnées dans l'ouest : les Lansquenets de Barbezieux et de Blanzac durent quitter leurs quartiers d'hiver au commencement d'avril, car nous les retrouvons dans les premiers jours de mai en Picardie. —
Il en fut de même des compagnies de gendarmerie dont
les monstres des années 1549 et 1550 nous prouvent

le déplacement. La Guyenne fut donc soulagée dès l'été de l'année 1549 : peut-être même les provinces eurent-elles la satisfaction de voir punir quelques-uns des prévaricateurs qui les avaient poussées au désespoir. M. de Sansac écrivait en effet le 28 décembre au duc d'Aumale : « Je crois, Monseigneur, qu'estes à présent assez adverty des plaintes et informations qu'y ont esté faictes contre les officiers des magasins du sel desquels et mesmement contre ceulx qui ont forfaict ; il me semble la punition et justice estre très requise. » Rien n'est connu au sujet des poursuites contre les gabelleurs, les gens de finance, s'ils furent poursuivis, ont dû s'en tirer à bon compte.

Les populations de la Guyenne, après la clôture de la répression, reprirent en silence leur vie misérable ; quoique écrasées, elles avaient remporté une victoire morale considérable : leur résistance avait eu raison de l'arbitraire royal. La gabelle était abolie. La manifestation de la force insurrectionnelle, les rigueurs injustifiées de la répression, après une amnistie promise, firent une impression durable dans l'âme des paysans de l'Ouest, et il est permis de croire que les ferments de haine répandus favorisèrent la propagande calviniste dans ces contrées. Les principes de républicanisme latent de la Réforme, ne pouvaient qu'attirer des gens poussés à bout par l'absolutisme royal.

D'ailleurs la gent taillable ne connut plus d'arrêt dans la misère. Le règne d'Henri II fut rempli par des guerres étrangères qui ruinèrent le Trésor : après lui survint l'ère des guerres civiles religieuses qui ramena rapidement la Guyenne à l'état où l'avait laissée la guerre de Cent ans. A la fin du XVI⁰ siècle la misère, compliquée par le fonctionnement plus habile du fisc, produisit un soulèvement très sérieux dans

le Limousin, le Périgord, l'Angoumois et la Saintonge.
Henri IV dans les dernières années de son règne mo-
déra un peu les charges du peuple, mais sous Louis XIII
la misère causée par les guerres civiles et étrangères,
augmentée par l'abandon des impôts entre les mains
des traitants, imposa aux paysans de l'Ouest la nécessité de la résistance ouverte. En 1637, le Périgord,
l'Angoumois, la Saintonge prirent les armes : les
anciens lieux de rassemblement virent en armes les
Croquants, après les Pitaux et un gentilhomme, La
Motte-La Forest, tel Puymoreau, commanda les fédé-
rés. Il fallut pour dissiper les rassemblements un corps
d'armée commandé par le duc de La Valette. Les vexations fiscales amenèrent encore des révoltes armées
même sous Louis XIV.... Le sentiment profond des
souffrances endurées ne s'éteignit jamais dans les âmes
du peuple et on trouve là l'explication des Jacqueries
du commencement de la Révolution. Il ne serait pas
impossible même de noter quelques impulsions re-
flexes de cette force cachée en plein XIX⁰ siècle (1).

L'histoire, jusqu'à présent, a mis à l'arrière-plan
l'étude de la misère sociale des temps passés, et la
politique occupe toujours l'avant-scène, au détriment
souvent de la vérité réelle. Il semble cependant que
l'étude complète de la vie des peuples est d'un intérêt
majeur à une époque où l'organisation sociale est en
discussion, en transformation. Dans cet ordre d'idée
toute contribution à l'histoire intime si peu connue de
la nation a son utilité.

L'histoire complète ne porte pas seulement la lu-
mière sur le passé, elle éclaire aussi l'avenir.

(1) En 1869 des émeutes éclatèrent dans quelques localités des
deux Charentes ; on avait persuadé aux paysans que les prêtres allaient
rétablir « la dîme et les agriers ». L'exposition d'un certain tableau
dans les églises devait marquer la promulgation de la nouvelle fis-
calité renouvelée de l'ancienne. On dut envoyer sur les lieux quelque
infanterie.

APPENDICES

APPENDICES

NOTE A

OBSERVATIONS SUR LA GABELLE

L'ordonnance du 1ᵉʳ juillet 1544 avait fait de l'impôt du sel un véritable impôt direct. Le devoir du sel imposait à chaque chef de famille une quantité fixe de denrées à percevoir quels que fussent d'ailleurs ses besoins de consommation. Cette répartition incombait au Receveur du grenier à sel, et pour ce travail il s'aidait des rôles mis à sa disposition par les collecteurs des tailles ; évidemment la répartition tenait compte des moyens des censitaires et graduait ses exigences suivant la fortune indiquée par l'assiette de la taille.

Dans chaque localité d'ailleurs le prix du muid(1) de sel variait : en effet si l'impôt de 45 livres tournois (2) était fixe, la valeur marchande de la denrée variait avec l'éloignement du lieu de production, les péages, la durée et la difficulté des transports entraînant des déchets dûs à l'hygrométrie du sel et aux manutentions subies. Le prix de vente dans chaque localité était d'ailleurs toujours fixé par les Généraux des finances de la Généralité, qui le majoraient des frais de perception (gages des employés, bâtiments, ustensiles d'exploitation, etc.).

(1) Le muid de Paris (1872 litres) équivalait à 12 setiers ou 48 minots, ou 144 boisseaux.

(2) La livre tournois monnaie de compte valait 20 sous, le sou 12 deniers, la livre valait quatre francs et le pouvoir de l'argent au XVIᵉ siècle était égal à 5.

L'Ordonnance de Rambouillet,en date du 3 mars 1546,donne, en ce qui concerne la valeur marchande du sel dans les pays de Grande-Gabelle, des renseignements qui montrent clairement l'augmentation du prix de la denrée avec l'éloignement des magasins, des marais salants (1).

Quoique le prix du sel vendu aux contribuables en 1548 dépasse notamment les prix actuels (2), il ne semble pas que cet impôt fut écrasant : en effet, si l'on admettait les assertions d'un auteur moderne (3), la consommation totale du sel dans les pays de grande et de petite Gabelle aurait été de 16 000 muids vers 1548. En prenant ce chiffre pour la consommation totale, on a un produit de 720 000 l. d'impôt équivalant à 14 400 000 fr. de notre monnaie. La France comptait 15 000 000 d'habitants, soit 3 000 000 de feux (5 habitants par feu); en supprimant un million d'imposés pour les pays de petite Gabelle, les exemptions et les non-valeurs, ce qui est large, l'impôt n'aurait coûté aux contribuables chefs de famille que 7 sous ou 7 fr. de notre monnaie pour une consommation annuelle de 15 litres. Même en doublant ou en triplant cette somme pour y ajouter la valeur marchande de sel, on voit que l'exigence du fisc n'était pas écrasante ; et si, les rapines des officiers du fisc n'avaient pas soulevé les populations à peu près franches

(1)

LOCALITÉS	VALEUR COMMERCIALE au muid		PRIX DE VENTE AU PUBLIC Valeur actuelle		OBSERVATIONS
	En livres tournois	Actuelle en francs	Au muid	Au litre	
Saint-Maixent . .	5	100	1000ᶠ	0ᶠ 55	Au taux de 45ˡ
Blois.	34	672	1572	0.65	au muid, le litre
Sully-sur-Loire .	43	864	1764	0.95	de sel était char
Moulins. . . .	69	1182	2082	1.10	gé d'environ 0,50
Vernon	34	672	1572	0.85	d'impôt.
Conflans Sainte-Honorine .	36	720	1620	0.90	

(2) En 1905 le sel vaut 24 francs le quintal métrique — le muid vaudrait donc environ 430 francs, le litre revient à 0ᶠ,22. — Le sel pèse environ ou 0ᵏ, 900ᶜ. au litre.

(3) Clamageran, *Histoire de l'Impôt*, tome I, ch. V.

d'impôts sous le régime du quartage (1), elles se seraient
probablement habituées peu à peu au nouveau régime. Les
résistances primitives de 1542, nées dans la région des marais salants auraient sans doute été les seules sérieuses et
l'unité d'impôt eut été établie.

Il est certain d'ailleurs qu'il y avait une proportion régulière
dans la répartition de l'impôt, et les classes pauvres, celles
qui se révoltaient, devaient être de beaucoup les moins char-
gées. — Le journal de Guillaume le Riche, avocat du roi à
Saint-Maixent, donne à ce sujet une indication bien topique. Il
écrit — 1er février 1543-1544 — « le 4, furent sommés les habitants de cette ville de prendre chascun sa portion de sel, suivant la taxe faite par les commissaires pour le quartier eschu,
et payé par boiceau de sel mesure de Paris, sept sols quatre
deniers, laquelle mesure n'a que la moitié du boiceau de ceste
ville, en laquelle m'a esté distribué cinq boiceaux de ladicte
mesure de Paris. » — Ce bourgeois fortuné était imposé an-
nuellement à 20 boisseaux de sel, 260 litres d'une valeur de
7l 6s 8 deniers ; soit un peu plus de 140 fr. de notre monnaie,
dont 126 pour l'impôt. Si les deux millions de contribuables
avaient payé une cote pareille, la Gabelle aurait dépassé à elle
seule le budget des recettes de la France ; ce budget, au dire des
ambassadeurs vénitiens, s'élevait, en 1553, à 5 000 000 d'écus
d'or, soit plus de 200 000 000 fr. de notre monnaie. L'évaluation
donnée par Clamageran paraît d'ailleurs peu certaine. On doit
croire néanmoins, ainsi que nous venons de le dire, que les cotes
des pauvres gens n'étaient pas si exagérées qu'on l'a prétendu et
que seule la férocité fiscale des fermiers amena dans l'Ouest
l'insurrection de 1548. C'est ainsi du reste qu'en jugèrent les
contemporains.

---

(1) A la taxe de 12l 10s, par muid ; taux des pays de quartage,
le litre de sel n'est que de 0f,12c au lieu de 0. 19, taux de la gabelle.

NOTE A[1]

DÉBUTS DE L'INSURRECTION

I. — CRITIQUE DES RÉCITS DE PARADIN ET DE BOUCHET

II. — CHRONOLOGIE RÉELLE DES ÉVÉNEMENTS

I. — Les seuls historiens tout à fait contemporains ayant laissé
des récits complets de l'insurrection de la Gabelle sont Paradin
et Bouchet ; les premières éditions de leurs histoires datent
de 1552 et 1553. Paradin est d'ailleurs le plus exact : les deux
écrivains, en dehors de l'origine primordiale de l'insurrection,
ne sont d'accord que rarement et jamais pour la chronologie.

Paradin, dans son *Histoire de notre temps*, a traité de l'insurrection de la Gabelle aux chapitres V et VII. Le chapitre V
est consacré aux affaires de Bordeaux, le chapitre VII à celles
de Saintonge et d'Angoumois ; l'ordre des temps est inter-
verti. Le chapitre V débute par la constatation de la révolte
initiale causée par un jeune homme des environs d'Angoulême, chef d'une troupe de 30 hommes. Cette troupe, grandissante, aurait passé à 4000 puis à 100 et 120.000 hommes. Cette
armée, fractionnée en trois parties, aurait envahi le Poitou, le
Périgord et l'Agenais. Ces armées formidables s'évanouissent
dans la suite des récits, et Paradin n'y fait même plus allusion.
Il reprend au chapitre VII le récit du début des émeutes, d'une
façon raisonnable, mais assez vague ; la chronologie d'ailleurs
en est fausse, car il place la défaite des gendarmes d'Albret à
la fin de mai 1548, et il ne parle pas de la réunion d'Archiac le
3 août. Les événements intervenus sont rapportés sans dates ;
l'élection de Boismenier est bien placée avant celle de Puimoreau, mais celle-là n'est pas nettement située. Bouchet raconte
les premiers faits de la révolte sans aucune précision, et il
les place en janvier 1548. L'envoi de « 300 hommes d'armes »
d'Albret semble se rapporter à cette date, et l'intervention de
cette troupe n'est pas consécutive à l'émeute de Châteauneuf.

Il place cette dernière affaire après le 22 août. De janvier au mois d'août, Bouchet n'indique pas de dates : il se contente d'écrire comme transition : « le jour qu'on commença le plus à s'émouvoir après la fuytte des gens d'armes fut le tiers d'août », puis il parle avec exagération de la réunion d'Archiac. Les deux historiens diffèrent donc beaucoup dans leurs narrations, mais leur chronologie est surtout vague et fautive.

II. — La chronologie exacte peut être établie cependant, car elle est fixée par la lettre du roi en date du 27 juillet 1548 qui constate l'existence d'une lettre du comte du Lude, écrite le 15 juillet, et relatant les émeutes de Barbezieux. Le comte du Lude, qui n'était pas gouverneur des provinces soulevées, n'avait pas alors à s'occuper de ces affaires ; il n'en rend compte au roi qu'en raison de l'ordre donné par le roi de Navarre, d'avoir à obéir aux réquisitions futures de M. de Gondrin. La lettre d'Henri d'Albret, au 15 juillet, avait au moins quatre jours de date : (Pau à Poitiers, 450 k., vitesse normale en poste, 100 k. par jour) elle fut donc écrite le 10 juillet. Le receveur Texeron, fuyant de Châteauneuf, avait employé trois jours au moins dans son voyage de Châteauneuf à Pau (290 k.). Ces délais amènent au 7 juillet.

Le calcul établi donne le minimum du temps employé. Cela permet de fixer, sûrement, la date des premières émeutes sérieuses aux premiers jours de juillet ou peut-être aux derniers de juin.

———————

NOTE B.

EFFECTIF DE LA COMPAGNIE D'ALBRET.

———————

Temps employé pour ses mouvements du 18 au 25 juillet 1548.

En 1547 et en 1548, la compagnie d'Albret était à l'effectif normal de 80 lances soit 240 cavaliers. Le chiffre des congés réglementaires devait égaler la moitié de l'effectif : en réalité il ne restait pas le tiers de l'effectif sous les drapeaux hors du

temps des monstres ou du service actif : même aux monstres
l'effectif n'était jamais complet. Le 25 juillet 1544, la compagnie
d'Albret, alors à l'effectif de 100 lances, n'avait présenté que
88 hommes d'armes et 141 archers, en tout 229 cavaliers au lieu
de 300. Cette proportion de 1/3 d'incomplet est normale : on
la constate dans toutes les monstres. L'effectif réel d'une compagnie de 80 lances peut donc être fixé à 200 cavaliers et en
garnison à 80 ou 100 cavaliers au plus. Les congédiés habi-
taient certainement assez loin pour qu'ils ne pussent être
prévenus facilement, et l'étude de la mobilisation des compagnies affectées à la colonne d'Aumale montre qu'il fallut près
d'un mois à ces unités pour être en état de marcher. La compagnie d'Albret fit mouvement cinq à six jours après en avoir
reçu l'ordre et ne put rappeler que quelques congédiés les
plus rapprochés ; on peut donc fixer à peu près sûrement
l'effectif utile de cette unité, au 18 juillet, à 100 cavaliers ; c'est
aussi le chiffre donné par Paradin. La compagnie d'Albret,
depuis le commencement du XVIᵉ siècle, tenait garnison en
Guyenne ; nous la trouvons en 1512 à Bayonne, en 1513 et
1529 à Condom, en 1520 à Limoges, en 1544 à Astafort, en
1529, 1530, 1546 à Agen, en 1551 à Marmande ; elle était probablement en garnison dans l'Agenais en 1548. L'ordre de
marche fut envoyé à la compagnie au plus tôt le 10 juillet,
(d'Agen à Pau 135 kilomètres) ; il arriva le 12 à destination.
La compagnie, à partir du 12, dut mettre six jours pour se
mobiliser succinctement, la mise en route ne peut donc être
antérieure au 18. D'Agen à Barbezieux on compte six étapes
par la voie la plus directe (192 k.) ; Aiguillon, Marmande,
Sauveterre, Libourne, Montlieu, Barbezieux. Les gendarmes
arrivés à destination le 23, le combat put avoir lieu le 24
au plus tôt. Si le mouvement de troupe avait été plus rapide
et si le combat avait eu lieu avant le 24 juillet, le roi l'aurait
connu le 27 juillet ; or et dans sa lettre de ce jour à M. du Lude
où il parle des premiers troubles, il ignore le combat. La
réunion des communes à Archiac, le 3 août, fut décidée
par les communes délivrées de toute crainte ; il est facile de
comprendre qu'après le combat victorieux, il fallut environ

huit jours pour préparer les convocations et mettre en mouvement les paroisses de gré ou de force. Tout fait croire que
le 25 ou le 26 sont bien les dates du combat. Le roi Henri II
n'apprit cette défaite en Savoie que vers le 2 ou 3 août, et cela
explique les ordres donnés avant le 9 août pour mobiliser les
compagnies de gendarmerie destinées à opérer dans la Saintonge et l'Angoumois.

NOTE C

LE COLONEL PUIMOREAU

Paradin, dans son histoire, affirme que Puimoreau, nommé
colonel par les communes de Saintonge réunies à Barbezieux,
était « un gentilhomme de la terre de Barbezieux ». Il existait
en effet un fief noble de Puimoreau dans la paroisse de Salles,
limitrophe de Barbezieux, et l'assertion de Paradin, indiscutée,
s'est imposée à ses copistes du XVIIe siècle et aux auteurs
Saintongeois contemporains. Le baron Echassériaux, Barbot
de la Trésorière, MM. Feuilleret et Richemond n'ont pas hésité
à classer le Puimoreau de 1548 dans la famille de Varège ou
de Barège, qui en 1700 possédait ce fief.

L'assertion est erronée. La maintenue de noblesse obtenue à
Rochefort, le 6 mars 1700, par Pierre de Varège, montre que ce
dernier est le seul de sa famille qui ait été qualifié de seigneur
de Puimoreau et, qu'en 1548, les Varège, seigneurs de la Hitte,
étaient fixés en Bigorre, pays où cette famille a toujours fait
ses preuves de noblesse. Cette famille n'est vraisemblable-
ment pas venue en Saintonge avant 1595, année du mariage de
Jean de Varège avec Catherine de Laage (1). Après cette époque,
ces seigneurs ont pu résider accidentellement en Saintonge,
mais leur domicile était toujours à la Hitte, en Bigorre. Cepen-

(1) B.-N.-F. $\frac{32611}{474}$, pièce 56.

dant Jacques, le père de Pierre, le dernier des Varèges, a pu
résider à Puimoreau, il paraît même avoir été enseveli dans
l'église de Salles (1).

Les Varèges écartés, une autre assertion a été produite dans
un article anonyme des *Archives historiques de l'Aunis et de la
Saintonge* (2) ; le Puimoreau de 1548 se nommerait Antoine
Bouchard. A propos de Guillaume Gelinard, l'article s'exprime
ainsi : « Le 3 décembre 1550, après information commencée le
10 octobre 1548, il obtint sentence du prévôt Baron contre Antoine Bouchard, Sr de Puymoreau, chef et colonel des révoltés
qui avaient saccagé en 1548 son château de Malaville. » Cette
indication, sans référence aucune, n'a pu être contrôlée ; dans
sa teneur elle semble très discutable. Le 10 octobre est la date
du départ du duc d'Aumale de Châteauneuf : à qui fut adressée
la plainte à cette date ? pas au prévôt Baron, car il accompagnait Montmorency puisque le 13 ou le 14 octobre il faisait
pendre des habitants de Marmande. Comment Baron, qui vint
à Angoulême vers le 10 décembre 1548, aurait-il mis deux ans
à instruire une affaire civile de dommages et intérêts, quand la
connaissance de ces actions lui était formellement interdite par
la lettre patente d'abolition d'octobre 1549 ? De quelle façon
Gelimard a-t-il été indemnisé, les biens de Puymoreau, exécuté
en décembre 1548, étant acquis au Roi ?

Quoi qu'il en soit, l'identification de Puymoreau-Bouchard a
été recherchée minutieusement sans résultats. Le chef de la
branche aînée des Bouchard, François, baron d'Aubeterre, en
Angoumois fut un des auxiliaires du duc d'Aumale pour la répression. La branche de Saintonge, en 1548, était représentée par
Jean, cousin issu de germain du chef de la maison. Jean était seigneur de St-Martin de la Couldre près Loulay : les autres fiefs de
cette branche, Chevallon, Mollevaud, La Guermenaudière sont
proches de St-Martin de la Couldre. On trouve, il est vrai, dans la
paroisse de la Benatte, limitrophe de Saint-Martin de la Couldre,
un village du nom de Puymoreau. Il y a là une coïncidence

(1) Voir *Salles de Barbezieux*, par L.-B. Chevrou, Barbezieux, 1904.
(2) A.-H.-S., t. xi.

surprenante : trouver un fief de Puymoreau au milieu des fiefs
connus des Bouchard, crée une présomption en faveur d'un
Bouchard seigneur de Puimoreau. Il est vrai que la Benatte
relevait des Bénédictins de Saint-Jean d'Angély, mais le fief de
Puimoreau pouvait relever de la Benatte et être tenu par un
Bouchard. La question pourra sans doute un jour être éclaircie.
Le Puymoreau de 1548 ne semble pas devoir être classé dans la
ligne légitime des Bouchard : mais la généalogie de la branche
de Saint-Martin de la Couldre, mentionne des bâtards, quelques-
uns indéterminés. C'est peut-être dans ces inconnus qu'on
trouverait le chef des Pitaux de Saintonge.

NOTE D

VOYAGE DE LAURENT JOURNAULT DE BLANZAC A TURIN

Temps employé pour divers voyages.

Le voyage de Laurent Journault à l'aller dura huit jours, car
on doit l'admettre égal au voyage de retour officiellement
constaté à ce laps de temps :

DISTANCE DE BLANZAC A TURIN :

Blanzac, Lyon.	460 kil.
Lyon, Lans le Bourg. . . .	241 id.
Lans le Bourg, Turin. . . .	95 id.
	796

La moyenne des journées de route est donc de 100 kilom.

Au XVIIIe siècle, la carte des postes n'indique pas encore de
service officiel d'Angoulême à Clermont ; la ligne postale ne
reprenait que dans cette ville pour aboutir à la frontière. Le
trajet en poste sur cette première direction devait donc s'effectuer de gré à gré ou par réquisition, ce qui augmentait la

difficulté du parcours : le service des postes ne fut d'ailleurs officiellement ouvert au public qu'en 1595. La vitesse de 100 kilomètres en poste à cheval était normale pour l'époque. On constate ce temps employé par les courriers de Poitiers à Turin. M. de Saint-Séverin, parti d'Angoulême le 18 ou le 19 août, arriva à Turin le 26 du même mois. Le temps nécessaire pour le parcours de Pau à Turin (950 kilom.) ne dépassait guère neuf jours ; le roi reçut à 80 kilomètres de Turin, le 1er septembre, la nouvelle de l'assassinat de Moneins commis le 21 août. Le trajet en poste de Poitiers ou d'Angoulême à Lyon (environ 450 k.) s'effectuait normalement en quatre jours ; la lettre du maire de Poitiers au conseil privé à Lyon est datée du 16 août ; elle arriva le 20 à destination, puisque le cardinal de Lorraine y fit réponse le 21. On doit donc admettre le parcours de 100 kilom. par jour comme normal en poste.

NOTE E.

EFFECTIF DES COLONNES

Colonne d'Aumale. — Cavalerie.

Le roi Henri II avait annoncé à plusieurs reprises l'attribution de 1000 hommes d'armes à la colonne d'Aumale. Ces unités sont citées au nombre de 17 dans divers documents officiels. Un état authentique de 1547 (1) indique les compagnies de la gendarmerie française, au nombre total de 51, comptant 2490 lances fournies, en tout 7470 cavaliers. La lance vaut trois hommes. Voici l'effectif des compagnies de gendarmerie mobilisées d'après l'état précité : les chiffres de cet état sont généralement d'accord avec ceux qu'on relève dans les monstres de 1548 retrouvées.

Connétable, 100 ; Jean d'Albon, 40 ; Jacques d'Albon, maré-

(1) B. N. Fontanieu $\frac{259}{217}$.

chal de Saint-André, 50 ; Maugiron, 40 ; La Hunaudaye, 40 ;
comte du Lude, 40 ; Marquis du Mayne, 40 ; Etampes, 40 ;
Rohan, 40 ; Comte de Sancerre, 40 ; Curtos, 40 ; Lafayette. 40 ;
Vendôme, 80 ; Montpensier, 80 ; la Garde Ecossaise, 60 ; Tar-
ride, 40 ; Ternes, 40. Au total 850 lances ou 2550 cavaliers.
Ce chiffre officiel n'est pas le chiffre réel. L'étude des monstres
prouve qu'il y avait toujours un cinquième d'incomplet (1) sur
l'effectif officiel ; il est probable que les 850 lances ne donnèrent
pas plus de 2000 cavaliers. D'autres unités nommées comme
appartenant à l'expédition de l'Ouest ne figurent pas dans la
nomenclature des compagnies de gendarmerie ; ce sont les compagnies Cherlde, Saint-Gouard, baron de Mathon, de Fontaines de Curzé ; on doit voir en elles des compagnies de chevau-légers ; en leur donnant un complet de 50 à 60 hommes,
on n'arrive pas à 2500 combattants. Il est d'ailleurs possible
que quelques compagnies mobilisées aient échappé aux recherches.

Colonne d'Aumale. — Infanterie.

Les lanquenets en garnison en Picardie partirent à l'effectif
de 4000 hommes sous 12 enseignes, le 8 décembre ; à la revue
passée à Blanzac et à Barbezieux, ils ne comptaient plus que
3548 hommes.

Colonne Montmorency. — Infanterie.

L'infanterie de Montmorency se composait des enseignes
françaises ou italiennes détachées du corps d'occupation de
Piémont et de troupes françaises ralliées en Dauphiné et en Lan-

(1) L'ambassadeur vénitien F. Gustiniani dans sa dépêche du 19
septembre, datée de Lyon, indique pour les deux colonnes les effectifs
suivants : Montmorency , 5000 fantassins français, 400 hommes
d'armes et les bandes de Piémont qu'il a déjà signalées au chiffre de
960 fantassins ; Aumale, 5000 fantassins français, 4000 lansquenets et
800 hommes d'armes. Il était dans l'erreur complète en ce qui concernait la levée française qui ne s'est pas réalisée, mais qui avait été
ordonnée par le roi.

guedoc. L'effectif de cette colonne s'établit comme il suit : Corps
du Piémont, d'après la monstre du 7 avril 1549, (6 bandes françaises et italiennes sous le commandement du colonel général
Bonnivet) plus la (garnison des châteaux de Bordeaux (1).
Total. . . . . 1241 h.

Bandes embarquées en novembre à Bordeaux
pour l'Ecosse.   1200
                                                 ‾‾‾‾
                                                 2441

L'effectif de l'infanterie Montmorency ne dut pas dépasser
3000 hommes.

EFFECTIF TOTAL DE L'ARMÉE.

Cavalerie mobilisée, au plus. . . . . . 2500 hommes
Infanterie. 7000
Artillerie et services, environ. 1500
                                        ‾‾‾‾‾
                                        11000

A ces 11000 combattants s'ajoutaient au moins 10 000 non
valeurs : le corps d'armée de Montmorency représentait donc
un total d'une vingtaine de mille hommes combattants et non
combattants.

Le tableau qui suit résume les montres des compagnies de
Gendarmerie qui ont été retrouvées à la Bibliothèque Nationale.
Il permet de constater l'écart d'un cinquième qui existe tou-
jours entre l'effectif normal et l'effectif réel de l'unité.

(1) Voici le détail de la monstre passée à Bordeaux pour l'Infanterie
en garnison le 7 février 1549. (B.-N.-F. $\frac{3090}{46}$).

	Compagnie	du colonel général Bonnivet.	240 h, français.
	id.	du capitaine Chepie. . .	160 id.
Bandes	id.	id. Lacarche. . .	160 id.
de	id.	id. Thiladès. . .	160 id.
Piémont.	id.	id. Sempercorsi. .	160 italiens.
	id.	id. Stefe di Nonati.	160 id.
			‾‾‾‾ 1040

Château-Trompette, capitaine Aguerre.   160   français.
Château du Hâ, capitaine Bugnes . .   41   id.
                                         ‾‾‾
                                         201

COMPAGNIES DE GENDARMERIE DE LA COLONNE DE L'OUEST
Pour lesquelles les montres de 1548 ont été retrouvées

COMPAGNIES	LOCALITÉS	DATES	EFFECTIF						MANQUANTS Différence des colonnes 5 et 8
			NORMAL		CONSTATÉ				
			Lances	Cavaliers	H.d'armes	Archers	Totaux		
1	2	3	4	5	6	7	8		9
Termes	Saint-Savinien	18/2 1549	40	120	34	53	87		33
La Hunaudaye	Jarnac	11/10 1548	»	»	39	59	98		22
Etampes	Saint-Avit	id.	»	»	28	40	68		52
Vendôme.	Sainte-Foy	11/2 id.	»	»	37	57	94		26
Jean d'Albon	Guitres	3/11 id.	»	»	48	60	108		12
Marquis du Mayne	Chauvigny	2/7 id.	»	»	39	35	94		26
Maugiron	Bonneuil	9/10 id.	»	»	35	60	95		26
Curton	La Mothe-Montravel	28/10 id.	»	»	40	60	100		20
Terride	Camp de la Prade	19/10 id.	»	»	35	58	93		27
M^{al} de Saint-André	Saintes	5/2 1549	50	150	46	70	116		34
Connétable	Angoulême	12/1 1548	100	300	98	145	243		57
				1530			1206		334

NOTE F

MOUVEMENT DE LA COLONNE D'AUMALE

Infanterie.

Le roi donna à Pignerol, le 3 septembre, l'ordre de faire partir sur Poitiers les lansquenets en garnison en Picardie. De Pignerol à Amiens, on compte environ 900 kilomètres : la lettre royale arriva donc le 11 ou le 12 septembre. On doit compter au moins six jours pour la transmission de l'ordre sur la ligne Abbeville-Péronne, pour la mobilisation et la concentration des unités. Le départ des lansquenets date du 18 septembre au plus tôt.

Les lansquenets prirent le chemin de Poitiers en passant par Blois(1); ils étaient arrivés près Poitiers, à Croutelle et Auzances, le 30 septembre. Après un arrêt de 2 ou 3 jours ils prirent la route du Midi, et à Châteauneuf les 8, et 9 octobre s'opéra la formation de la colonne mobile par l'adjonction de la cavalerie.

Itinéraire des Lansquenets d'Amiens à Châteauneuf.

Septembre	LOCALITÉS	Kil.	Septembre	LOCALITÉS	Kil.
18	Amiens, Breteuil	36	28	La Haye	28
19	Beauvais	28	29	Châtellerault	29
20	Magny	37	30	Croutelle et Auzances	28
21	Mantes	22	Octobre		
22	Dreux	41	1, 2, 3	Séjour près Poitiers	
23	Châteaudun	43	4	Luzignan	24
24	Arques	30	5	Lezay	26
25	Blois	27	6	Villefagnan	33
26	Amboise	30	7	Rouillac	37
27	Loches	28	8	Châteauneuf-sur-Charente	22

(1) Le passage par Blois est indiqué par lettre du 3 septembre, pièce 13. La date du 30 est donnée par le duc d'Aumale, lettre aux échevins de Poitiers, datée de Tours, 26 octobre. (A.-H.-P.-IV). Une

Cavalerie.

La cavalerie, mobilisée dès le commencement du mois d'août, devait opérer en Angoumois et en Saintonge ; les ordres avaient été donnés en conséquence. Ces ordres furent maintenus, mais on augmenta le chiffre des compagnies après le 1er septembre. Un état de 1547 nous donne la répartition des 51 compagnies d'ordonnances alors existantes. Voici le groupement de ces unités par provinces :

Picardie et Ile-de-France	14
Normandie	1
Champagne et Brie	11
Bourgogne	6
Bresse, Dauphiné, Lyonnais	3
Languedoc	2
Guyenne, Saintonge, Limousin	6
Bretagne	2
Provence	2
Piémont et Savoie	4
	51

Les compagnies d'ordonnance tenaient souvent garnison près de leurs chefs : mais la nécessité de la défense nationale en plaçait le plus grand nombre dans les provinces frontières. La répartition de 1547 s'était certainement peu modifiée en 1548. Voici le tableau d'emplacement des compagnies de gendarmerie mobilisées avant leur envoi dans l'ouest :

Les deux compagnies Saint-André (Lyonnais) ; Maugiron, La-Hunaudaye, Termes, Garde Ecossaise (Savoie et Piémont) ; Connétable, Montpensier (Ile-de-France) ; Etampes et Rohan (Bretagne) ; Lafayette, Curton, Burie, Vendôme, Sancerre (Guyenne ; Saintonge et Limousin) ; Marquis du Mayne, du Lude (Poitou) ; Terride (Languedoc).

lettre du duc d'Aumale. (A.-H.-P.-T. IV) donne la date du 4 octobre à Lusignan. Le passage par Villefagnan se déduit de la lettre du baron de Ruffec au duc d'Aumale, 14 novembre 1548, lettre qui montre que la colonne ne passa pas par Ruffec.

On voit que les compagnies désignées pour marcher étaient assez proches de l'Ouest, sauf celles envoyées de Piémont et du Lyonnais. Les plus rapprochées avaient 5 ou 6 étapes à parcourir, les plus éloignées 36 à 40.

En temps de paix, hors les jours de monstres, les compagnies étaient fort incomplètes. Cela explique le temps très long de la mobilisation de ces unités. Nous voyons, par exemple, le roi ordonner avant le 10 août la mobilisation de la compagnie du marquis du Maine stationnée à Chauvigny, près Poitiers, par conséquent à 4 ou 5 étapes de Saintes ; le 6 octobre, M. du Lude l'attendait encore dans cette dernière ville. Le 10 octobre, la compagnie du duc de Vendôme à Lusignan, n'était pas encore en état de rejoindre la colonne. Toutes les compagnies ne montraient pas la même inertie ; Maugiron et la Hunaudaye, partis du Piémont le 1er septembre, arrivèrent à Angoulême le 1er octobre : ce qui s'explique parce qu'en Piémont les troupes devaient être toujours sur le pied de guerre. Toutes les autres compagnies prirent de longs délais. M. de Fontaines, envoyé en mission en Angoumois par le duc d'Aumale, constatait le 23 septembre qu'il n'y avait d'arrivées ou de proches que les compagnies Saint-André, Maugiron, Saint-Gouard, de la Marche (1), Curton, Lafayette, Montpensier. Vendôme et les Ecossais. Vers le 1er octobre cependant la plupart des compagnies arrivaient en Angoumois et étaient provisoirement réparties dans les places-fortes des deux provinces. Le duc d'Aumale, arrivé à Châteauneuf-sur-Charente le 8 octobre, y séjourna deux jours et fixa le nombre des compagnies qui devaient descendre avec lui sur Bordeaux. On peut y compter sûrement les deux compagnies Saint-André, celle de Sancerre, du Lude, La Hunaudaye, Lafayette, Rohan, Maugiron, Terride et la garde Ecossaise : les autres restèrent dans les provinces pour coopérer à la pacification du pays.

La colonne d'opération fut donc constituée à Châteauneuf-

(1) Fontaine avait été induit en erreur pour la compagnie de la Marck. Cette unité ne quitta point Sedan où elle fit monstre le 30 septembre 1548.

sur-Charente, avec 7 à 8 compagnies de gendarmerie, peut-être
3 ou 4 de chevau-légers, soit 1200 chevaux et 4000 fantassins.
La colonne reprit sa marche vers le sud le 10 octobre. Le duc
avait l'ordre de ne pas suivre la route directe sur Bordeaux,
il savait par le tableau d'étapes, qu'il venait de recevoir du
connétable, que celui-ci arriverait avec sa troupe le 16 octobre
à Langon. Cette ville se trouvant à 29 kilomètres de Bordeaux,
en était assez éloignée pour que l'opération toujours délicate,
d'un passage de rivière ne put être troublée facilement ; ce
point fut donc choisi pour la jonction des colonnes, et l'itinéraire réglé en conséquence.

Dans cette direction il y avait en dehors de toute autre
question à préparer le passage de trois rivières importantes :
l'Ile à Guitres, la Dordogne à Castillon et enfin la Garonne à
Langon. Le duc fit pratiquer les habitants de Guitres par
Guy Chabot ; ceux-ci, ayant beaucoup à se faire pardonner,
promirent d'établir un pont « de cuvaulx » pour le 13 octobre,
date fixée par le duc d'Aumale. La Dordogne à Castillon me-
surait environ 150 mètres de largeur ; des bateaux grands et
petits, furent envoyés par Lansac, gouverneur de Bourg ; ils
pouvaient transporter 6 à 700 hommes par voyage. Des Roys
envoya à Saint-Macaire, en face de Langon, des bateaux requis
à Bloye. Le Connétable en faisait en outre marcher avec lui un
certain nombre qu'il promettait au duc d'Aumale pour l'aider à
passer la Garonne. D'Aumale quitta Châteauneuf, non sans une
légère appréhension de résistance à vaincre. Le 10 il atteignit
Barbezieux (30 k.) ; le 11, Montlieu (25 k.) ; le 12, Guitres
(22 k.) ; Le passage de l'Ile à Guitres s'effectua heureusement
le 13 et la colonne vint camper à Saint-Emilion (25 k.). Le 14
la colonne se porta de Saint-Emilion à Castillon (24 kil.) ;
le même jour le passage de la Dordogne s'effectua (1). Il est

(1) B.-N.-F. $\frac{20469}{85}$. Le cardinal de Guise écrit à son frère le 18 octobre de Moulins que « le roi a esté content d'apprendre la dilligence du passage de la Dordogne ». Le cardinal, qui avait reçu de
son frère une lettre de Blazimont, finit en l'avertissant que le roi lui
écrit (c'est la lettre de la note suivante).

probable que cette opération ne put commencer que dans
l'après-midi, vu la longueur de l'étape du matin. La largeur de
la rivière ne permettant qu'un seul voyage par heure, y
compris le temps d'embarquement et de débarquement des
troupes, il est à croire que l'infanterie seule franchit la Dordogne dans les cinq heures de jour de l'après-midi du 14 octobre ; les lansquenets allèrent camper à Pujols. (5 kilomètres
au sud du fleuve). Le même jour l'état-major avec le duc d'Aumale cantonna à Blazimont (7 k. de Pujols) (1). La journée du
15 fut consacrée au passage de la gendarmerie et des trains.
Il est probable que l'infanterie vint coucher le 15 à Sauveterre;
le lendemain 16, elle arrivait à Saint-Macaire, où la cavalerie
put facilement la rejoindre après une étape de 31 kilomètres.
Le passage de la Garonne à Saint-Macaire s'effectua dans les
mêmes conditions que celui de la Dordogne. Les troupes de la
colonne d'Aumale entrèrent donc dans le corps d'armée Montmorency à Langon, les 16 et 17 octobre ; une partie de la cavalerie resta d'ailleurs sur la rive droite et vint cantonner en face
de Bordeaux.

NOTE G

MOUVEMENTS DE LA COLONNE MONTMORENCY

La colonne Montmorency, formée en Piémont, pouvait se concentrer à Turin ou à Pignerol et rentrer en France par deux
voies :

1° Turin à Bordeaux par le pas de Suse, la vallée de l'Isère, celle
du Rhône et le Languedoc, la vallée de la Garonne (40 étapes).

(1) Mémoires-Journaux du duc de Guise. — Une lettre d'Henri II,
datée de Moulins, 18 octobre accuse réception au duc d'Aumale de
trois lettres : deux du 13, datées de Guitres et de Saint-Million, l'autre
sans date, de Blazimont ; mais le roi remarque que le courrier porteur
de la troisième est arrivée en même temps que l'abbé de Bassefontaine
porteur des premières. Forcément il y a eu un jour d'intervalle entre
les deux premières lettres et la troisième.

2° Pignerol à Bordeaux par la vallée du Chisone, le Mont Genèvre, la vallée de la Durance, le Languedoc, la vallée de la Garonne (36 étapes).

Le connétable est entré le 20 octobre à Bordeaux ; du 3 septembre, date des ordres de mouvement : au 20 octobre, on compte 47 jours. Il semble à priori que le choix des routes était indifférent pour atteindre Bordeaux au 20 octobre, mais on doit observer d'abord que les ordres envoyés le 3 septembre de Turin ou de Pignerol aux garnisons situées dans un rayon de 50 kilomètres ne purent être exécutés qu'avec un délai de six jours, temps minimum exigé pour la mobilisation des bandes et leur mouvement jusqu'au point de concentration. En admettant le 8 septembre comme date de la première étape il ne reste plus que 42 jours pour le voyage à effectuer par les colonnes. Ce temps lui-même ne saurait être accordé en entier, car la colonne Montmorency comptant au départ environ 3000 hommes avec les non-valeurs dut se fractionner en 2 ou 3 détachements, les pays traversés au début dans les deux hypothèses étant très montagneux et sans ressources. Ce fractionnement imposait la nécessité d'au moins trois jours d'arrêt sur les fins de parcours, afin d'opérer la reconcentration de la colonne de marche avec les unités qui l'attendaient entre Toulouse et Grenade. Ajoutons que, dans un itinéraire comme dans l'autre, 3 étapes au moins ont plus de 40 kilomètres, et qu'on doit admettre leur fractionnement en deux. Comme conclusion, l'urgence imposant la voie la plus courte, la colonne Montmorency ne pouvait pas prendre la voie du mont Cenis qui ne l'aurait amené à Bordeaux que vers le 24 octobre au plus tôt.

La voie du mont Genèvre fut donc nécessairement imposée. Le choix de Pignerol, comme point de concentration et de tête d'étape est certain, car c'est de Pignerol que le roi lança son ordre de mouvement aux troupes de Piémont et c'est de là qu'il partit pour rentrer en France. Nous le trouvons en effet le 6 septembre à Prégelas, dans la haute vallée de Chisoné ; le 7 il était à Embrun, le 8 à Chorges, le 9 à Vizille, le 10 à Grenoble. Le roi devançait la colonne accompagné de ses deux généraux :

si la concentration s'était faite à Turin, le roi s'y serait transporté le 3, pour donner ses ordres et voir s'effectuer la concentration. Toutes les possibilités sont donc pour la marche de la
colonne Montmorency, de Pignerol à Bordeaux, par l'itinéraire
du Mont Genèvre et de la vallée de la Durance.

Le Connétable avait accompagné le roi jusqu'à la Côte Saint-
André (1) ; il en partit le 15 septembre pour se rendre à Toulouse
où il arriva vers le 1er octobre. Le 6 octobre il annonçait son départ pour le lendemain au duc d'Aumale ; sa troupe était donc arrivée près de lui à cette date. — Il la concentra le 7 et le 8 sous
Grenade (27 k. de Toulouse). Il en partit le 9, et nous pouvons
le suivre alors très exactement, avec le tableau des logis qu'il
avait envoyé au duc d'Aumale le 6 octobre. L'itinéraire donné
plus loin est rigoureusement exact à partir du 9 octobre ; pour
les jours antérieurs, on a suivi la carte des étapes de la guerre.
On remarquera que la colonne, reformée à Grenade, ne parcourut que de faibles distances journalières ; elle comptait
alors un effectif concentré, qui réclamait de nombreux points
de cantonnements annexes du gite d'étape principal. Montmorency n'avait pas oublié ce détail. Pour les marches antérieures
à Toulouse, on a supposé le corps d'armée fractionné en
2 groupes. L'itinéraire produit rend compte exactement de la
marche du corps d'armée Montmorency.

(1) Henri II trouva à la Côte Saint-André la reine Catherine de Médicis qui l'attendait accompagnée de la reine de Navarre. L'ambassadeur vénitien fut forcé, en raison de l'encombrement, de se diriger sur
Lyon. — Malgré la difficulté de la route et la rapidité de sa marche,
le roi avait un convoi de 300 chevaux ou mulets.

COLONNE MONTMORENCY

Itinéraire de Pignerol à Bordeaux.

Septembre	LOCALITÉS	Kil.	Octobre	LOCALITÉS	Kil.
8	Pignerol-Perosa	20	1	Lezignan	28
9	Pragelato	25	2	Carcassonne	35
10	Briançon	37	3	Castelnaudary	30
11	Mont Dauphin	25	4		
12	Embrun	26	5	Toulouse	45
13	Ubaye	28	6	Concentration	
14	Seyne	20	7	à Grenade.	
15	La Jarne	27	8		
16	Digne	15	9	Le Mas	16
17	Les Mées	25	10	Saint-Nicolas	25
18	Massignac	31	11	Auvillar	12
19	Pertus	32	12	Layrac	20
20	Cadenet	14	13	Damazan	35
21	Cavaillon	32	14	Caumont	15
22	Saint-Rémy	23	15	Huré	15
23	Beaucaire	15	16	Langon	20
24	Nîmes	29	17	Podensac	15
25			18	La Prade	14
26	Montpellier	41	19	id.	
27	Meige	35	20	Bordeaux	20
28					
29	Béziers	42			
30	Narbonne	27			

NOTE H

DATE DE L'ENTRÉE DU CONNÉTABLE DE MONTMORENCY A BORDEAUX

Les historiens varient sur la date d'entrée du connétable à Bordeaux. De Thou indique le 20 août: l'erreur est si grossière qu'on a dû penser d'abord à une erreur typographique : mais le texte latin porte « Montmorentius cum exercitu XIII kalend. VIIber ingreditur (1). » *L'Art de vérifier les dates* affirme le

(1) Le 13e jour avant les kalendes de septembre correspond au 20 août.

8 août; Paradin n'indique pas de date mais constate la présence du connétable à Bordeaux le 26 octobre; Bouchet et Vieilleville ne donnent pas de date. Parmi les Historiens modernes, H. Martin affirme le 9 octobre; Jullian évite la date. L'*Histoire de France* en cours de publication de Lavisse indique le 20 août.

La date du 20 août est un non-sens. L'acte décisif de la révolte bordelaise s'accomplit le 21 août : la répression ne précède pas la faute; de plus, les troupes de Piémont, envoyées sur Bordeaux, avaient à parcourir 39 étapes au minimum avant d'arriver à destination. Henri Martin n'indique pas où il a pris la date du 9 octobre; elle est d'ailleurs inadmissible puisque le 8 octobre le connétable écrivait de Grenade au duc d'Aumale qu'il partait « demain » pour commencer la marche sur Bordeaux.

Les documents authentiques fixent la date réelle. Le tableau des logis depuis Grenade jusqu'à Bordeaux amène la colonne Montmorency, au plus tôt le 18 octobre, au camp de la Prade près Bordeaux ; une revue d'effectif de la compagnie Terride montre que la colonne y stationnait encore le 19. Le cardinal de Guise écrivait à son frère, de Moulins le 17 octobre, que le connétable a mandé au roi « devoir estre devant Bordeaux le 20 de ce moys ». Cette date du 20 est corroborée par l'arrêté de désarmement de Bordeaux qui porte la date du 23 octobre. Le connétable écrit à Marillac, le 24 octobre, pour lui annoncer l'entrée à Bordeaux, et il lui explique le désarmement opéré les jours précédents, ce qui reporte la date de l'entrée en arrière à quelques jours. La date du 20 octobre est donc établie d'une manière certaine.

NOTE I.

DATE DU DÉPART DU CONNÉTABLE DE MONTMORENCY

———

Cette date est donnée diversement, suivant les auteurs. De Thou affirme le 9 novembre ; Paradin et Vieilleville qui l'a copié, donnent au connétable un mois de séjour à Bordeaux, d'où départ le 20 novembre. Lafaille fixe le 8 décembre. Les comptes du receveur municipal de Bordeaux semblent indiquer pour le connétable 22 jours de présence à Bordeaux, soit départ le 12 novembre : essayons de fixer exactement la date de ce départ.

Voici les dates exactes connues sur le séjour de Montmorency à Bordeaux : 20 octobre, entrée de l'armée à Bordeaux, 24 octobre lettre de Montmorency à Marillac datée de Bordeaux ; 6 novembre, arrêt des commissaires contre Bordeaux ; 7 novembre, arrêté du connétable pour le désarmement des paroisses limitrophes de Bordeaux.

Du 7 novembre au 27, on ne possède pas de pièces authentiques établissant officiellement la résidence du connétable.

Les comptes du receveur de la ville de Bordeaux semblent cependant une pièce authentique : ils fixent à vingt-deux jours la durée de temps pendant lesquels les vivres furent fournis à la maison du connétable, mais un article du même compte porte l'entretien d'un cheval « depuis l'entre-demain que M. le connétable arriva » jusqu'au départ du propriétaire du cheval « qui s'en alla deux jours auparavant » ; le compte ajoute : « et nourri ledict cheval l'espace de 30 jours ». La contradiction des deux pièces fait supposer que la première n'indique que le nombre de jours de présence à Bordeaux de la maison du connétable qui a pu n'arriver qu'après le 20 octobre ou bien que le premier chiffre X a été oublié ; le séjour du connétable semblerait pouvoir être admis à 32 jours comme l'indique le deuxième article du compte. — Le départ du connétable n'au-

rait donc eu lieu que le 22 novembre (1). A défaut de pièces
authentiques, des conclusions s'imposent. Dans sa lettre du
27 novembre datée de Montrésor, le connétable écrit qu'avant
son départ il a « fait embarquer et veu partir 1200 hommes de
pied pour envoyer en Ecosse avec force munitions. Je pense bien
que dès ceste heure ils y peuvent estre arrivés avec l'ayde de
Dieu ». La préparation de cette expédition avait dû être longue,
Le transport de 1200 hommes, vu le faible tonnage des vaisseaux
d'alors, avait réclamé l'affrètement (2) de plusieurs bateaux :
la série des opérations effectuées, choix des unités, vivres,
munitions, etc., tout cela avait été long et du fait que le 27 novembre Montmorency juge les troupes arrivées, on doit croire
que le départ remontait à peu près à 10 ou 12 jours au moins.
Le 17 novembre Montmorency était donc encore à Bordeaux. La
lettre de Montrésor du 27 novembre, combinée avec le récit de
Bouchet, établit que le connétable coucha une nuit seulement à
Poitiers ; qu'il partit le lendemain matin assez tard après avoir
conféré avec la municipalité, ce qui prouve la présence du
connétable à Poitiers le 25 novembre. De Bordeaux à Poitiers
on compte 260 kilomètres environ. Montmorency et d'Aumale,
marchant avec leur train par étapes, ne purent pas dépasser la
la vitesse constatée entre Poitiers et Montrésor (90 k.); par suite
le trajet de Bordeaux à Poitiers exigea trois jours et peut-être
quatre si l'on admet comme vrai le récit très détaillé de l'emploi du temps de la première journée du voyage donné par Vieilleville. Outre les renforts d'Ecosse, le connétable eut à organiser

(1) A.-H·C.·T.-XII. — Plus pour la provision de tous vivres pour
la maison de M. le Connétable, pour l'espace de XXII jours qu'ilz ont
demeuré en la dicte ville.

Plus me fust envoyé un cheval Bayart (pour M. de Thibault) l'entre-
demain que Mr le Connétable arriva, jusqu'au départ dudict Sieur
Thibault qui s'en alla à la court deux jours auparavant et nourri le dict
cheval l'espace de XXX journées, qui se monte à IV solz le jour VILT.

(2) L'ambassadeur vénitien dans sa dépêche du 20 octobre indique
que des galères revenant d'Ecosse ont dû se rendre en Saintonge et
en Bordelais, mais ces bateaux de guerre ne durent pas être suffi-
sants pour le transport, et d'ailleurs l'opération de l'embarquement
avait dû s'effectuer sans attendre les galères.

à Bordeaux, probablement à la fin de la première décade de novembre, la colonne volante qui reprit Limoges sur les insurgés locaux ; il est facile de calculer que cette opération, en
admettant qu'elle ait commencé vers le 7 ou le 8 novembre,
occupa le connétable dix ou douze jours après avoir reçu l'avis
initial de cette affaire ; cela fait supposer Montmorency à Bordeaux vers le 20 novembre. Toutes les considérations présentées amènent à fixer le départ du connétable de Bordeaux du
20 au 23 novembre.

PIÈCES JUSTIFICATIVES

PIÈCE 1.

Le Colonel de Guienne aux habitants de Guitres.

Commencement d'août 1548.

MESSIEURS. Par le commandement du Coronal de toute la Commune de Guienne, par le vouloir et ordonnance de Dieu tout puissant, vous est mandé incontinent ces présentes veues : faictes sonner la cloche ou tocquesain et assemblez et congrégez voustre commune, laquelle soit bien armée tant qu'a eulx sera possible, mesmement d'arbalète et picque et (1) que a ce n'y ait faulte, sous peine d'être déclarés inobédiens et estre poussés et saccagés ; et faictes porter la présente aux officiers de Monsieur le Vic[onte] de Fornssac (2), Puynormann, Monpon, qu'ils envoient toute la dicte commune au lieu [de] Guitres ; et n'oubliez faire porter pain et argent pour avoir [vivres] et scaurez nouvelles au lieu de Begne (3).

Voustre bon amy le Coronal de la Commune de Guy[enne or] donné par le vouloir de Dieu.

B. N. — F. FRANÇAIS, $\frac{3146}{59}$, COPIE CONTEMPORAINE.

---

(1) Cette pièce existe encore à la Bibliothèque Nationale. — Clairembault, $\frac{342}{8917}$ et Dupuy $\frac{775}{20}$.

Variantes — 1 Dupuy « arbalète, arquebuse et pics ».
           2   Id.   aux officiaulx de M. le vicomte de Fronsac.
           3   Id.   au lieu de Baigne.

Les *Archives Historiques de la Gironde* ont publié (T. X. 1868) la version de Dupuy avec une erreur de lecture assez sérieuse. Au lieu « des officiaulx du vicomte de Fronsac » on a lu et imprimé « du Vicaire de Férussac ». Il n'existe pas de Férussac dans la Gironde et un vicaire n'a pas d'officiers. La pièce porte bien d'ailleurs Fronsac et vicomte.

PIÈCE 2.

Réponse des habitants de Guitres au Colonel de Guienne.

Guitres, le 7 août 1548.

TRÈS HAULT ET PUISSANT SEIGNEUR, SALUT.

Nous avons reçu vos lectres ; incontinent et en diligence avons transmis [par] chevaux exprès ès-villes de Libourne, Sainct Million, et Monségur Puynormalt, Chatillon et Sarrat, le Vicomte de Fronssac, Le Double, Coutras : et nous en obeissant a voustre commandement et a voustre puissance, avons faict monstre et assemblée de la Commune : laquelle est venue dire aujourd'huy et déclaire avoir bonne volunté et vouloir vivre et mourir pour vous, vous promectant jamais ne vous laisser ni abandonner. Et Dimanche feront monstre au lieu de Guistres, des terres du Viconte, Double, Coutrats, Puinormal, èt serons en nombre de trois myl hommes bien armés et équippés comme avez mandé par voustre lettre. Nous avons envoyé à Bourdeaulx chercher deux cent arquebuttes et avons envoyé quérir le fondeur pour fondre artillerye. Dimanche scaurez de nos nouvelles au lieu de Guittres. Tenez-vous saysi d'Artillerye sans laquelle ne pouvons rien faire et avons vouloir de gaigner pays jusques Thoulouze. Qui est fin sur ce, après vous avoir présenté sur ce nos humbles recommandacions.

Ce mardy-Sainct........ à Guittres priant Jesus-Christ vous donner sa grâce. Ainsi soubzignés.

Vos obéissans
GUITRES.

B. N. — CLAIREMBAULT, $\frac{342}{8917}$. PIÈCE V. — COPIE CONTEMP.

PIÈCE 3.

M. de Moneins au Gouverneur de Blaye.

Bordeaux, 17 août 1548.

MONSIEUR LE GOUVERNEUR. J'arrivay hier en cette ville pour
mettre ordre et police à ces émotions du peuple et ce soir
(*six mots rayés*) messieurs de la cour du Parlement m'ont
[communiqué] les lettres que leur avez escriptes contenant ce
que le Coronal de ceste commune vous a mandé. Et avons ensemble advisé que demain M. le Président de la Cassagne et de
Mirambeau, pour le service du Roy et au repos du pays, pren-
drons la peine d'aller au lieu qu'il sera advisé pour traiter
avec ceulx qui ont la conduite de la dicte commune et pour
[les] réduire à l'obéissance du Roy et des prisonniers qu'ils
vous demandent et aultres moyens que par eulx mieux entendrez : mais [pour] que les dicts sieurs Président et de Mirambeau puissent en sûreté de leurs personnes et à l'advantage
du Roy estre escoutés, à cette cause j'ay despêché devers
vous ce porteur vous priant, que promptement vous despêchiez
tel personnage que mieux adviserez devers la dicte commune
et les rebelles pour avoir lieu et assurance de parler et traiter
avec eulx ce qui sera requis pour le service du Roy et soulagement du pauvre peuple, pour lequel de ma part je ne fauldray m'employer envers le dict sieur le mieux qu'il me sera
possible. Et le plutot que pourrez me ferez responce par ce
présent porteur. Priant Dieu qu'il vous donne, Monsieur le
Gouverneur, en santé la longue et très heureuse vie.

De Bourdeaulx le dix-septième d'août 1548.

AU VERSO. — Copie de la lettre envoyée au gouverneur de
Blaye le dix-septième aoust 1548.

B. N. — DUPUY, $\frac{775}{25}$. MINUTE.

————————

PIÈCE 4.

Le Colonel de Guienne aux habitants de Sainte-Soulyne.

Août 1548.

MESSIEURS LES FABRIQUEURS DE SAINTE-SOULYGNE. L'on vous faict commandement, par le hault Dieu tout puissant, de par le commung populaire, vous ayez, incontinent et sans délay, arrester et saisir les bleds et vivres que trouverez en vostre cure et vicairie pour iceulx prendre et employer en farine pour conduire exprès la commune au lieu de Vigean au mardy prochain. Aussi prendrez aultres vivres, vins, mouthons et dixmes argent de la fabrice, tailles grandes et menues, pour le tout employer en lieu envitaillement de leur dicte commune faicte par l'inspiration du hault Dieu tout puissant. Par le commandement de vostre Coronal.

Ainsi signé : *Jesus Maria sit pro nobis.*

Aussi nous enjoignons de faire scavoir par vos paroissiens et circomvoysins le présent mandement leur en faire tenir lecture aux poines de corps et de biens.

Faites les sonner au son de la cloche.

B. N. — CLAIREMBAULT, $\frac{342}{8917}$. PIÈCE V. COPIE CONTEMP.

PIÈCE 5

M. des Roys, gouverneur de Blaye à M. de Moneins.

Blaye, le 8 août 1548.

MONSIEUR. Je vous veux bien advertir de la nécessité que nous avons en ceste ville pour la garde d'icelle. Vous estes assez advertiz de la mutination du peuple ; vous sçavez le nombre de gens que j'ay en ceste ville et chasteau pour la garde, qui est vingt-huit hommes, là où il m'en fauldrait mil ou douze cents.

J'ay nécessité de pouldre et de plomb, de falots et d'aultres choses pour le faict de la guerre, comme bien l'entendez. Aussi je n'avons poinct de vivres : je vous prie qu'y pourvoyez. J'ay faict assembler les maires, juratz et communs des faux bourgs de cestte ville, qui m'ont promis de mettre gens en cestte ville féables et qu'ils tiendront pour le roy. Toultefois j'ay peur qu'il n'y ait grande fiance. J'envoie ce gentilhomme devers vous qui vous dira ce qui en est : je vous prie d'y pourvoir. Qui sera fin, après m'estre recommandé très humblement à vostre bonne grâce. Monsieur, je prie à Notre-Seigneur qu'il vous donne très bonne vie et longue. De Blaye ce huictième d'août et au-dessous.

Votre très humble serviteur, de POULLIGNAC, *et au-dessous.*
A Monseigneur de Monneyns, lieutenant du Roy.

AU VERSO. — *De Blaye, escript du 8ᵉ d'août 1548, à Monseigneur de Monneyns.*

B. N. — DUPUY, $\frac{775}{11}$. ORIGINAL (1).

---

(1) Cette lettre a été analysée en quatre lignes dans les *Archives Historiques de la Gironde*, tome X, 1868.

La signature a été lue par erreur de Poullengues.

B. N.-F., $\frac{32271}{190}$.

Poullignac d'après Clairembault était une maison d'Angoumois qui plus tard écrivit son nom Polignac, avec prétention injustifiée de rattachement avec les vicomtes de Polignac du Languedoc. Cette maison a formé quatre branches : 1° Escoyeux, éteinte au XVIIᵉ siècle ; 2° Fontaine qui au XVIIIᵉ siècle prenait le titre de comtes de Polignac ; 3° Vivron, se disant marquis de Polignac ; 4° Des Roys, éteinte au XVIIᵉ siècle.

Poullignac porte :

Ecartelé au 1ᵉʳ d'argent à 3 fasces de gueules : 2 et 3 de sable au lion d'or armé d'argent, lampassé de gueules ; 4 d'argent plein.

PIÈCE 6

Réclamations des communes d'Angoumois au Roi.

12 août 1548.

Arti[cles d]es habitans et communes de Guyenne demandez au Roy.

Que es tailles ordinaires on a eu cressance et suceressance, oultre les impositions et les emprunts sur les villes closes.

Aultre imposition tant sur les gens d'eglise bénéficiers aux décimes.

Aultre imposition et taxe en orreur au peuple : c'est l'impôt et subside mis sur le sel, lequel on a voulu accroître, comme les précédens, et en [cela] monter au quart et demy quart et quint et demy quint. A la fois y a une [aultre] manière de faire qu'on nomme gabelle, qui se monte à la maieur partie du sel : et pour contraindre le peuple de souffrir icelle a esté créé très grand nombre d'officiers. . . . .

Les dits officiers de la gabelle ont supposé avoir jurisdiction et congnoissance sur le faict d'icelle et puissance d'exécuter leurs appoinctements, nonobstant oppositions ou appellations, et que d'appel interjecté de leurs appoinctemens ny aurait juge que les sieurs du grand Conseil ; aussi juge quelconque n'eust entreprendre aulcune congnoissance. . . . . . .

Aultre invention de exiger l'argent du peuple tant des bénéficiers que gens laiz en vendant benefices et offices.

. . . .

Aultre nouvelleté pour recouvrer argent : c'est que en plusieurs et divers lieux y a des terres tenues du prince, desquelles l'on a point accoutumé de payer aulcune vente quand on les achapte : et à présent on en faict payer depuis trente ans en deçà.

. . . .

Aultre invention, laquelle est pire et plus pestilentieuse que toutes les aultres : c'est que une partie des dicts officiers ont inventé de vendre à deniers les offices et estats des ministres de la justice.

Inconvéniens provenans des choses susdictes. . . .

En premier lieu il est assez évident que la multiplication des
dictes impositions et subsides extraordinaires et continuation
d'iceulx a tellement rendu le peuple indigent que plus ne leur
est possible de y payer.

Inconvénient procédant des emprunts des villes closes est
que les lectres patentes du Roy sur ce données estoient addres-
santes es juges royaulx des villes capitales des provinces où il
est faict de grands abbus.

Inconvénient procédant de l'emprunt des bien aisés, est que
en procédant à la taxe d'iceulx y estoit procédé si souverene-
ment que ceux qui estoient ouy et appellez tandaient plus à
supporter leurs amis et gens riches que en dire la vérité.

Inconvénient procéddant du don grattuit : c'est que premièrement le don gratuit est supposé et non véritable car combien que par lettres patentes soit dict don gratuit et tel nommé,
néanmoing par la teneur d'icelles y a contraincte rigoreuse
de payement.

Inconvénient procédant des impôts mis sur le sel : en premier lieu plusieurs pauvres gens vouloient tirer leurs vies et
de leurs familles en usant du faict et traficque de marchandise.

Secondement toutes manières de marchans de toutes provinces
usoient de traficquer les uns avecques les aultres en beaucoup
de manières de marchandises en usant de traficque de sel.

Tiercement ont estez créez ou leurs officiers et aultres cor-
vaz nommez cartageulx et gabelleurs lesquels se sont donnez
une belle puïssance et authorité.

Quartement se sont eslevez aultres officiers sur le faict du
dit sel dont le principal est nommé margurin, eulx [se] disans
supérieurs des précédents dits impots.

Inconvénient procédant de la gendarmerie. Autre oppression faicte sur le peuple par les gens de pied.

Inconvénient procédant de lots et ventes des terres à que-
raulx.

Inconvénient procédant de la vente des offices.

Inconvénient au royaulme si comme commun bruyt dict des
ventes des finances du royaume.

A l'advènement [du] prince fut déclairé et publié par tout

le royaume qu'il [ne] vouloit et n'entendoit avoir aulcun debvoir de son peuple [sauf] les tailles ordinaires et néanmoins a
contrainct de payer les dicts emprunts. La commune supplie très
humblement le Roy avoir pitié d'elle et entendre que l'élévation
n'a été faicte pour contrevenir à son authorité mais seulement
pour obvier aux grandes pilleries que faisoient ceulx qui estoient commis pour la gabelle et que ces faicts leur estoient
insurportables (sic).

Parquoy supplie très humblement le Roy leur remestre l'impôt de la gabelle à douze livres dix sols par muictz selon la
charge qu'à prinse d'Oreville maistre des eaulx et foretz d'Angoulmoys et n'entant la dicte commune vouloir empescher le
vouloyr du roy en ses tailles ordinaires mais désire demeurer
ses très humbles subjects et obéissans serviteurs.

Item supplye le Roy très humblement que pour avoir faict la
dicte levation il luy plaise ne user de rigueur contre eulx ni
envoyer aulcuns gendarmes pour ce faict et faire commandement aux gentilshommes de ne se élever ou emouvoir contre
la dicte commune pour aulcuns déplaizirs qu'ils pourroient
avoir prins en ce faict, qui pourroit estre occasion que ladicte
commune seroit contraincte de nouveau de s'élever contre les
dicts gentilshommes ce qu'elle ne voudroit mais supplye très
humblement le Roy leur pardonner et remettre ce qui a été
faict.

B.-N. — CLAIREMBAULT, $\frac{342}{3719}$, PIÈCE 1. — COPIE.

PIÈCE 7.

M. des Roys à M. de Moneins.

Blaye, le 18 août 1548.

MONSIEUR. Je vous envoys une sommation du Coronal de la
bande de la commune de Guienne sur Gironde [que] je voy à
Saint Martin à demi kar de lieulx d'ici et peuvent estre quatre
mil hommes sans ceux qui leur doyvent venir,

Je tiens céans avecque moy Monsieur le Procureur du Roi et.
Monsieur le Maire et cent ou environ de la commune des faux-
bours de Blaye, qui ont bonne envie de faire service au roi,
La commune des villages de la châtellenie de Blaye sont
avecque eulx. J'ay reçu vos lettres. Or féré ce que pourré en
ensuivant ce que sçayez; mais ne vous fiez pas que puisse fournir toujours argent de faulte que m'en envoiés. Qui sera fin,
me recommandant très humblement à vostre bonne grâce.

Monsieur, je prie Notre-Seigneur qu'il vous donne très
bonne vie et longue.

De Blaye, le dix-huitième jour d'aoust. Votre très humble
serviteur.

DE POULLIGNAC.

A Monsieur de Moneyns, lieutenant du Roy en Guyenne à
Bourdeaulx.

B. N. — DUPUY, $\frac{775}{16}$, ORIGINAL.

PIÈCE 8

Le Colonel Tallemagne à M. des Roys.

Blaye, le 18 août 1548.

SOMMATION DU PEUPLE RÉVOLTÉ AU CAPITAINE DE BLAYE.

(Écriture du XVIIe siècle).

CAPITAINE DE BLAYE, et vous M[rs] les archiers et aultres qui
estes dedans la ville de Blaye. On a rapporté au commun populaire et à nous que vostre intention estoit nous reculler à coups
de canon, chose à vous fort mal advisée, attendu que l'intention
du commun populaire n'est d'entreprendre en rien sur le faict
du roy mesme dans la ville de Blaye ne aultres lieux ni en ses
domaines ne revenus fors seulement sur les méchans inventeurs chargés du faict de la gabelle, qui est un subside maudict, insupportable laquelle chose est tout ainsi que manne du

ciel à nous donnée par la volonté de Dieu. Pourquoi tout ainsi qu'aucun ne pourrait arrester l'eau qu'elle n'ayt son cours, aussi aux inventeurs ne leur est possible faire tenir le dict subside. A ceste cause Capitaine ou Lieutenant du Capitaine de Blaye, archiers et aultres qui estes assemblez en icelle dicte ville pour cuyder, frauder et troubler, à nous, peuple commun, nostre intention est l'abolissement de la dicte gabelle qui ne nous est possible.

On vous somme par le hault Dieu tout puissant et du commun populaire, que incontinent ces présentes verrez, ayez à ouvrir les portes de la dicte ville vous promettant la foi que ne sera en rien touché chouse ni à biens appartenant à la dicte ville, (à) vous Capitaine, Lieutenant, archiers et aultres assistants ; fors les maudicts méchants personnages qui sont gabelleurs et leurs biens que tenez en la dicte ville, lesquelz il vous convient rendre entre nos mains, et leurs dicts biens, ensemble les prisonniers qu'avez et tenez en vos prisons pour raison du dict faict de gabelle. Et ce, à défaut que ne voudriez ouvrir les dictes portes a fidélité, et cependant nous assurer de vous et de la dicte ville. Et que tout ce que dessus n'y ait faulte, à peine premièrement d'estre déclairé rebelle et de saccager vos personnes à l'avenir et perdre vos chasteaux, maysons, meubles, métairies et aultres biens qu'auriez sur les champs. Et ainsi est l'advis du commun populaire. Et afin que rendiez réponse on vous envoie une lettre par maître Tabourin auquel vous défendons ne lui faire mal et le mettons en vostre saufe-conduite et le renvoyez avec réponse certaine.

Faict en nostre camp, posé à St-Martin de la Caussade, le 18ᵉ d'août.

Pour le commun :

JH.-MAR. (Jésus Marie).

Les *Archives Historiques de la Gironde* ont publié le début de cette pièce jusqu'à « Pourquoy tout ainsi que aucun etc. » Tome x, 1868.

B. N. — DUPUY, $\frac{775}{16}$. COPIE CONTEMPORAINE.

PIÈCE 9

Convention passée entre M. de Moneins et la Jurade.

Bordeaux, 17 août 1548.

ESCRIPT PASSÉ ENTRE M. DE MONEINS ET LES HABITANTS
DE BORDEAUX.

Le jeudy, seizième jour d'aoust mil cinq cens quarente huict, devers le matin arriva en ceste ville de Bourdeaulx le sieur de Moneyn, lieutenant du Roy nostre seigneur, en absence du roy de Navarre, lieutenant dudict seigneur et gouverneur en ses pays et duché de Guyenne, devers lequel nous, prévost et juratz de la dicte ville, sommes transportez : auquel après luy avoir rendu grâces de ce qu'il luy avoit pleu se rendre en ceste ville pour nous donner conseil et advis sur les affaires qui se offroient concernant la conservation de l'auctorité du Roy en la dicte ville, pour empescher qu'il ne se feist commotion de peuple en icelle ville, et de faire en sorte que les habitants de la dicte ville demourassent tousjours en l'obéyssance du Roy. Lequel sieur de Moneyn auroit remonstré ausdicts prévostz et juratz qu'il seroit bon, pour entendre le cueur et voullunté des subjectz, les assembler le landemain matin en la maison commune de la dicte ville, où illec il entendoit leur remonstrer des choses qui leur seroient agréables, et qu'il entend, après avoir d'eulx sceu leur intention, de faire en son endroit en sorte que la dicte ville demeureroit en son entier et les habitans d'icelle en leur libertez. Et de ce en escriproit au Roy en faveur des habitans d'icelle ville, suyvant le mandement duquel seigneur de Moneyn nous aurions mandé les bourgeois de la dicte ville pour se trouver le landemain matin en la maison commune d'icelle. Ce que les dicts bourgeois auroient faict ; ausquelz aurions remonstré que au moyen de quelque émotion popullaire qui estoit faicte par grand nombre de gens ennemis ez pays de Xaintonge et Angoulmois, ne sça-

chant leur délibération et qu'est ce qu'ilz entendent faire,
pour obvyer à ce que inconvénient n'en survient aux habitans
de la dicte ville, avions escript au dict sieur de Moneyn le
priant voulloir venir en ceste ville pour nous conseiller et
ayder de son auctorité : ce qu'il auroit fait. Et pour leur faire
quelque remonstrance nous avoit ordonné les assembler, et
par ce les aurions priés le recevoir en tout honneur et
obeyssance icelluy ouyr et entendre comme celluy qui
représentait la personne du Roy, ce qu'ilz auroient faict.
Et après que le dict sieur de Moneyn leur auroit remonstré
comme il estoit venu en ceste ville à nostre requeste et que
pour la deffense d'icelle ville avait délibéré employer sa personne, pouvoir et auctorité à luy donnée par le Roy, les priant
voulloir, comme loyaulx et bons subgectz du dict seigneur de
leur part estre prestz pour obeyr à ce que leur seroit ordonné
pour le service du dict Seigneur pour la garde, tuition et deffence de vivre et mourir pour le service du Roy, le suppliant
très humblement, pour le bien et proffit de la républicque de
sa duché de Guyenne et de tout son royaulme, voulloir abolyr
la gabelle en toute la duché de Guyenne et remectre les choses
en leur premier estat, aussi voulloir maintenir et garder les
habitans de ceste ville èz privilèges, franchises et libertez à
eulx octroyées par le feu roy Charles huictiesme à la réduction de Guyenne, contenuz au contrat sur ce faict par le dict
seigneur, puis naguaires confirmé ;

Que les prisonniers à faulte de payer les arréraiges de la
solde de cinquante mil hommes de pied, que le Roy prend sur
les villes clauses soient délivrés et ledict subside aboly, et que
lesdicts habitans demeurent quictes desdicts arréraiges à la
dicte solde.

Pareillement, pour obvyer à ce que ceulx qui se sont eslevez
n'ayent occasion venir envahir la dicte ville, fut le plaisir du
dict sieur de Moneyn voulloir délivrer les prisonniers déttenuz
à cause de la gabelle, tant au chasteau de Blaye que au chasteau du Ha de ceste dicte ville, et pour mesure occasion faire
vuyder de la dicte ville ceulx qui se sont meslez du faict de la
gabelle.

Qu'il pleust aussi au dict sieur de Moneyn faire rendre les douze pièces d'artilherie envoyées par ordonnance du Roy à Bayonne pour servir à la tuition et défence de ceste dicte ville. Auxquelz le dict, la dicte ville, manans et habitans d'icelle leur déclairant que pour la garde d'icelle ville, sçaichant la fidéllité desdicts habitans, n'entendoit y mectre aucune gendarmerie, ains se ayder serellement des habitans et bourgeois d'icelle ; leur a dict davantaige avoir remonstré au Roy la pauvretté des habitans de la dicte ville et charges à eulx insupportables, le supliant y avoir èsgard, à quoy le dict seigneur auroyt respondu qu'il entendoit que les habitans de ceste dicte ville jouyssent entièrement de leurs privilleiges et libertés et que son intention estoit de les traicter comme bons, loyaulx et fidelles subgectz : a dict oultre qu'il estoit prest de nous subvenir, pour la deffence de la dicte ville, de la munition du roy estant en icelle. Et sur ce, le dict sieur de Moneyn se seroit retiré. Ce faict, aurions remonstré ausdicts bourgeois et aultre peuple illec assemblé en grand nombre, l'honneur proffict et bien que leur pourroit advenir de continuer à estre bons, loyaulx et obeyssans subgectz du Roy : les priant remercier le dict sieur de Moneyn eussent occasion se contenter : et incontinent nous aurions, par le dict sieur de Moneyn voulloir ouyr et entendre le vouloir du peuple, lequel pour ce faire, se seroit retourné seoir en son siège ; lequel, le dict peuple, tenans les mains en hault auroient remercyé très humblement, disanz qu'ilz avoient délibéré. Je sieur de Moneyn fist responce qu'il en advertiroit le Roy et le suplieroit leur voulloir octroyer ce que dessus. De quoy ledict peuple à haulte voiz l'auroit remercié très humblement levans les mains en hault en signe d'obeyssance.

Signé : DE PICHON.

(Sur le dos) : *Double de ce qui a esté passé entre Monsieur de Moneyn, lieutenant pour le Roy en Guyenne, en l'absence du roy de Navarre. Et les manans et habitans de la ville de Bourdeaulx.*

B.-N. — DUPUY, $\frac{775}{23}$. MINUTE EN DOUBLE.

PIÈCE 10.

Lettres missives envoyées par le roy à Messieurs les Eschevins, bourgeoys, marchans et habitans de la ville d'Engoulesme. Imprimées par Nicolas Chrestien à Paris 1548.

Très chers et bien aymés. Nous avons esté adverti par le maître de nos eaux et forets d'Engoulesme present porteur du debvoir qui comme bons, vrays et loyaux subjectz vous avez faict pour appaiser et faire cesser les rebellions et séditions et assemblées de communes qui se sont faictes en notre pays d'Angoulesme et aultres lieux es environs. De quoy nous vous sçavons très bon gré et vous en remercions bien fort, vous priant vouloir continuer et persévérer en ceste bonne volonté comme estimons que ferez, estant asurés que ne mettrez en oubly ce bon office ainsi que vous dira ce bon porteur lequel au reste vous communiquera et fera entendre le contenu en la depesche que lui avons baillée pour la pacification des dictes émotions romptures et retraictes des dictes assemblées à quoy nous prions vous vouloir de nostre part employer de tout nostre pouvoir comme nous en avons en votre fiance et vous nous ferez plaisir et service très agréable.

Donné à Thurin, le 19e jour d'aoust 1548. — Ainsi signé HENRY *et au-dessous Clause et sur le reply est écrit : à nos très chers et bien aymés les eschevins, bourgeoys, manans et habitans de nostre ville d'Engoulesme.*

PIÈCE 11

Henri II à M. de Sansac.

Cavour, 31 août 1548.

LE Sr DE SANSAC gentilhomme de la chambre du Roy après avoir baillé à M. le Connétable les lettres que le Ray lui escript luy dira comme le dict seigneur aient entendu les nouvelles

que le jeune Fontaine a apportées à Lyon de la part du roy de
Navarre, encore qu'il n'estime que l'alarme n'estée si chaude
qu'on la faict, tant des assemblées communes que des Espa-
gnols; veu mesme que le comte de Villars ne lui en a rien
escript, pareillement à mon dict sieur le connétable. Toutes
fois il a bien voulu dépescher le dict Sr de Sansac devers le
comte du Lude pour le solliciter d'exécuter en la plus grande
diligence qu'il pourra ce qu'il luy a cy-devant mandé et commandé pour la roupture d'icelles assemblées, par toutes les
meilleures voyes qu'il pourra, et que s'il n'a encores forces suf-
fisantes pour approcher les dictes assemblées, que attendant
qu'il (en) eut trouvé : le dict sieur s'attend qu'il aura de brief,
veu l'ordre qu'il y a donné, il baille quelque bon nombre de
gens de cheval de ceulx qu'il peut avoir au dict Sansac, lequel
suivant ce que le dict sieur lui a commandé, se essaiera avec
cela de faire du pys qu'il lui sera possible aux dictes assemblées, leur rompant les vivres, ensemble les moulins desquelz
ils se peuvent servir et les bacqs et les pontz des rivières par
où les dictz vivres leur viennent et prenant ceulx d'entre
eulx qui s'escarteront ainsi qu'il advisera estre à faire pour le
mieulx.   •

Plus luy dira que le dict sieur veult et entend nommement
que le dict conte du Lude faict prendre prisonnier le Sr de
Larochebeaucourt, ainsy qu'il lui escripvit hier, attendu la faute
qu'il a faicte de rendre avec si peu de [résistance] le collonel
des dites assemblées et autres qui luy avaient esté baillez par
le Sr de Saint-Séverin : luy dira davantage que le dict sieur a
commandé à M. le mareschal de Saint-André qu'il faict marcher sa compagnie en la plus grande diligence qu'il pourra,
droict à Poictiers ce que je luy avois cy devant ordonné,
qu'il dyse aux sieurs de Maugiron, de la Hunaudaye et baron
de Maton qui sont icy qu'ils facent semblable diligence quant
aux autres compagnies ordonnées par le roy, pour aller par
deçà. Mon dict sieur le Connestable dépeschera lettres pour
faire de mesme, affin que les dictes forces puissent estre plus
tost assemblées. Le dict sieur de Sansac dira au comte du
Lude qu'il pourvoye à la sûreté de La Rochelle, Poictiers,

Angoulème et aultres villes de par de là ainsy qu'il leur a esté mandé.

Faict à Caors (Cavour), le dernier jour d'aoust 1548.

Signé : HENRY,

Et plus bas : CLAUSSE avec paraphe.

Cette pièce acte publiée dans les Archives historiques du Poitou, T. XII.

B.-N. — ANJOU ET TOURAINE, $\frac{10}{4265}$. COPIE.

PIÈCE 12.

Le roi Henri II au Connétable.

La Roque, 1er septembre 1548.

MON COUSIN. Depuis l'arrivée du capitaine basque Gentil, est arrivé ici le sieur de Pons et un secrétaire du Roy de Navarre lesquels nous ont fait entendre comment les chôses de cette émotion sont allées si avant, que Moneins a été tué et trois de ses gens par ceux de la ville de Bordeaulx qui se sont élevés et font comme les autres du dehors avec lesquels ils sont d'intelligence et avoient commencé à saccager ladite ville de sorte que tout ne saurait être pis qu'il est; et à ce que disent ceux-ci, Dacs et les autres villes de Guyenne menacent d'un même danger : m'ayant assuré le dit sieur de Pons que l'assemblée qui est près de Bordeaux est de 16 000 hommes et celle qui fut devant Angoulême de 18 000 qui vont toujours augmentant. Vous entendez de quelle importance est cella et le besoin qu'il y a d'y pourvoir promptement ; mesmement aux villes des frontières. Je vous prye donc, mon cousin, de faire en toute diligence dépescher des commissions pour lever la légion de Languedoc et la faire marcher de ce côté là et pour lever en Basque et Béarn tant de gens que l'on pourra pour mettre ès dicts Basque et Béarn et pourvoyant au reste de la dépesche ainsi

que vous verrez être pour le mieux et écrire de ma part au
roi de Navarre et aussi au sieur de Candale qui est avec lui
afin de faire la pour mon service ainsi qu'eut fait le dit Mon-
neins, suivant la lettre et missive que j'avais à la hâte fait dresser, et renvoyer en toute diligence le dit Basque ; les autres
je les retiens en attendant que je vous voye. Priant Dieu, mon
Cousin qu'il vous ait en sa garde. »

Escript à La Roque, le 1ᵉʳ jour de septembre 1548.

Signé : HENRY,

Et plus bas
DE LAUBESPINE.

LETTRES ET MÉMOIRES D'ETAT. — Gᵐᵉ RIBIER. — 1668.

PIÈCE 13

Henry II à M. de La Rochepot.

Pignerol, le 3 septembre 1548.

1. §§. . . . .

2. Au demourant, je vous advise que j'ay eu nouvelles que
en aulcuns endroits de mes païs de Guienne, Poitou et Angoumois, s'est élevé quelque quantité de peuple, en grand nombre,
qui est ensemble et qui ont tellement faict, qu'ils ont mutiné
ma ville de Bordeaux ou ils ont tué le sieur de Moneins, mon
Lieutenant en Guyenne : a quoy je désire faire promptement
pourvoir et a cet effet ay délibéré faire marcher et envoyer par
le Poictou, mon cousin le duc d'Aumalle avec bon nombre de
gens d'armes et le connétable par le Languedoc ; avec aussi
autres bonnes troupes, tant de pied que de cheval ; et pour ce
que j'ay délibéré de faire marcher [avec] mon cousin le duc
d'Aumalle les bandes de lansquenets [qui sont] en Picardie.
Je vous prye mon cousin faire partir maintenant sitôt ma lettre
recue les dictes bandes de lansquenets et leur bailler un [chef]
sage et advisé qui les mène et conduise aux plus grandes jour-

nées que faire se pourra, par le chemin que firent les [bandes]
de Piémont allant dernièrement en Ecosse, droict à Bloys et de
là en Poictou, ou mon cousin le duc d'Aumalle leur fera sçavoir les chemins qu'ils auront à tenir plus avant et affin qu'ilz
puissent faire meilleure dilligence, donner charge aux gentilshommes de les faire ordinairement fournir par les lieux ou
ils passeront de charroi pour porter leurs armes, et leur bailler
argent pour payer leur charroi dont je vous ferai après le
remboursement : et surtout donner ordre qu'ilz partent prompt-
tement. Et dictes de par moy aux capitaines Ludovic et Tan-
tonville, oultre ce que je leur escripts, qu'ils ne me sauraient
faire plus de service que de faire user leurs gens de la plus
grande dilligence qu'ils pourront obtenir : mais (qu') aux lieux
où ils passeront, ils vivent gratieusement et à la moinche foulle
du peuple que faire se pourra. M'adviserez du jour que vous
les ferez portir afin que je puisse sçavoir le temps où ils seront
au dict Poitiers. Et au surplus, afin que les choses susdictes
demeurent en plus grande sincérité, vous pourrez si voyez
qu'il en soit besoing après les monstres de la gendarmerie [avi-
ser] de en retenir, tel nombre que vous adviserez et davantage
faire lever si nécessité le commande, le regiment jusqu'à
2.000 hommes de la Legion de Picardye ou de Normandye
dont vous m'advertirez et je donnerai ordre au payement qu'il
y faudra : mais, quoique il y soit faict, que le partement des
dicts lensquenetz ne soit aucunement retardé.

Priant Dieu, mon cousin, quil vous ait en sa sainte et digne
garde.

Escript de Pinnerol, le III° jour de septembre 1548.

HENRY.

Et plus bas : LAUBESPINE.

B.-N. — FONTANIEU, $\frac{259}{151}$. COPIE.

PIÈCE 14

Le Connétable à M. de La Roche-Pot.

Pignerol, 3 septembre 1548.

MON FRÈRE. Vous verez ce que le Roy vous escript.....
à quoy je vous prie amplement donner ordre et faire partir
les Lansquenets, le plus tost qu'il vous sera possible : car l'affaire où l'on les veult employer est telle qu'elle requiert célérité pour son service. Tout ce que je répondray à votre lettre
du 25 est que vous avez très bien faict avec les Angloys : vous
advisant que j'ay pieça fait partir le controoleur général des
réparations pour se retirer par delà et que je donnerai au
surplus à ce que vous m'escripvez ; qui me gardera vous faire
plus longue lettre. Priant Dieu, mon frère, vous donner ce que
plus vous désirez.

De Pinnerol, ce IIIᵉ septembre 1548.

Vous pourrez faire courir le bruict que vous envoyez les
Lansquenets yverner en Normandye et affin, mon frère, que
celui qui gouverne les dits lansquenets aye meilleur moyen de
leur faire bailler vivres partout, je vous envoye une commission en blanc que vous ferez remplir de son nom.

Votre extrêmement bon frère,
MONTMORENCY. [Signature autographe].

B.-N. — FRANÇAIS, 3116, ORIGINAL.

PIÈCE 15

Le Comte du Lude aux autorités de Saintonge.

La Rochelle, 12 septembre 1548.

Jehan de Daillon, conte du Lude, Lieutenant Général du Roy
en Poictou, et, en l'absence du Roy de Navarre au pays et duché
Guienne ville et gouvernement de La Rochelle et d'Aulnys et

des Ysles adjacentes, au gouverneur de La Rochelle, Seneschal de Xaintonges ou leurs lieutenans et chascuns d'eulx sur ce, premier requis, salut.

Comme nous avons estez advertiz des villenyes, larcins, romptures de maisons et excez faictz par aulcuns rebelles et séditieux en l'ysle d'Olleron, Marennes et ailleurs et mesmes en la maison du prieur de la Perroche au dict lieu d'Olléron, le 9e et 10e jour par force et viollance. Nous, pour ces causes, vous mandons, comectons et enjoignons et chascun de vous, que à la requeste de Maistre Pierre Guyot, prieur du prieuré de La Perroche et d'aultres qui se rendront plaintifs par devant vous, vous ayez à vous enquérir et informer diligemment, secrète ment et bien, de et sur les dictes violances, sacrilèges, ravisse-mens, pilleryes, larcins et aultres excez faitz ès maisons et bien d'iceluy Guyot en son dict prieuré de La Perroche et ailleurs, et de tous aultres plaintifs ; appelez avec vous ung greffier, notaire ou aultre personne ydoine et suffisante pour adjoinct de les informacions que sur ce aurez faictes le procu-reur du Roy et décretez comme estre à faire et prendrez en oultre contre les coupables, comme de raison, et leur faictes leurs proces jusque la sentence définitive exclusivement : et les les dits procès faicts, instruits et parfaicts, iceulx renvoyez par devers nous pour y pourvoir et les ordonner ainsi qu'il apartiendra par raison. Et à vous et à chascuns de vous don-nons pouvoir, authorité et mandement spécial en vertu d'icel-luy à vous donné et commis par le roy nostre seigneur man-dons et commandons et très expressément enjoignons à tous ses officiers, justiciers et subjects, que à vous en ce faisaint obéissant exécutent vos commandemens où ils seront par vous requis.

Donné à La Rochelle, soubz notre scel, du 12e jour de sep-tembre l'an 1518 ; ainsi signé : JEHAN DE DAILLON *et scellé du scel de ses armes.*

AU DOS : *Coppie de la commission adressée par M. le comte du Lude au lieutenant-général de la Rochelle.*

B.-N. — FRANÇAIS $\frac{20355}{25}$ COPIE CONTEMP.

PIÈCE 16

Le Connétable au duc d'Estampes.

La Côte Saint-André, le 14 septembre 1548.

. . . .

Vous advisant au reste, Monsieur, que avant hier le Roy arriva en ce lieu ou la Reyne le vint ly trouver estans tous deux en tres bonne santé. Demain ils partent pour aller à Mezieu et de là à Lyon. Et moy pour prendre le chemin du Languedoc et du Bourdeloys, pour les raisons graves [annoncées] par mes dernières lettres. Monsieur d'Aumalle aussy s'en va partir droict au Poitou, Angoulmoys et Xaintonge pour de là se venir joindre avecque moy devant Bourdeaulx : et ne fais doubte, Monsieur, que vous ayez faict ce qu'avez peu pour envoyer à l'embouchure de la rivière dudict Bourdeaulx, ung bon nombre de navires affin d'empescher qu'il n'en sorte et n'y entre aulcuns vaisseaux sans être prins et arresté, ainsy que le Roy vous en a dernièrement escript; lequel je vous assure ne veult prendre aucuns dixiesme ni aultres choses des prises qui se feront sur les marchans de deçà, sur nos voysins parquoy ils en prendront le plus qu'ils pourront car ils font..... *le reste manque.*

De la Coste St-André le XIVeme jour de septembre 1548.

Votre tres cher et bon amy
MONTMORENCY (autographe).

B.-N. — FRANÇAIS, $\frac{20510}{25}$, ORIGINAL

PIÈCE 17

Letter of [Lord] George Cobham to the Lord protector Sommerset, from Calais the 14ᵗ of september 1548.

The cause of their insurrection is by re[ason of the] gabelles of salt and other exactions [whieh the] king 's officiers lay on their sholders [whick ought] out (pour not) to be so intolle-

rable as they be not d[utiliable] and therfore, with one Voyce
they planly [saie that] they will enioge their old liberty whick
they [receavyd of] th' inglisshmen in tymes past in token]
vohe[rof they] bere the redd crosse criyng Vive le comm[ons
and for a further confirmac[i]on of theis ne [ws it] may like
your Grace t'understande that this [dace we] receavyd from
Mons. de Reulx the letter here inclosed, but also advertissement from him ly Hugh G [of] the said rebellion in the
french domynions to [the] same sortand tames above specified
[dding] therunt that if the commons there hadd some f (1)
[   ] or promess of ayde by some eaglish gentlem[an
they] Woold remayne in such courage as it sh[ould] be hard
and very difficile matter to bring them [under] and apease
them.

BRITISH MUSEUM, COTTONIAN COLLECTION, CALIGULA. E VI 198.

TRADUCTION

Lettre de [Lord] George Cobham au lord protecteur Sommerset

Calais, le 14 septembre 1548.

Les premières trois ou quatre lignes sont brûlées on y
expliquait sans doute d'où venaient les renseignements suivants. Après on devine que lord Cobham dit que les rebelles
sont au nombre de 40 000 soldats, que quelques gentilshommes
sont de leur parti, qu'ils ont pris le château de Bordeaux,
Royan Roch [elle]
il continue :

La cause de leur insurrection est par raison des gabelles du
sel et autres exactions que les officiers du Roi mettent sur leurs
épaules; qui ne devraient pas être si intolérables puisqu'ils ne
sont pas (par loi) assujetis au... et pour cela, d'une voix ils
disent ouvertement qu'ils veulent jouir de leur ancienne libertés

---

(1) Peut être *further ayde* ou *future ayde* — assistance de plus, ou
future assistance (Note de Mr Whitehead).

qu'ils ont reçu des Anglais aux temps passés en témoignage de
laquelle ils portent la croix rouge criant : « Vivent les communes », et pour plus ample confirmation de ces nouvelles
plaît il à Votre Grâce de savoir que nous avons reçu aujour-
d'hui de M. de Rœlx (1) la lettre ci incluse et aussi un
avertissement de lui par Hugh. G... de ladite rébellion dans le
royaume de France de la façon ci-dessus spécifiée ajoutant à
cela que si le peuple là-bas avait quelque promesse d'assistance par quelque gentilhomme anglais, ils resteraient en te-
courage qu'il serait une affaire dure et très difficile de les asl
sujetir et apaiser (2).

PIÈCE 18

M. de Fontaine au duc d'Aumale.

Saintes, 28 septembre 1548.

MONSEIGNEUR. Après avoir faict la charge qu'il vous avait pleu
me donner tant [pour] M. du Lude que [pour] M. de Burie ; ils
ont esté d'advis, présent M. de Sansac, que ne debviez retarder
la gendarmerye quel ne soit en ce pays de Xaintonge et d'Angoulmoys. Ce jusques icy vous ne commanderez rien qu'ils
ne soient trop heureux d'obeir aux commandements qu'il
vous plaira de leur faire. Et sur votre chemin avez la compagnie de Monseigneur votre frère et bonne quantité de gentilshommes du pays. Ils désirent fort votre venue.

Monseigneur, je me suis enquis de poste en poste de toutes
les bandes de gendarmerye qui vous doivent accompagner.
J'ay entendu que celles de Saint-André, [et] du maréchal de
Saint-André s'attendent à faire monstre à Lymoges ; celle de

(1) Adrien de Croï, comte de Rœulx, membre du Conseil privé de
Charles-Quint et grand-maître de Flandre. — Voir Brantôme, *M. de
Ru* (*Hommes Illustres et Grands Capitaines*).

(2) La pièce originale et sa traduction sont dues aux recherches de
M. A. W. Whitehead, l'auteur de la remarquable histoire de « *Gaspard de Coligny*, admiral of France. » (London. Methuen and C°, 1905.)

M. de Maugiron et Saint-Gonard, de la Marche, M. de Curton à
Saint-Junyen ainsy que celle de Lafayette et celle de M. de
Montpensier. Je crois que celle de M. de Vendôme et celle des
Ecossais en feront autant à ce que leur mandez ; ils marchent
quelque conclusion qui ait esté arrêtée, car le tout se remet à
ce qu'il vous plaira estre ordonné.

Monseigneur, mon frère vous dira les nouvelles qui sont ce
soir venues de Bourdeaulx et de la Guyenne et des debvoirs
que de toutes part chacun vous veult rendre. Il vous rendra
bon compte de toutes choses qui se sont passées par de çà
comme l'un de vos plus humbles et obéissants serviteurs.
M. de Burye ne fauldra se trouver vendredy de bonne heure à
Tours, lequel a esté fort content des honneurs qu'on luy a
faictes de luy commander ; et de moy j'y serai jeudy, car je
prendray la poste et pour tost estre près de vous pour n'estre
[en] peyne de me faire servir de quoy me sentiray heureux
toute ma vie.

Je prye le Créateur de vous donner en santé une bonne et
longue vie.

A Xaintes, ce 23ᵉ jour de septembre.
Signé : Votre très humble et très obeissant serviteur.

FONTAINE.

B. N. — FRANÇAIS $\frac{20\,555}{63}$, ORIGINAL.

PIÈCE 19

Le comte du Lude au duc d'Aumale.

Saintes, 23 septembre 1548.

MONSEIGNEUR. Parce que la bande escossoise s'advance fort
de venir et que pour tout pays j'ay délibéré d'aller à Pontz,
[j'ay] rescript à Monseigneur le..... ; avec la compagnie de
Monsieur le marquis du Mayne car je n'ay délibéré d'entrer au dict Pontz avec une compagnie seule. Il vous plaira

Monseigneur, faire commander à la dicte bande escossoise ce qu'il y auroit à faire et s'il vous plaist les envoyer par desa, je mettrai peine les loger en quelque autre lieu pour toujours advancer.

Monseigneur, j'ai puys deux jours envoyé à Blaye quelque argent à M. des Roys et à M. de Challendray pour les contenter et les harquebuziers [que] leur ay par ci-devant envoyés. [En] attendant que soyez par desa et parceque le sieur des Roys m'a adverti que le juge et pareillement le Sindic du dict Blaye étoient fort mutins et qu'il seroit bon les mander, plus ay rescript qu'aviez délibéré d'assembler les officiers des principales villes de par desa et qui ait effect ils ayent inconti-nent à..... faire certaine du lieu.

Monseigneur, me recommandant très humblement à votre bonne grâce. Je supplie le Créateur vous donner parfaite et très bonne santé, très heureuse et très longue vie.

De Xaintes, le XXIIIe septembre, 1548.

> *Votre très humble serviteur,*
> JEHAN DE DAILLON.

B.-N. — FRANÇAIS $\frac{20555}{44}$, ORIGINAL.

PIÈCE 20

Le duc d'Etampes au Connétable.

Tourigny, le 24 septembre 1548.

MONSEIGNEUR. J'ay receu une lettre qu'il a pleu au Roy, de m'escripre d'Ambrun le VIIme de ce moys ; par lesquelles ledict sieur me mande la rebellion que ceulx de Bordeaulx ont faict et que sytost que seray retourné à Brest, j'aille avec tous les vaisseaux de l'armée à la Rochelle, et à l'ambouchure de la riviere de Bourdeaulx pour prendre tout ce qui en voudroit sortir et entrer. Ce que ne puys faire, tant pour n'avoir receu les lettres dudict seigneur plus tost, [que] parce que les maryniers sont désja la plus part en Normandie à leurs maysons, où il leur a convenu revenir et passer le pays de Bretagne sans estre secourus de vivres par estappes ; que aussy qu'il n'y a auculnes victuailles dans les navires pour faire ce voyage et ne voy moyen qu'on les puisse ravictailler en ung moys, quant ainsy seroit que argent fut à Brest pour ce faire. Aussy qu'il y a eu sy grandes maladyes et mortalitez dans partye des navyres qu'a grandes difficultez les maryniers se vouldront embarquer dedans : et leur est deu ung moys de leur soulde sans comprendre aussy envyron deux moys qu'on les avoit faict séjourner à Brest avant que partir, ainsy que je vous ay plus au long faict entendre par le capitaine Rambure qu'ay envoyé devers ledict sieur et vous de Brest. Touttefoys [si] ledict sieur et vous aviez voulleu ceste entreprinse estre executée, fauldroit mander aux cappitaines des navyres faire lever equipaiges en Bretaigne et envoyer argent pour faire les victuailles, païer la soulde et faire radouber les vaisseaux.

Monseigneur, apres m'être tres humblement recommandé à vostre bonne grâce, supplieray le Createur vous donner en bonne santé tres bonne et longue vie.

*De Tourigny, le XXIV*me* septembre.*

Vostre très humble et très obéissant serviteur,
ESTAMPES. (Signature coupée par le bas) (1).

B.-N. — CLAIREMBAULT, $\frac{342}{8981}$. ORIGINAL.

---

(1) L'en-tête de la lettre porte, d'une écriture du XVIIe siècle : « Lettre de M. de Moy de la Meilleraie, vice-amiral de Normandie. » Il est certain cependant que cette lettre est une réponse à celle du connétable du 14 septembre : M. de la Meilleraie fut non pas vice-amiral de Normandie, — charge inexistante au XVIe siècle — mais vice-amiral de France. — La signature, quoique incomplète, laisse deviner Estampes.

PIÈCE 21

M. de Jarnac au duc d'Aumale.

Jarnac, 24 septembre 1548.

MONSEIGNEUR. J'ay reçu la lettre qu'il a pleu au Roy de m'esp-
crire, [par] laquelle il me mande d'entendre de vous son voulloir sur le faict de ces communes, et que vous obéisse : ce que
feray d'aussi bon cœur que gentilhomme de France. Je me
fusse trouvé à Poitiers au devant de vous si ma santé me l'eust
pu permettre J'ay envoyé mon troisiesme filz devers le Roy,
ne sachant que vous fussiez si près, pour l'advertir de ce qu'on
faict les communes qui sont nommées dedans une requeste
qu'ils font porter au dict sieur, de laquelle vous envoye un
double. Vous m'aviserez ce qui vous playra me demander pour
très humblement vous obéir. Monseigneur, les pauvres gens de
ceste terre ont été contraints devant moy d'aller aux assemblées sous peine d'estre brûlez et saccagez ; par quoy vous supplye très humblement qu'à ma requeste il vous plaira les avoir
recommandés très humblement à vos bonnes grâces. Priant
Nostre Seigneur, Monseigneur, qu'il vous tienne en santé très
bonne et longue vie.

De Jarnac, le XXIV⁰ de septembre.

JARNAC.

MONSEIGNEUR. Despuis mes lettres escriptes, il est venu de
ceulx de la dicte commune qui ne sont point comprins dans la
requeste que je vous envoye, qui m'ont supplié d'estre receuz
en mesme effect et d'avoir asseureté d'aller et de venir par devers moy et en ce faisant, Monseigneur, j'espère remectre le
tout en l'obéissance du Roy et de vous.

Vostre très humble serviteur,

JARNAC.

B.-N. — FRANÇAIS, $\frac{20463}{193}$. ORIGINAL.

PIÈCE 22

M. d'Aubeterre au duc d'Aumale.

Aubeterre, le 27 septembre 1548.

MONSEIGNEUR. Pour le service du Roy et le vostre je remetz à vostre bon playsir et commandement ce qui est le plus nécessaire à moy, vous aller trouver ou demeurer par deçà pour tousiours à mon possible empescher, cette malheureuse commune de soy esmouvoir [....] ne se peuvent en garder tous les jours de fere les foulx ; et encore lundy dernier, à deux lieues d'icy, sonarent quelques paroisses le toque sain et se assemblarent de huit cents à mil hommes : et n'eust été la crainte de Messieurs de Monlieu, de Ribeyrac et de moy, et qu'ils sont nos voysins d'assez près pour les empescher suivant le commandement que le Roy nous a faict, leur faire cognoistre leurs erreurs et follyes et y employer nos vies et biens, pence qu'ils eussent continué en leur delloyale entreprise. Vous suppliant très humblement Monseigneur me recommander vostre bon playsir et volonté, ou je me sentiray très heureux y obeyr et pour jamays prie nostre Seigneur vous donner Monseigneur, en prospérité, très heureuse et très contente vie, et moy demeuré très humblement affectionné en vostre bonne grâce.

De Nostre maison d'Aubeterre, le XXVIIe jour de septembre.
Votre très humble et très obéissant serviteur,

D'AUBETERRE.

B.-N. — FRANÇAIS, $\frac{20469}{73}$. ORIGINAL.

PIÈCE 23

Guy Chabot au duc d'Aumale,

Saint-Aulaye, 28 septembre 1548.

MONSEIGNEUR. Encore que soye certain que M. du Lude vous ayt adverty de toutes les rebellions et obstinées maulvoises

vollentés de ceulx de Perigueux que luy ay faict sçavoir, je ne
veux faillir de vous mander voyant que ma compagnie est
ensemble, laquelle vit sur leurs bourses, et paient leurs
escotz et craignent eulx aprocher dudict Périgueux, ou le roy
de Navarre et le seigneur du Lude, m'avoient commandé et
envoyé commission les faire rendre, avecques l'arrière-ban de
Périgord que ceulx de la dicte ville ne les veullent recepvoir :
ce qu'ilz n'ont voulu jusques icy, ny en rien pour le service du
Roy me obéir et qu'ils facent sonner le tocquesainct sur eulx :
combien que le dict pays de Perigort m'ayt esté fort obéissant
et n'ont poinct bougé de ceste cause.

Monseigneur, j'ay bien volleu premièrement pour le service
du Roy et mon debvoir le vous faire sçavoir et anssy pour entendre ce qu'il vous playra me commander pour le particulier de vostre service et compagnie, ou je me sentiroys très
heureulx estre emploié et n'y epargneray ma vie ny mes biens
d'aussi bon cœur que gentilhomme de France ; estant asseuré
que M. d'Aubeterre vous fera amplement entendre l'envie que
quelques communes ont de s'esmouvoir et n'estoyt la crainte
qu'ilz ont de nous deulx l'eussent dela faict. Si est qu'ilz continuent à faire leurs monstres le jour des festes. Faisant fin
après m'estre recommandé tant et si humblement que faire
je puys à votre bonne grâce, je prieray Nostre Seigneur,
Monseigneur, vous donner en prospérité très heureuse et contente vie.

De notre maison de Saint-Aulaye, le XXVIIIe de septembre.

Vostre très humble et très obéissant serviteur.

GUY CHABOT (1).

B.-N. — FRANÇAIS, $\frac{20463}{70}$. ORIGINAL

---

(1) Guy Chabot de Jarnac avait été nommé sénéchal de Périgord
en janvier 1548, on s'explique ainsi le début de la présente lettre.

PIÈCE 24

M. de la Rochebeaucourt au duc d'Aumale.

Angoulême, 27 septembre 1548.

MONSEIGNEUR. J'ay entendu qu'aulcuns gentilshommes du
pays d'Angoulmoys s'en sont allés puys naguères de devers le
Roy, et lui ont tenu des propoz de moy pour me mettre en sa
malle grace, disant que j'avoye faict très mal mon debvoir en
ceste ville d'Angoulesme. A ceste cause, j'ay prié Monsieur le
maréchal de Boix, gentilhomme de la maison du Roy, aller devers vous, vous suppliant, Monseigneur, de croire ce qu'il vous
dira et vous recognoitrez que les gentilshommes et gens de bien
de la dicte ville ont faict grand service au Roy et que de ma
part je n'y ai pas épargné ma personne ny mes biens ; ce que
feray tout le temps de ma vie.

Monseigneur, vous me commanderez ce qu'il vous plaira et
ne tarderai poinct à l'accomplir me recommandant très humblement à votre bonne grâce et priant Notre-Seigneur vous
donner très bonne vie et longue.

D'Angoulesme, le 27 septembre 1548.

> *Votre très humble et très obéissant serviteur,*
>
> DE LA ROCHE.

B.-N. — FRANCAIS, $\frac{20555}{93}$. ORIGINAL.

PIÈCE 25

Le comte du Lude au duc d'Aumale

Saintes, le 29 septembre 1548.

MONSEIGNEUR. Vous pourrez par M. de Bovylle qui va exprès
par devers vous entendre au vray l'estat des affaires de par
desçà pour la suffisance duquel ne vous en feray plus long dis-

cours. Je lui ay baillé un mémoire des compagnies acheminées pour venir en ces pays et des lieux assignés pour les loger attendant se qu'il vous plaira me mander.

Toutefoys, Monseigneur, veu que ceulx de Ponts s'adoucissent et commencent de montrer bonne volunté, il vous playra ne retenir la bande écossoise que je vouldroys estre ja par desça pour tousjours gaigner pays. Messieurs de Burye et de Sansac se joindront à vous à Ponts pour...

Monseigneur, je seré fort ayse de pouvoir brief [vous] veoir pour le désir que j'ay m'employer toute ma vie à vous faire service, me recommandant très humblement à vostre bonne grâce, je supplie le Créateur vous donner, Monseigneur, en très bonne et parfaite santé, très heureuse et très longue vie.

De Xaintes, ce XXVIIII septembre 1548.

MONSEIGNEUR depuis la présente escripte est survenu en ce lieu l'un des juratz de Bordeaulx qui m'a apporté les lettres que vous envoye et dict en présence de M. de Bovylle les propos que de luy pourrez entendre, et sy trouvez bon qu'il aille par devant le Roy pour luy faire entendre.

Votre très humble serviteur,
JEHAN DE DAILLON.

B.-N. — FRANÇAIS, $\frac{20555}{70}$. ORIGINAL.

PIÈCE 26

Mr du Lude à M. de Boville pour le duc d'Aumale.

Mémoire pour M. de Bovylle [qui] fera entendre à M. le duc d'Aumalle les lieux assignés pour les compagnies de par de sa pour y après en estre ordonné par Monseigneur ainsy qu'il lui plaira.

M. de Montpensier à Chasteauneuf. Estampes et Maugiron à Angoulesme. Rohan à Ruffec en attendant autre mandement pour la faire marcher plus oultre.

Burye à Saint-Jean d'Angély.

Marquis du Mayne à Congnac.

Les contés de Sancerre et du Lude à Xaintes.

Les Escossois à Pontz.

Quant à aux compagnies de Messieurs de Saint-André père et filz et la Hunaudaye, en ordonnera mon dict seigneur d'Aumalle ainsi qu'il luy plaira parce que n'en ay ouy nouvelles.

Parler à Monseigneur d'Aumalle pour cannoniers, artillerye et chevaulx.

Sçavoir le tems de la venue des Lausquenetz, le nombre, l'endroict qu'il plaira à Monseigneur leur faire passer la Charente et m'en faire advertir de bonne heure pour faire dresser les étappes. Parler à mon dict sieur d'Aumalle du bon debvoir que ceulx de Bordeaulx font pour le service du Roy et rendre audict seigneur toute obeissance.

Et la prinse dernièrement faicte de quelques collonelz des communes de par desça. Des gentilshommes des arrières bans, s'il plaira à M⁡gr d'Aumalle les jecter aux villes de crainte d'émotion après que la gendarmerye en sera partye.

Au dos (1) : *Mémoire qui fut baillé à M. de Fontaine le jeune par M. de Burie le jour qu'il sen retourna vers le roy.*

B.-N. — Français, $\frac{20548}{93}$. Original.

PIÈCE 27

La Jurade de Bordeaux au duc d'Aumale.

Bordeaux, 29 septembre 1548.

Monseigneur. Ayant entendu que le Roy vous a envoié en païs d'Engoulmoys et Xaintonge pour donner ordre aux assemblées et émotions qui se sont faictes : avons despêché par devers vous le présent porteur, pour vous faire entendre la tranquillité

---

(1) Cette mention, d'une autre écriture, est fausse; le contexte du mémoire prouve bien que c'est M. du Lude qui écrit : du reste sa lettre du 29 parle elle-même du présent mémoire.

et repoz de tous ceulx de la ville de Bourdeaulx, lesquels sont comme toujours ils ont esté et veullent d'avance toutes choses comme loyaulx et fidelles subjects du Roy et ses très humbles serviteurs, comme les dicts porteurs vous pourront faire entendre. Vous suppliant très humblement, Monseigneur, les vouloir ouyr, et nous faire tant de bien que de ce faire entendre, au dict Seigneur pour le service duquel avons délibéré employer nos vies et nos biens. En très bonne grâce comme ceulx qui seront à jamais vos très humbles serviteurs.

Monseigneur, nous prions Dieu vous donner en santé très bonne et longue vie.

De Bourdeaulx, ce pénultiesme jour de septembre 1548.

Signé : Vos très humbles et très obéissants serviteurs.

Les soubz-maires et juratz de Bourdeaulx.

Signé : De Pichon avec paraphe.

B.-N. — Français, $\frac{20511}{6}$. Original.

PIÈCE 28

Henri II à M. de La Roche-Pot.

Lyon, 30 septembre 1548.

Mon cousin. Je vous advise quant aux communes de Bordeaux et de Xaintonge, que de tous les deux côtés, les choses n'y sont seulement appaisées, mais attendent les portes ouvertes et les mains jointes telle rigueur de justice ou miséricorde qu'il me plaira leur impartir. Le principal mutin de Xaintonge a esté empoigné et ceux du Parlement de Bordeaulx ont déjà faict exécuter grande partie des principaux mutins de la ville et davantage ; le capitaine Ver avec bonne grosse troupe est entré de par moy dedans le château Trompette, vous advisant que toutes choses vont bien quant à cela.

De Lyon, le dernier jour de septembre 1548.

Henry. (Autographe).

B.-N. — Français, $\frac{3134}{21}$. Original.

PIÈCE 29

Le duc d'Aumale à M. d'Aubeterre.

Poitiers, 2 octobre 1548.

MONSIEUR D'AUBETERRE. J'ay esté adverty que quelques paisans des paroisses de Palluau, Salles, Medillac, Rumartin et Eviers, qui comme gens mal conseillés ont sonné le toquesein et se sont puis naguères eslevés et pour estre chose si pernicieuse et de telle importance comme elle est, je vous en ay bien voullu escripre pour vous prier, incontinent la présente receue, les advertir qu'ils ayent à se retirer chacun en sa maison obéissans au Roy, comme bons et loyaux subjects, et où ils ne le vouldroient faire, mais persister et continuer en ceste désobéissance, que je ne fauldray de mectre à feu et à sang eulx, leurs femmes, enffans et maisons. Qui sera l'endroict où je prierai Dieu, M. d'Aubeterre, qu'il vous donne ce que plus vous désirez.

Lettre de Monseigneur le duc d'Aumalle à M. d'Aubeterre du 11 d'octobre à Poictiers MV^e XL viij.

A.

AU DOS : *M. d'Aubeterre du IIe jour d'octobre.*

B. N. — FRANÇAIS, 20469⁄75. MINUTE.

PIÈCE 30

Le duc d'Aumale à M. de la Dourville.

Poitiers, 2 octobre 1548.

MONSIEUR DE LA DOURVILLE. J'ay esté adverty que puy naguères il y a quelques paisans des paroisses de Palluaud, Salles, Medillac, Rumartin, Eviers, qui comme gens mal conseillés se sont de nouveau eslevés et ont faict sonner le toque-sain : chose qui pour estre de pernicieuse et de telle importance comme est, je vous en ai bien veulu advertir et mander que suivant la commission qui vous [a] esté expédiée par le Roy, vous ayez à vous transporter au lieu où ils sont et aultres endroicts ou' toute telle manière de gens se vouldront esmouvoir eslever et leur dire qu'ils ayent à soy retirer chacun en sa maison, obéissans au dict seigneur, comme bons et loyaux subjects ; et où ils ne le vouldroient faire, persister de continuer en cette désobéissance, je ne fauldray de mectre à feu et à sang eulx, leurs femmes, enffans et maisons. Qui sera fin où je prieray Dieu M. de la Dourville qu'il vous donne ce que plus désirez.

Et au-dessous. — M. DE LA DOURVILLE *du IIe d'octobre.*

B.-N. — FRANÇAIS, $\frac{20555}{114}$. MINUTE.

PIÈCE 31

Le duc d'Aumale à la Jurade de Bordeaux.

Poitiers, le 3 octobre 1548.

MESSIEURS. J'ay receu les lettres que m'avez escriptes du pénultième du moys passé et ay esté très ayse d'avoir ains entendu le repos et la tranquillité, en quoy sont pour ceste heure ceulx de la ville de Bourdeaulx et l'obéissance qu'ils veullent porter au roy comme bons et loyaulx subjects ; dont je ne fauldray maintenant advertir le dict Seigneur, espérant que ce luy sera chose bien agréable, mesmement du bon debvoir auquel vous vous mettez pour vous démonstrez telz que vous debvez estre envers vostre Seigneur, que je vous prie de ma part voulloir continuer de sorte qu'il se puisse contenter de vous, pouvant bien asseurer qu'il ne sera pour mettre en oubly ses bons serviteurs et subjects mais très bien les recongnoltre, quand l'occasion se présentera. En quoy je ne fauldray à m'emploier en ce qui me sera possible, vous voullant bien donner à congnoistre le désir que j'ay de vous faire plaisir ; et pour ce que

ces dicts porteurs vous scauront très bien faire entendre la
response que je leur ay faicte sur ce qu'ilz m'ont dict de vostre
part, je ne m'estendray davantage par la présente, me remettant sur ce que vous en feront sçavoir. Et priant Dieu, etc.

*Lettre de Mondict Sieur aux commissaires et jurats de la ville
de Bordeaulx du IIIᵉ d'octobre à Poictiers.*

B.-N. — FRANÇAIS, $\frac{20511}{9}$. MINUTE

PIÈCE 32

M. de Larochebeaucourt au duc d'Aumale

Angoulème, 3 octobre 1548.

MONSEIGNEUR. Depuis la lettre que vous escripvoys par le
maréchal de Boix, lung des gentilhommes de la maison du
Roy, M. du Lude a envoyé en ceste ville d'Angoulesme les
compagnies entières de Messieurs le duc d'Etampes et de Maugiron pour y faire leurs monstres et y demeurer jusques à ce
qu'aultrement à eux fust ordonné : et a adressé la dicte commission aux officiers du Roy, maire et habitants de la dicte
ville, et à moy. Lesquels tous ensemble ont bénignement receu
les dictes compagnies, combien que le Roy leur eust confirmé
leurs privilèges d'en estre exempts et derechef mandé par le
maistre des eaulx et foretz d'Angoulesme les vouloir soulager,
et qu'ils n'aient de vivres pour leur provision. Car les gens
de la commune, pour la résistance que ceux de la dicte ville
ont faicte, les ont saccagés, et ruynés tous les vivres et maisons qu'ils avoient aux champs, tant de l'année passée que de
ceste icy, qu'ils avoient laissés pour le dangier de la peste qui
estoit à côté de la ville. A ceste cause, Monseigneur, à la requeste des habitants de la dicte ville et aussi pour le deu de
ma charge, vous ay voulu advertir du bon et loial debvoir
qu'ils ont faict à la garde d'icelle ville et la grande affection
que j'ay congnue et qu'ils ont au service du Roy et des grands
frais et pertes de bien qu'ils ont soufferts pour son service ;

vous supplie très humblement, Monseigneur, vouloir avoir considération au service et debvoir qu'ils ont faict et à leur perte et travail, et les soulager, si possible est, d'une si grande charge que les dictes compagnies : vous assurant, Monseigneur, qu'il y a grande quantité de pauvres gens dans cette ville et bien peu de riches, et ne pourroient estre les dictes compagnies huict jours sans estre la plus part ruynés, ainsy que j'ay pu le cognoistre.

Monseigneur, amprès m'estre recommandé très humblement à votre bonne grâce, je prie Nostre Seigneur vous donner très bonne vye et longue.

D'Angoulesme, le IIIᵉ d'octobre.

Votre très humble et très obéissant serviteur.

DE LA ROCHE.

B.-N. — FRANÇAIS, $\frac{20511}{13}$. ORIGINAL

PIÈCE 33

Le Roi au Connétable.

Octobre 1548.

MON COMPÈRE. Je voy seque vous m'aviez escript touchant le Sénéchal d'Angoulmoys et vous affirme que je n'ay jamais espéré otre chouse : me semble que je luy feroys grant tort, si je ne le faysois prendre afin de faire de luy seque j'avoye délibéré de faire des otres, car je pense qu'il a myeus mérité une bonne pugnition que seus qui la rendus. Pour cella ne fallez à le fayre prendre et mander à M. du Lude qu'y met quelque ung sependant à sa place. Je ne vous feray plus longue k. c.

Vostre bon Compère.

HENRY.

B.-N.— CLAIREMBAULT, $\frac{342}{9281}$. COPIE

PIÈCE 34

Les gens d'Oléron au lieutenant-général de la Rochelle.

Saint Pierre d'Oléron, 5 octobre 1548.

MONSIEUR. Après vous avoir présenté les recommandations de messieurs le bailly meige, de la Jarde, Bonnamye et autres habitans de ceste isle subjects du Roy : nous vous advertissons que avons reçeu le mandement de prinse du corps que nous avez envoyé à la requeste du prieur de la Perroche contre les rebelles qui l'ont saccagé ; lequel nous avons bonne volunté mectre à exécution et l'eussions faict aisément car sommes les plus forts, mais ne ozons l'entreprendre parce que ceulx de Marennes sont fort mutinez contre nous et ne ozerions aller à Sainctes, Marennes, ne aultres lieux hors ceste isle, pour les menasses qu'ils nous font de nous venir piller avec 1000 hommes. Mais quand il plaira à Dieu que le Roy s'aproche ou Monseigneur d'Aumalle et qu'il aura mys ordre à punir ceulx de Marennes, nous vous assurons de faire nostre debvoir à exécuter le dict mandement et sy trouviez bon d'envoyer en ceste isle ung sergent accompaigné de vingt hommes faire commandement de par le Roy es habitans leur faire compaignie et donner secours et ayde pour prendre les rebelles, à celle fin que l'on ne se doubte que le faisons de gayeté de cueur, ils vous promestent de s'y comporter vers eulx de sorte que congnoistrez qu'ils sont obéissans au roy et que ceulx que envoyerez seront bien venus, bien traictez et assuretés de leurs personnes et n'auront aucun desplaisir et fauldra que les faces addresser à Sainct Pierre. Monsieur, nous vous remercions de la peine que vous prenez à faire justice de ces rebelles, vous prions de continuer et ne vous en lasser, car nous y tiendrons la main de tout nostre pouvoir et supplions le Créateur vous maintenir en sa grâce. Escrit à la cure Sainct-Pierre d'Olléron ce VI° jour d'octobre.

Nous vous envoyons les lectres que M. du Lude vous escri-

vait par M. de Geay nostre cappitaine et le double de celles
que le dict seigneur nous a escriptes.

Vos serviteurs humbles

LES HABITANS D'OLLÉRON.

[Au dos] *Coppie des lettres escriptes par les habitans d'Olléron
au lieutenant général de La Rochelle.*

B.-N. — FRANÇAIS, $\frac{20555}{25}$. COPIE CONTEMP.

PIÈCE 35

M. du Lude au duc d'Aumale.

Saintes, 6 octobre 1548.

MONSEIGNEUR. Suyvant ce que vous m'avez dernièrement escript, je suys en ceste ville attendant la compagnie de M. le
Marquis du Mayne, pour m'en aller à Ponts parce qu'il y a
encore quelques paroisses rebelles et désobéissantes et seré
bien ayse m'en approcher, pour les faire venir à la raison
comme les aultres. Et quant à ceulx des isles, ils commencent
ung petit à s'adoulcyr et ay opinion que sytot que la trouppe
des Lansquenetz s'approchera, ils s'humilieront encore plus
fort, sachant bien que les gens de cheval ne leur peuvent faire
d'ennuy.

J'ay envoyé à la Rochelle ung convoi d'artillerye pour veoir
desquelles pièces on se pourra ayder, s'il vous en plait et s'il
en est besoing.

Monseigneur, il y a longtemps que le commissaire Lapeyre
est par desça : mais il n'est nouvelles de monstres pour faulte
de trésoriers. Et commencent les gens d'armes avoir grande
faulte de deniers. Je n'ay ouy certaines nouvelles de M. le Connétable sinon par ceux là de Bourdeaulx qui m'ont dict qu'il
estoit passé à dix jours de Narbonne. Je pense, Monseigneur,
qu'à ceste heure avez ouy parler de ceulx que Messieurs du
dict Bourdeaulx vous ont envoyez, remettant le surplus à ce
que M. de Silly présent porteur pourra vous dire. Monseigneur,

me recommandant très humblement à votre bonne grâce, je
supplie le Créateur vous donner en très bonne et parfaite santé
très heureuse et très longue vie.

De Xaintes le sixième jour d'octobre.

Votre très humble serviteur,
JEHAN DE DAILLON.

B.-N. — FRANÇAIS, $\frac{20555}{103}$. ORIGINAL.

PIÈCE 36

Le Connétable au duc d'Aumale.

Toulouse, 6 octobre 1548.

MONSIEUR. Je vous ay envoyé Mauvoisin, un de mes gentilshommes, pour vous advertir du chemin que je suys délibéré
faire et le temps que je pourray estre pres de Bourdeaulx, affin
que suivant cella vous eussiez à adviser de dresser vos journées. Depuis j'ay receu lettres du roy par mon nepveu d'Andelot qu'il m'a envoyé avec toutes celles que luy aviez escriptes
et à Monsieur le cardinal vostre frère, par le jeue Fontaine ;
par où jay sceu (comme aussy m'aviez vous escript) que vous
pourrez estre à Châteauneuf-sur-Charente environ le huictieme
de ce moys, qui m'est grand plaisir, affin que tant plus tost
nous puissions nous trouver. Et pour vous tenir encores mieulx
adverty de mon voiaige, et aussi à ce que ce chevaulcheur vous
puisse rendre compte comme il aura trouvé les choses où je le
faiz passer, je le vous envoye en extrème dilligence, droict par
le grant chemin, vous advisant que je partiray demain et feray
telle dilligence par ces journées que je vous ay faict sçavoir
par le dict Mauvoisin, que bientôt je seray près de Bourdeaulx :
et vous attends entre cy et là, suivant ce que vous savez qu'il
fut arresté entre nous avant nostre departement et que le Roy
nous commanda pour prendre une resolution sur la facon que
nous aurons à tenir à l'entrée de la dicte ville, laquelle et beaucoup d'aultre chouses, j'ay remises à conclure à vostre arrivée

là où je seray. Vous priant à ceste cause, Monsieur, prendre vostre chemin, le plus droict que vous pourrez et le plus à pro· pos pour me venir trouver, sans passer à Bourdeaulx, sur le chemin que je vous ay faict sçavoir par ledict Mauvoisin et par ce porteur que vous me renverrez incontinent et en mesme dilligence. S'il vous plaist m'advertir de voz nouvelles bien au long et par le menu et quant nous nous pourrons veoir, affin que suivant cella je poursuyve mon voieage. J'ay aujourd'hui ouy les Président et Juratz de Bourdeaulx qui ne preschent autre chose qu'une grande obéissance de la ville et que je trouverai toutes choses si pacifiées qu'il ne seroit ja besoing d'y mener forces : mais nous y menerons nostre caution quant et nóus, et croy que nous y ferons le service au Roy qu'il désire. Je les renvoye à la dicte ville avec les plus doulces et honnestes paroles qu'il m'a esté possible, de sorte que je les ay grandement assurés. Qui est tout ce que je vous diray pour ceste heure, remettant le demeurant à quant je vous pourray et priant Dieu, Monsieur, après mes très humbles reconimandations vous donner très bonne et longue vie.

De Thoulouze, le VI⁰ d'octobre 1548.

J'ay eu réponse du Roy comme suivant ce que je vous avois escript, le paiement des lanquenetz partis delà, court le veille Saint-Michel et fait asçavoir que vous l'aurez en avant le temps eschu. Je vous advisé aussi que je mène quant et moy huit ou dix batteaulx desquels et d'une autre bonne quantité que ceulx du dict Bourdeaulx ont promis de fournir, s'il est besoing ; je vous ferai secourir pour le passage de vos compagnies quant vous me ferez scavoir ou ce sera et quand, ce que vous prie faire ; et affin, Monsieur, que vous sachiez mieulx les logis que je faiz je vous en envoye ung double et je vous assure bien que selon que je trouveray mes gens disposez je pourray bien faire quelquefoiz de deux logis ung.

Votre très humble serviteur,

MŌTMORECY. (Signature autographe.)

B.-N. — CLAIREMBAULT, $\frac{9005}{342}$. ORIGINAL.

PIÈCE 37

Les logis despuis Grenade jusqu'à Bourdeaulx de trois lieues en trois lieues devers Gascoigne.

Pour l'ayde des logis.

Verdun *Saint-Pardos* *Le Razet*	Le premier logis — GRENADE	*Monet* *Calonges* *Billiton* *Le Mas* *Nontrange*	Le sixième — DAMEZAN
Cordes *Gargenville* *Lorret*	Le second logis — LE MAS	*Bouglon* *Milan*	Le septième — CAUMONT
Saint-Aignan *Castel-Sarrezin* *Castel-Mayran* *Caumont* *Le Puy* *Saint-Miquen* *Bardugles*	Le tiers — SAINT-NICOLAS	*Founet* *Castelz* *Auros* *Bassatz*	Le huictiesme — HURE
Saint-Auzony *La Capelle* *Douzac-Dunes* *Caude-Coste* *Aucq*	Le quatrième — HAUTVILLAR	*Prinhac*	Le neufiesme — LENGON
Nayran *Esteffort* *Rocquefort* *Bray* *La Plume* *Serinhac* *Sainte-Colombe* *Beux* *Fauguirolles* *Branne* *Thouars* *Suardas* *Buzet*	Le cinquiesme — LAYRAC		Le dixiesme — POTENSAC Le onziesme à la PRADE et depuis à BOURDEAULX

AU DOS :

Les logis de Grenade à Bourdeaulx.

Con^ble (Connétable) Mention d'une autre écriture.

B.-N. — FRANCAIS, $\frac{20348}{87}$. ORIGINAL.

PIÈCE 38

Le Connétable au duc d'Aumale

Grenade, le 8 octobre 1548.

MONSIEUR. Par ce chevaucheur present porteur, j'ai receu vostre lettre du IVᵉ de ce moys, où jay veu ce que ceulx de Bourdeaulx vous ont faict entendre : par où il est aysé de juger qu'ils nous cherchent moyen de tous costés, pour faire leur cause bonne. Et le language qu'ils vous parlent est semblable a ung que vous entendrez de moy, quand je vous verray, dont je ne vous veulx escripre. Par le présent Maire vous envoye une lettre que je recois de M. de Candalle en laquelle vous verrez s'il vous plaist le peu de seureté qu'il y a en l'obéissance que nous promettent tous ceulx du dict Bourdeaulx ; lesquels seroient bien ayses de nous y mener désarmez pour nous commander, ce que nous voulons faire d'eulx, chose que je remetz à vous dire quand nous serons ensemble qui sera comme j'espère bien tost. Car je vous ay souvent, ce que vous désirez, faict savoir par ung gentilhomme des myens et depuis par chevaulcheurs exprès, le chemin et les journées que je fait pour approcher dudict Bourdeaulx, affin que vous dressiez les vostres pour nous joindre ensemble entre cy et là ; faisant bien mon compte, quelque chose que dient les advis que l'on vous donne, que vous ne trouverez personne qui vous empeche d'aller tel chemin que vous vouldré, surtout s'ils sont aussi bons et obéissants subjects du Roy qu'ils disent, qui est tout ce que le roy désire d'eulx. Vous advisant, Monsieur, que j'ay trouvé fort bonne et prudente la reponse que vous leur avez faicte pour les contenir et assurer, et aussi ceux d'Angoulmoys et Xaintonge, affin qu'ils ayent meilleure occasion de persévérer en l'affection qu'ils doivent avoir et porter audict seigneur. Tout ce que ne vous puys dire, oultre ce que je vous ay escript par mes deux dernières depesches, est que je pars demain d'icy, avec toutes les forces qui sont autour et que je trou-

veray en chemin : et ne retourneray que je ne soye audict
Bourdeaulx, estimant qu'entre cy et la vous m'y trouverez pour
prendre par ensemble une conclusion sur ce qui sera à faire
ainsy que je vous en ay dernièrement escript. Cependant ce
me sera merveilleusement grant plaisir que je sache de vos
nouvelles le plus souvent que vous pourrez, comme je donneray ordre que vous ayez des myennes. Me recommandant
humblement à vostre bonne grâce priant Dieu vous donner
bonne et longue vie.

De Grenade le VIIIe jour d'octobre.

Votre humble serviteur,
MOTMORECY. (Signature autographe).

Au dos Monsieur Monsieur le duc d'Aumalle.

B.-N. — CLAIREMBAULT, $\frac{342}{9277}$. ORIGINAL.

PIÈCE 39

Louise de Bourbon au duc d'Aumale.

Fontevrault, le 16 octobre 1548.

MON NEPVEU. Vous m'avez toujours monstré une si bonne affection [a] me faire playsir et sy fort en tout, que je ay besoing de
votre bonne ayde ; que à ceste cause mes bons amys preynent
assurance que en faveur de moy ils seront secourus, vous advertissant de ce qui leur est en fascherie. Et pour maintenant
je suis requise de ung personnage qui me faict déplaysir beaucoup ; c'est le baron de Ruffec lequel craint beaucoup que Monseigneur le connestable traicte à la rigueur les bons subjects
de la dicte baironie. Et m'a prié faire tant pour vous, que escrip-
viez au dict M^r le connestable pour empescher l'ennuy qui leur
pourrait donner ce que j'ay bien voulu faire. Vous assurant,
mon nepveu, qu'en ce faisant, vous me ferez aussi grand playsir
que cy estoit pour ce lyeu et ne fauldray en faire recongnois-
sance davant notre B^r et en tout aultre endroict où me voudrez

employer. Je suis joyeuse que le dict Ruffec cognoisse que j'ay quelque faveur et voie que me donnez puissance secourir mes amys. Et je supplye le Créateur mon nepveu vous donner le profiet de ce que plus desirez. — De Font. ce 10ᵉᵐᵉ octobre. — Votre entièrement bone et loyalle tante.

L. DE BOURBO (1). (Autographe).

B.-N. — FRANÇAIS, $\frac{20469}{03}$. ORIGINAL.

PIÈCE 40

Le Baron de Ruffec au duc d'Aumale.

Ruffec, 14 novembre 1548.

MONSEIGNEUR. Suivant le commandement qu'il vous a plu me faire au lieu de Châteauneuf, quand vous feiz la révérence, de ne partir de ma maison jusqu'à ce que vous m'en fassiez entendre votre voulloyr pour le service du Roy ou de vous, me garde vous aller présenter une lettre que Mᵐᵉ votre tante Mᵐᵉ de Frontevault *(sic)*. Vous escriptz ce, par le gentilhomme présent porteur de la Bourdonnays, vous supplyant très humblement. Monsieur, c'est le porteur.

Monseigneur, je supplye le Créateur me donner la grâce de vous faire service et donner tres bonne et longue vie.

De ma mayson de Ruffec, ce quatorziesme de novembre.

Votre très humble et très obéissant serviteur,

RUFFEC.

AU DOS : *à Monsieur Monseigneur le duc d'Aumalle,*

B.-N. — FRANÇAIS, $\frac{20469}{95}$. ORIGINAL

---

(1) Louise de Bourbon, née à La Fère (1595), religieuse 19 décembre 1516, abbesse 9 janvier 1535 à Fontevrault † 1575. Elle était sœur d'Antoinette de Bourbon, mère du duc d'Aumale.

PIÈCE 41

Guy Chabot au duc d'Aumale.

Libourne, 10 octobre 1548.

MONSEIGNEUR. Les officiers, manans et habitans de Guistres
sont venuz devers moy pour sçavoir [ce] qu'ilz ont affaire pour
le service du roy et le vostre. Je leur ay ordonné faire provision
de cuveaulx, pour faire ung pont à la rivyère de Guystres, lequel
vous trouverez prest à vostre arryvée et les estappes. Ilz s'en
vont devers vous pour sçavoir plus amplement vostre bon
plaisir et commandement. Quant à moy je feray toute la dilligence qui me sera possible et vous en advertiray de heure
en autre de ce que je feray. Priant Nostre Seigneur, Monseigneur, vous donner en prospérité très heureuse et contente
vie et moy demeurer très humblement en vostre bonne grâce.
De Libourne, ce jeudy dix heures du matin.

Vostre très humble et très obéyssant serviteur,
GUY CHABOT.

B.-N. — FRANÇAIS, $\frac{20462}{189}$. ORIGINAL.

PIÈCE 42

M. de Lansac au duc d'Aumale.

Bourg-sur-Mer, 12 octobre 1548.

MONSEIGNEUR. Suyvant vostre commandement je vous renvoye
toutes les gabarres que j'ay peu recouvrer au port, grandes et
petites, et y en. a pour passer bien à l'ayse six ou sept cents
hommes à chascun passage. Et pour ce que j'ai ouy dire que
ceulx d'Entre-Deux-Mers ont faict retirer toutes leurs gabarres
de leur cousté à terre, et craignant qu'ils empêchassent ceulx
ici, j'ay mys dedans pour les garder, vingt ou trente de nos
harquebuziers et pour les conduire.

Monseigneur, il me deplaist bien fort que je n'ay la puissance de vous faire plus de service et vous supplie très humblement me faire ce bien et honneur que quant vous serez à Bourdeaulx et avant que vous partiez de ce pays, qu'il vous plaira permectre que je aille devers vous pour vous faire la révérence et vous rendre certain que je seray à tout jamays tres obéissant à tout ce qu'il plaira me commander et de telle affection que je prye Notre-Seigneur vous donner en prospérité très longue et heureuse vie.

De Bourg-sur-Mer, le douzième d'octobre.

Vostre très humble et très obéissant serviteur.

LANSAC.

B.-N. — FRANÇAIS, $\frac{20551}{12}$. ORIGINAL.

PIÈCE 43

M. des Roys au duc d'Aumale.

Blaye, 13 octobre 1548.

MONSEIGNEUR. Incontinent vos lettres reçeues, ay mys ordre à faire le centenu d'icelles. Je vous envoys tous les batteaulx que j'ay peu trouver. Il vous a pleu me dyre par M. de Sansac que ne bougeasse d'icy que je n'eusses de vos nouvelles : à quoy j'ay délibéré de faire, vous assurant que la commune du pays est fort bien pour ceste heure.

Je pry Notre-Seigneur vous donner bonne vie et longue.

De Blaye, ce XIIIe d'octobre.

DE POULLIGNAC (1).

B.-N. — FRANÇAIS, $\frac{20469}{147}$. ORIGINAL.

(1) La pièce porte un cachet aux armes des Poullignac.

PIÈCE 44

M. du Lude au duc d'Aumale.

Barbezieux, 14 octobre 1548.

MONSEIGNEUR. Suyvant ce qu'il vous a plu me mander, j'ay envoyé par devant, M. de la Faye, que l'on m'a escript estre avec vous, au moyen de quoi n'ai ouy nouvelles du Cordelier : Sy voyez qu'il soyt nécessaire renvoyer le seigneur de la Faye pour le recouvrement du dict Cordelier, il vous plaira le faire : et pareillement M. de Jonzac duquel je pouvoys par desça m'ayder. Quant au prebtre, j'y ay ceste nuict envoyé M. de Loubbes et partie de ma compagnie, dont je sçauray aujourd'huy nouvelles.

Monseigneur, depuis le département de Blanzac j'ay fait séjour en ce lieu attendant ce que vous plairait me commander. Touttefois que jay délibéré ces prochains jours m'approcher de Blaye, me recommandant très humblement à votre bonne grâce, je supplie le Créateur de vous donner, Monseigneur, en parfaite santé très heureuse et très longue vie.

De Barbezieux, le XIVᵉ octobre 1548.

> *Votre très humble serviteur.*
> JEHAN DE DAILLON.

B.-N. — FRANÇAIS, $\frac{20533}{46}$. ORIGINAL·

PIÈCE 45

Les habitants d'Angoulême au duc d'Aumale.

Le 29 septembre 1548.

MONSEIGNEUR. Ayant entendu par M. de Sansac que estiez envoyé de par le Roy comme son lieutenant général en ce païs de Guyenne pour résister aux rebellions de ceste commune :

avons envoyé les présents porteurs pour vous offrir la ville, nos biens et nos vies pour le service du Roy et le vostre, et pour entendre ce qu'il vous plaira nous commander pour le service du dict seigneur, pour y obéir et emploier nos biens et nos personnes, comme avons faict jusques icy, et pour vous supplier Monseigneur, d'avoir égard à la nécessité de la ville affligée et povreté des povres habitants de la ville. Tous les biens desquels estans aux champs ont été pillés et saccagés par ceste commune pour la résistance que leur avons faicte, comme il plaira à Vostre Excellence entendre par les dicts porteurs.

Monseigneur, nous vous supplions de nous estimer du nombre de vos très humbles et très obéissants serviteurs et prions Dieu le Créateur de vous donner très bonne vie et longue.

D'Angoulesme, le penultième jour de septembre 1548.

Vos très humbles et obéissants serviteurs.

LES HABITANTS DE LA VILLE D'ANGOULESME.

B.-N. — FRANÇAIS, $\frac{20511}{9}$. ORIGINAL.

PIÈCE 46

Henri II au Connétable et au duc d'Aumale.

Moulins, le $\frac{18}{10}$ 1548 (1).

Sette lettre servyra pour tous les deux estans ensemble de sete heure, comme je suis asuré que estes. Se qu'y m'a fayct tarder sa esté la venue du Roy de Navarre, lequel m'est venu trouver en sete vyle.

L'on m'avoit adverty quy disoit quy parleroit bien a moy : se que j'attendoys en grant devotyon. Toutefoys sa colère s'est refredye et m'a tyns les plus dous propos qui lest possible et poinct ne me parla d'otre chose. Et voyant quy ne fesoit semblant de rien, je lui dys, s'il ne vouloit metre fyn a ce qu'il

---

(1) La date du 18 octobre n'est pas indiquée sur la lettre, elle est seulement très probable d'après la rédaction elle-même.

18

m'avoit promis, qui estoit le maryage de sa fylle. I fyt ce quy peut pour l'alonger, mais je lui dys qu'il falloit quy le fist et que se fut dedans dimanche, se quy m'a accordé. Les contrats sont tous passés et les noses seront dymanche. Et quant à se quy me touche, j'an suys quite a bon marché ; je luy baille seulement quinze mille francs tous les ans pour le gouvernement de son Reaume. Cest moyns que je luy avoys offert par Moneyns, car sy vous souvient, je lui avois offert dix mille escus. I me fist prier que je fusse content de vouloir que je n'y eut poynt de cler et que je m'afye en luy. Je lui fys dire que puis quy vouloit que je fyse pour luy. qu'il rabatyt de la somme de dix mil escus, se quy a esté faict, é sommes venuz à la somme que je vous escript. Voyla comme tout est passé. Il est vray que ma bonne tante et son mary se veullent le plus grand mal du monde, elle n'eme deia gueres son beau filz. Le roy de Navarre ne jure que par la foy qu'il me doit et je me fye à luy comme je doys.

I n'ay plus besoing que vous ouvriez les paquets adressés a luy et à sa femme : il n'y a rien quy valle. I m'a dyt aussi que s'étoit bien faict de chastyer le président de la Chassagne et que s'et ung mechant paillart. I me semble que vous ne savez myeus faire que vous souvenyr de ce que je vous mandoys par Monge, de leser Monsieur du Lude, quand vous arreviendrez dedans Bourdeaulx et ne me sera besoing qu'on declare le pouvoir que lui baillerez, mais quy die que vous (le) leses là jusque a tant que vous m'ayez donné à entendre comme tout se porte et je (ne) vous diray mès que je vous voye : pourquoy s'est que je vous escrips cecy. L'on m'avoit dict que le roy de Navarre me vouloit quitter son gouvernement : i me feroyt grant ploysir, mais je ne le crois pas. Je ne vous fayré plus longue lettre pour sele heure si n'est que je vous souete tous deus bien revenus.

Si Monsieur le Marquis ne faict plus ryen là, envoyé le voyr sa fame.

Vostre bon Compère et Maistre,

HENRY.

B.-N. — CLAIREMBAULT, $\frac{342}{8907}$ Copie.

PIÈCE 47

Henri II au Connétable.

Moulins, 22 octobre 1548 (1).

Je vous renvoye le porteur qui vous rendra compte des noses de Mr de Vendosme qui furent dimanche.

Jeu vous assure que je ne vys jamais maryée plus joyeuse que sele cy et ne fyt jamais que ryre. Je croy quy ne luy a pas fayt grant mal. Lon m'a dyt que le Roy de Navarre s'an veut aller de Nevers et anmener sa fille avec luy. Je ne suys pas deliberé de leur refuser leur congé, car il me semble que ayant maryé sa fylle, s'et le plus grant geoye que je puys avoyr de eus. l fayt semblant d'estre le plus content du monde : vous connaissez l'omme [comme] moy à ce que je savoye de luy et de beaucoup d'ottre androys, l n'at delibére puys que sa fille est maryée, synon d'amasser forse argent et faire bonne chère. I m'a dyt beaucoup de propos qui seroye trop long à vous escryre, que je vous diré à votre retour, et vous assure que sy soiiet avoir lyeu se seroit d'avant vingt-quatre heures.

Votre bon compère et maître,

HENRY.

B.-N. — FRANÇAIS, $\frac{3122}{7}$. ORIGINAL.

PIÈCE 48

Henri II au Connétable.

Fin d'octobre 1548.

J'ay receu la lettre que vous m'avès escripte par Lièse, lequel m'a faict entendre toute sa charge : et me semble que tout est

---

(1) La date n'est pas indiquée à la pièce originale, mais les noces de Vendôme furent célébrées le 21 octobre, la date du 22 octobre est donc probable.

fort byen. Il m'a dyt que vous partyrez jeudy et que vous vou-
lez prendre vostre chemin par Angiers. Je trouve que s'et beaucoup le plus long et que sy cela est, vous ne me verrez jusqu'au
12ᵉ ou 15ᵐᵉ de ce moys quy vyent. Je vous pry pensez que sy
se doyt fayre quelque praticque touchant ce que le duc de
Ferrare a entre mayns, [cela] se fera an se tans là, je seray
bien ayse que vous i fusyez pour an avoir votre opinyon. Toutefoys se que je vous demande n'est pas pour vous aster, synon
jusque vous connetres quy an sera besoing. J'en serest byen
d'opinyon si vous fussiez venus par Poyctyers que Monsyeur
d'Aumalle eut prins la poste au partir du dict Poyctyers, car sa
fame sera le vingtiesme à Paris. Je ne vous fays plus longue
lettre sy n'et pour vous donner le bonjour.

> Votre bon compère et mestre,
> HENRY.

B.-N. — FRANÇAIS, $\frac{3126}{31}$. AUTOGRAPHE.

PIÈCE 49

Mᵐᵉ De La Force au duc d'Aumale.

Sans date [octobre 1548.]

MONSEIGNEUR. En augmentation de mes malheurs, à ceste
élévation du peuple, les bonnes gens de ma terre que j'ay en
Saintonge nommée Montboyer et le pays d'icelle ont esté
contrainctz par leurs voysins les suyvre en aulcuns lieux auxquels jamais ne vouloient obéyr par lectres ne commandement,
jusques à ce que en grande companye les furent quérir en
leurs maisons et furent contrainctz aller avec eulx pour la conservation de leurs vies et biens. Et pour que tous défaillants
de l'obéissance du Roy méritent exécrables peines et que eulx
de leur volonté ne fireant jamais aulcune émotion, vous supplye trés humblement, Monseigneur, ayant en vous tout mon
espoir et foy et usant de vostre charité accoutumez qu'il vous
playse avoir pitié et miséricorde d'eulx qui m'ont assuré n'a-

voir heu jamais aultre volonté que de demeurer très obéissants subjects du roy. Si entre eulx il y avoit aulcuns aucteurs de sédition, vous requerrays plus tost justice rigoureuse que miséricorde, mais cuyde que les trouverez plus contraincts que volontaires. Le procureur de ma juridiction, pour avoir faict informations contre aulcuns des paroisses cyrcumvoysines qui auroient denavrez aulcuns de la compagnie du roy de Navarre, a esté pillé par eulx et sa maison abattue et presque entièrement ruynée. Je vous supplye très humblement Monseigneur, que ses biens par les coupables lui soyent rendus et relevé de pertes : et augmenterés l'obligation de laquelle m'avès obligé par vostre bonté accoutumée et pryer Dieu pour vostre prospérité et santé, lequel je supplye Monseigneur vous donner en parfaict contentement très heureuse et longue vie.

Votre très humble et très obéissante servante,

LAFORCE.

B.-N. — FRANÇAIS, $\frac{20555}{106}$. ORIGINAL.

PIÈCE 50

Le Connétable à Marillac.

Bordeaux, le $\frac{24}{10}$ 1548.

..... Aussi afin que vous sachiez l'estat en quoy sont les choses par deça, je vous advise que je suis entré en ceste ville, ny ayant trouvé que toute obéissance, avec une très grande repentance du peuple de ce qui est advenu, de sorte que tout y est, et autres lieux ou ces émotions estoyent faictes, réduit et restitué en la fidélité accoustumée ; et même a esté mise la plus grande part des mutins entre les mains ; et tous les jours j'en prends quelqu'un qui serviront d'exemple. Et oultre tout cela j'ay faict prendre et mettre dedans les chasteaux des armes que j'ay trouvées dedans la dicte ville pour armer pour le moins douze ou quinze mil hommes avec cinquante-cinq

grosses pièces d'artillerie et bien deux cent milliers de poudre
appartenant à la dicte ville qui serviront bien ailleurs. Davantage le peuple paye et offre libéralement bailler content
une bonne grosse somme au Roy, qui est autant remplir sa
bourse, car c'est la dépense de ce que j'ay amené ici qui n'est
que l'ordinaire qu'il entretient. Il est vray que pour cela je ne
laisse de donner tout l'ordre que je puys pour empescher que
cy après tels inconvénients ne puissent advenir afin que s'il
y avoit encore quelque venin caché au cœur des méchans ils
n'ayent moien de mal faire. De sorte que ceulx du dehors du
royaume, qui estoient bien ayses et se promettaient quelque
advantage des dictes émotions, peuvent bien cesser d'en rire
[et] ne doivent espérer aucune chose ; et m'en retourtant, je
passeray par Xaintonge et Angoulmays où je donneray semblablement provision partout : ce qui ne sera, Dieu merci, mal
aisé, car il n'y a personne qui ne soit plus prest à demander
pardon et miséricorde que soy rebeller. Voilà l'histoire au
vray que je vous ai bien voulu conter pour en parler par de là,
où et quant il en sera besoing, et ne vous en soit plus donné de
fausses alarmes.

                              Signé : MONTMORENCY.

B.-N. — CLAIREMBAULT $\frac{349}{343}$. COPIE.

PIÈCE 51

Le Connétable à M. de Marillac.

Montrésor, le $\frac{27}{11}$ *1348.*

LETTRE DE M. LE CONNÉTABLE A M. DE MARILLAC, DE MONTRESOR
LE 27e de novembre 1548. — REÇUE LE 29.

MONSIEUR DE MARILLAC. Je ne fays doubte que du costé là où
vous estes on ne face courir un bruit et dire des nouvelles de
ce pays de Guienne toutes autres qu'elles ne sont : à ceste cause
vous en ay bien voulu advertir et faire entendre la vérité qui

est telle qu'après l'arrivée de M. d'Aumalle et de moy à Bourdeaulx, ceulx de la dicte ville ont cogneu leurs faultes de sorte
que toutes choses y sont réduites et rétablies, non seulement
en la dicte ville, mais par tout le pays, en telle obéissance que
le Roy le saurait désirer: Bien vous advertyray qu'il a esté
faict bonnes et grosses exécutions des fauteurs et auteurs des
séditions, exemplaires à tous aultres. En outre des particuliers
qui y ont été condamnés à grosses amendes, le corps de ville
seulement a esté condamné à 200.000 fr. d'amende envers le Roy,
outre 10 000 livres de rente du domaine qu'ils tenoient, chose
qui n'est de peu à estimer ; et de bronze pour faire artillerie
jusqu'à cinq ou six cent pièces : et avons encore laissé les commissaires et prévost, pour parachever ce qui reste à juger et
exécuter, afin que ceux qui ont fait les fautes ne demeurent impunis et de ceux de Xaintonge et Angoumois qui avaient voulu
faire de mesme, sera pareillement faict telle punition qu'il appartient, à quoi il y a bon commencement. La follye et entreprise était grande, comme vous pouvez penser. Mais, Dieu mercy, ils n'avaient le sens ni la force de l'exécuter. Et espère après
l'ordre donné, tel qu'il est de présent, et les punitions faictes
comme elles sont des autres, le Roy ne sera plus en peine de
telles séditions: Je n'ay voulu faillir à vous escripre pour en
sçavoir répondre ou l'on vous en parlera ; vous advisant que
mon dict sieur d'Aumalle et moy, nous en retournons vers le
Roy où j'espère être samedy prochain, à moins que je [ne] parle
à l'ambassadeur de l'empereur et entende les propos qu'il me
dira. Pour ce que vous dites à M. de Grantvelle, je vous advertiray du tout et cependant vous n'en parlerez point, car j'ay
peur qu'il ne s'en veuillent advantager.

Je ne veulx oublier à vous advertir comme j'ay fait embarquer et veu partir 1200 hommes de pied pour envoyer en Es-
cosse avec force munitions, je pense bien que dès ceste heure
il y peuvent estre arrivés avec l'ayde de Dieu lequel je prye, etc.

B.-N. — CLAIREMBAULT, $\frac{343}{9375}$. COPIE DU XVIIᵉ SIÈCLE.

PIÈCE 52

M. de Sansac au duc d'Aumale.

Angoulême, le 11 décembre 1548.

MONSEIGNEUR. Combien que vous aye cy devant mandé toutes choses qui se sont présentées par deça depuis vostre partement, je n'ay encore esté si heureux d'avoir seu de vos nouvelles, des quelles je vous supplye me faire tant d'honneur et de bien que de m'en départir. Au surplus je feiz fere le huictiesme de ce moys la monstre des lansquenetz qui sont en garnison à Barbezieux sous la charge du conte de Ringrave ; et premier que partir de la je les comptai enseigae pour enseigne et ranc pour ranc ; là où le conte de Castel et le cappitaine Accatuis Stœve [mirent] quecques faictz en avant, fondez sur promesses qu'ilz dient leur avoir esté par vous et Monseigneur le Connestable faictes. Toutefoys je ne vouluz poinct passer oultre. Ilz m'ont baillé ung mémoyre, lequel j'envoye à mon dict seigneur le Connestable, que pourrez veoir pour m'en mander par ensemble ce qu'il vous plaira. Je laissez Mr de la Gastelinière au dict lieu de Barbezieux, d'où je partiz tout incontinant pour aller à Blanzac pour l'autre monstre des lansquenetz estant soubs la charge du coulonnel Ludovic Vendesuc : et y menay avec moy M. Pécherè qui la feit suyvant la monstre dernière faicte à Bourdeaulx. Il est vray que n'eusmes poinct faulte de neiges et furent faictes toutes les dictes monstres en ung jour, Monseigneur. Quant aux commissaires ils escripvent à Monsieur le Connestable qui vous en pourra communiquer lesquelz font leur devoir pour le service du roy.

Monseigneur j'ay receu les lectres patentes du Roy portans la défense de porter hacquebuttes et pistolletz avec autres lectres de luy signées de Laubespine ; par lesquelles il me mande faire publier les dictes letres patentes en ses pays de Poictou, Xaintonge, Angoulmoys et La Rochelle, ce que j'ay faict. Et depuis le procureur du roy en ceste villes m'a dict que le Roy de Navarre avoist envoyé une coppye de lectres à luy

adressantes de la part du Roy pour la deffence des dictes hacquebuttes [et] pistolletz, et lettres missives du roy de Navarre
au seneschal d'Angoulmoys pour les faire publier et faire semblable deffence de porter hacquebuttes que celle que j'ay faict
faire.

Monseigneur, s'il survient quelque chose de par de ça pour
le service du Roy, ne fauldray incontinant à vous en en advertir d'aussi bon cueur que très humblement je me recommande
à vostre bonne grâce et supplye nostre Seigneur, Monseigneur,
vous donner en très parfaicte santé très longue et très heureuse vye.

D'Angoulesme le xj^e jour de Décembre.

Votre très humble et obéissant serviteur.

LOYS SANSAC.

B.-N. — FRANÇAIS, $\frac{20553}{38}$. ORIGINAL.

PIÈCE 53

M. de Sansac au duc d'Aumale.

Angoulême, le 28 décembre 1548.

MONSEIGNEUR. Encore que les commissaires députez par le
Roy pour faire les procez des seditieus de ce païs vous adver-
tissent de ce qu'ilz ont faict par de ca, si est ce que je ne laisseray à vous faire sçavoir qu'ilz m'ont laissé vingt arretz dont
l'exécution sera fort longue et de grande congnoissance, tant
pour le recouvrement des amendes, ès quelles chacun communs a esté par eulx condamné, que aussi qu'il sera requis à
l'exécuteur d'iceulx, bailler commission aux habitants d'une
chacune paroisse pour esgaller au solt la livre l'amende à quoy
ilz ont esté condamnez. Et quand aux biens confisquez d'aucuns particuliers jugez à mort, il fauldra que l'on face inventaire et iceulx mectre entre les mains du Roy et commandé à
ses recepveurs des lieux, qu'ilz en lèvent les fruictz pour eu

rendre compte au dict seigneur. D'avantaige il luy sera besoing congnoître et s'enquerir quelle quantité de sel estoyt
dans les greniers des magazins du tems des sacaigemens d'i-
ceulx. Ensemble des deniers deubz au Roy à cause des droicts
et arrerages de la Gabelle et plusieurs autres choses, comme
abattre maysons, mectre posteaulx, escripteaulx, et faire les
commandements aux gentilshommes mentionnez en chacun
des ditz arretz qui seroient longues a reciter : pour l'exécution
desquelz les dictz commissaires n'ont laissé personne, fors ung
greffier, quy en a prononcé partie qui a esté exécutée pour le
regard des amendes honnorables, suyvant le contenu dez ditz
arretz : le reste des quelz est demeuré a exécuter. Et incontî-
nant, Monseigneur, que les dictz commissaires ont esté partis
plusieurs des habitans des chastellenies de Saintonge, Pontz,
Barbezieux et Archiac sont venuz vers moy qui m'ont présenté
requeste donnant à entendre qu'ilz ont esté adjournez à com-
paroir en personne et à cry public et non à leurs personnes ou
domicilles par devant les dictz commissaires : duquel adjourne-
nement ilz disent n'avoir esté advertiz, synon par trois jours en
ça lesquels ils ne treuvent. Obstant qu'ilz s'en sont allez, ils me
demandent à ceste heure ung juge pour les ouyr justiffier ;
comme aussi faict le sieur de Larochebeaucour, par une austre
requeste commise pour prendre au corps aucuns desnommez
par l'arrest contre luy donné, qu'il est tenu représenter. S'il
eust demandé pendant que ces susdictz commissaires estoient
icy, qui entendoient le faict, je croy qu'ilz luy en eussent faict
raison, parce que c'estoit leur estat. J'entends fort bien que sachant estre jugez et les dicts commissaires retirez, ils cuident
empescher l'exécution des dictz arretz.

J. Baron prévost de la connétablie de France est encore
icy qui faict bonne diligence en son estat. Toutefoys je luy ai
commandé l'exécution des dictz arretz et voulu bailler commission : qui la refuzée et dict qu'il lui est besoing s'en aller à la
court pour le deu de son estat, et de faict s'y en va, combien
que je luy ay dict que je nen baillerais charge à homme que à
luy, tant parce que le Procureur du Roy de ceste ville m'a
dict que la congnoissance en estoit deffendue aux officiers du

Roy dé ceste ville, que je crains qui fust trouvé mauvais que
je les y eusse commis ; d'autant qu'ilz sont des lieux et qu'ils
favorisent leurs païs. Partant, Monseigneur, je vous supplye
faire que le Roy y commette quel luy plaira ou qu'il me mande
ceulx que je y mettreiz, affin que l'exécution des dictz arretz ne
demeure imparfaite . Et combien que l'exécution des dietz
arretz soit myeux séant aux dictz commissaires qu'a moy, je ne
fauldray y faire ce qu'il me sera possible.

Monseigneur, ung marchant de Saint-Just, nommé Jehan
Moïssant, m'a présenté requeste donnant entendre que depuis
dix ans il a entretenu ung navire en guerre portant huit vingt
tonnaulx, lequelz ordinairement il a faict naviguer pour aller
en marchandise, tant ès païs du Pérou, Flandres, Terres
Neufves que autres où il a encore délibéré le renveyer et en
autre loingtain païs : mais il craint de ce faire, obstant que
vingt quatre pièces d'artillerye, tant grosses que menues et
garnies de soixante boestes, sept arquebuz, trois cents boul-
letz de fer, onze barillz pouldre, cinquante lances et faulx,
lances à feu et quatre doüzaines de picques et six arbalétes
qu'il avoit pour l'équipaige de son dict navire luy ont esté sai-
sis et myses en la main du Roy suivant son ordonnance et
commandements desquelles armes il requiert la délivrance pour
plus seurement conduire le faict de son traficque de marchandise. Je croy qu'il est trés raisonnable quelles luy soint ren-
dues pour cet effect : toutefoys je n'y ay voulu toucher jusques
à ce que le Roy m'ayt commandé son plaisir. Au surplus je
croy, Monseigneur, qu'estes à présent assez adverty des
plainctes ou informations quy ont esté faictes contre les officiers des magazins du sel, desquelz et mesmement contre
ceulx qui ont forfaict, il me semble la punition et justice estre
trés requize. Au reste, suyvant les lecttres qu'il a pleu au Roy
m'envoyer, j'ay faict publier les monstres de la gendarmerie
estans en garnison es païs de par de ça au vingt-cinquiesme
du moys prochain et pour ce que auparavant que j'eusse receu
les lectres des dictes monstres, j'avois escript aux compagniés
estant en Poictou qu'elles eussent à soy retiré en leurs maysons, excepté seullement la tierce partie ainsy que m'avoit char-

gé M. le Connestable a son partement et qu'il debvoit le commander en s'en allant, a Messieurs de Fontainès et de Curzay, chefs des dictes compagnies ; je leur ay depuis escript si elles n'estoient parties qu'elles ne bougeassent jusques après la monstre faicte, attendu qu'elles n'auroient que l'aller pour le venire et que ce ne seroit ainsy que à la foulle du peuple. Qui sera l'endroict où je feray fin. Je prye à Nostre Seigneur, Monseigneur, vous donner une très parfaite santé bonne et longue vie.

D'Angoulesme le XXVIIIe jour de décembre 1548.

Votre très humble et obéissant serviteur.

LOYS SANSAC.

AU DOS. — A Monseigneur le duc d'Aumale.

B.-N. — FRANÇAIS, $\frac{20553}{60}$. ORIGINAL.

PIÈCE 54

Henri II au Comte du Lude.

Saint-Germain, le 30 janvier 1549.

.   .   .   .

Je veux et entends que ordinairement vous advertissiez mon oncle de toutes choses qui concernent le faict du gouvernement, à ce qui [est] séant, comme il est par de ça qu'il y pourvoye et donne l'ordre qui sera nécessaire ; ne laissant toute fois à pourveoir cependant de vostre part au lieu où vous estes, à ce qui requerera prompte provision, avecques la dilligence que verrez estre requise pour mon service ainsy que j'ay en vous fiance : mettant au reste peine de vivre et vous comporter avecque mondict oncle de façon qu'il ait occasion de s'en contenter : comme je me tiens asseuré que sçaurez très bien et prudamment faire qui me sera bien agréable playsir. Au demeurant je m'attends bien M. le comte, que suyvant ce que je vous ay dernièrement escript, vous avez ja donné ordre de faire dresser les estappes pour le passage des bandes du sieur Bonnyvet depuis Bordeaulx jusques à leur contrée au gouvernement de

mon cousin le sieur de Saint-André ; toutes fois je ne laisse
d'en escripre à mon dit oncle ainsy que verrez par le double
de mes dites lettres. Pour quoy si avant la réception d'icelles
les dites estappes estoient ja dressées, vous l'en advertirez et
moy aussy de ce qu'aurez fait et quant à la garde de la dite
ville de Bordeaux, je vous laisse pour cest effect, outre la gendarmerie qui y est la bande du capitaine Aguerres, seullement
de laquelle vous pourés prendre pour vous accompaigner et
servir de garde, une douzaine de soldats comme faisiez des
dites autres bandes et si vous connaissez qu'il soit besoing de
plus grande force par dela, m'en advertissant vous en seres secouru. Au regard de mon Chasteau Trompette, je veulx que la
garde et charge en demeure au dit Aguerres, et au capitaine
Vesque celle du chasteau du Ha ainsy qu'ils ont de présent : et
au reste faites exécuter ce que par l'arrêt a esté ordonné tant
pour abattre la maison de ville et faire faire la chapelle, ordonnée pour le sieur de Moneyns et les fortifications et advi-
taillement des chasteaux sus dicts que pour l'accomplissement
des autres choses contenues en icelluy arrest en la meilleure
diligence que faire se pourra qui est ce que pour le présent je
vous diray, après avoir prié Dieu M. le conte qu'il vous eust
en sa saincte garde.

Escript à Saint-Germain en Laye le XXX° jour de janvier
1548 : Signé Henry et plus bas Clausse avec paraphe.

Au dos est écrit à *M. le conte du Ludde mon lieutenant général
en Guienne en l'absence de mon oncle le roi de Navarre.*

B.-N. — Anjou et Touraine, $\frac{10}{4263}$. Copie.

PIÈCE 55

Henri II au comte de Lude.

Chantilly, 2 avril 1549.

M. le Comte. J'ay esté adverty que aucuns de ma ville de Bordeaux, mesme de ceux qui étaient venus par deca, se sont retirés auprès de l'Empereur, où ils veulent faire quelques menées.

A ceste cause vous regarderez, par tous les moyens que vous
pourrez, si vous scaurez découvrir ceux qui ont faict cette
entreprise, et avec quelle participation communication et intelligence, pour incontinant me faire scavoir ce qu'en scaurez.
Et cependant j'ay escript à mon ambassadeur estans auprès du
dict Empereur qu'il prenne garde s'il se pourra cognoistre
aucuns des dicts personnages de Bordeaux et entendre à leurs
dictes menées. Vous advisant au demeurant que l'on me dict
qu'on tient propos au dict Bordeaulx que les députez qui me
vinrent dernièrement trouver à Saint-Denis m'avoient demandé
pardon, qu'il ne purent obtenir de moy : mais tant s'en fault que
ce soit veritable, qu'au lieu d'implorer grâce et misericorde de
leurs fautes et erreurs, ils me vinrent publiquement proposer
une justification pour mettre le tort devers moy. Et s'ils avoient
faict comme ils debvoient, ils n'étoient pas d'adventure hors
d'espérance d'obtenir de moy les dictes grâces et pardons, dont
j'ay recoutumé d'user envers mes subjects plus que de rigueur
et justice : ce que vous pourrez faire entendre partout ou besoin
sera afin qu'on connaisse la faulte de leurs dicts députez. Et
sur ce je prie Dieu, Mʳ le conte, qu'il vous ayt en sa garde.

Escript à Chantilly le 2ᵉ avril 1548.

Signé : HENRY.

Et plus bas du Thier avec paraphe.

AU DOS. — A Mʳ le comte du Lude mon lieutenant au gouvernement de Guyenne en l'absence de mon oncle le roi de Navarre.

B.-N. — ANJOU ET TOURAINE, ARCHIVES DU LUDE, $\frac{10}{4288}$. COPIE

PIÈCE 56

**Recherches de la noblesse de la généralité de la Rochelle par
l'Intendant Begon, 1698-1699.**

MAINTENUE DE NOBLESSE DE PIERRE DE VARÈGE.

Michel Begon conseiller du Roy en ses conseils, Intendant
de la generalité de La Rochelle,

Entre M. Charles de la Cour de Beaumont chargé par Sa

Majesté de l'exécution de la déclaration du 11 septembre 1696
pour la vériffication des Tiltres de la Noblesse en l'étendue de
notre département demandeur d'une part

Et Pierre de Varege écuyer, Sr de Puymoreau, demeurant au
dit lieu de Puymoreau paroisse de Salles en Barbezieux, élection de Saintes deffendeur d'autre part.

Veu par nous la déclaration du Roy du 11 septembre 1696,
veriffiée en la Cour des Aydes le 13 du dict moys, émanant du
Conseil d'Estat du Roy, rendue en execution de la dite declara-
tion le 4 septembre au dit an et 26 février 1697, assignation
donnée par devant nous au dict deffendeur et a la requeste
du dict de la Cour de Beaumont pour presenter les tiltres justificatifs de sa noblesse du 11 mars 1699 par Capelte, huissier,
pour à laquelle satisfaire il n'a produit de tiltres justificatifs
de sa noblesse que depuis le 1er décembre 1593 sur lequel le
dit Lacour de Beaumont aurait fourni des contredits et aurait
soulevé que le deffendeur estoit non recevable a justiffier de
sa noblesse, sur lesquelles constestations, nous aurions rendu
nostre ordonnance le 20 novembre dernier par laquelle nous
aurions ordonné que le dict deffendeur rapporterait les tiltres
justificatifs de la possession de la noblesse depuis 1560, conformément et au désir de la déclaration de Sa Majesté du
1 septembre 1596, signifiée au dict Sr de Puymoreau le 22 du
mesme mois par Capelte, huissier, pour a la quelle satisfaire : il
a produit par un inventaire nouvel au dict de La Cour de
Beaumont une transaction passée entre François de Varege
écuyer, Sr de la Hitte, et damoiselle Jeanne de la Paine sa
femme au sujet de la succession à elle eschue le 11 juillet
1531. Signé Mesloyant notaire royal à Bigorre, quittance donné
par Arnaud Bessanon à noble François Varege, écuyer S^r de la
Hitte, et damoiselle Jeanne de la Paine passés par Mesloyant
notuire le 28 juin 1532 au pied duquel est l'extrait et vidimus
qui en a esté faict sur l'original representé à Laforcade, notaire
royal, du 11 février dernier et scellée : au pied duquel est
l'attestation et légalisation faicte du dict acte par devant M. le
Lieutenant Général de la sénéchaussée de Bigorre subdélégué
de Mr de Bezons Intendant de Guyenne du 13 du dict mois de

février dernier. Signé Daignan. — Actes de foy et hommage
rendus par le dict François de Varege, Sr de la Hitte, écuyer. de
Messire Anthoine de Gramont vicomte d'Aster et autres places
du 11 juillet 1553 passé par Lamond notaire royal. Contrat de
mariage de Jean de Varege, écuyer, Sr de la Hitte, fils de François de Varege. écuyer, seigneur du dict lieu et de damoiselle
Jeanne de la Paine, avec damoiselle Catherine de Laage du
9 décembre 1595. Signé de La Faye notaire royal. Attestation
des maires, juges et conseils et autres officiers de la ville de
Tarbes en Bigorre donnée en faveur du dict Jean de Varege,
écuyer, Sr de la Hitte, qui justifie de la possion de sa noblesse
depuis un temps immémorial du 5 juillet 1599. Signé de
Source, les dicts officiers et Moguet greffier et scellés à la
quelle est attachée un certificat du dict jour 5me juillet 1599,
expédié et signé par ledict Moguet, greffier, qui prouve que le
dict Jean de Varege, écuyer, Sr de la Hitte, est inscrit au Cata-
logue des gentilshommes de la province de Bigorre. Contrat
de mariage de Jacques de Varege, écuyer, Sr de la Hitte, fils de
Jean de Varege, écuyer, sieur du dit lieu et de damoiselle Catherine de Laage, avec damoiselle Marguerite Courraud du
12 de mai 1647, signé Thomas notaire royal, ordonnance rendue par M. Pellot, Intendant en Guyenne, en faveur de Jacques
de Varege seigneur de la Hitte en Bigorre et François de Varege, son frere, sur la poursuite contre eux faitte par Nicolas
Cotel charge de la recherche de la Noblesse par laquelle ils
sont maintenus dans leur noblesse et déchargez de l'assignation
a eux donnée sur la représentation à eux faite de leurs tiltres
de noblesse du 22 mars 1666 collationnée et signée Laforcade
notaire royal et scellée. Contrat de mariage de Pierre de Varege, écuyer, Sr de Puymoreau, deffendeur, fils de Jacques de
Varege, écuyer, Sr de la Hitte et de damoiselle Marguerite Cou-
raud avec damoiselle Isabeau Galliot du 27 septembre 1687
signé Herier, notaire royal. La communication qui a esté faicte
des dicts tiltres au Sr Chabert faisant pour le dict de la Cour
de Beaumont, sur lesquels il a donné son consentement etc.
Signer les conclusions du Sr Hervé faisant les fonctions du
Procureur du Roy en cette généralité du 4 du présent mois de

mars, et *tout considéré*. Nous, attendu que le dict deffendeur a
satisfait à notre ordonnance du 21 novembre dernier et justifie
de la possession de sa noblesse au désir de la déclaration de
Sa Majesté du 11 septembre 1696, avons ledict Pierre de Varege, écuyer, Sʳ de Puymoreau, déchargé et déchargeons de
l'assignation à lui donnée à la requête du dict de la Cour de
Beaumont et iceluy maintenu et gardé maintenons et gardons
en sa qualité de noble et d'écuyer etc.

Fait à Rochefort, le sixième mars mil sept cens.·

Signé BEGON.

B.-N. — FRANÇAIS, $\frac{32611}{474}$. COPIE.

PIÈCE 57

Extraits de dépêches de l'ambassadeur Gustiniani au doge Fᵒ Donato.

. . . .

Le nove de Ghienna continnuano piu che mai grande, pero
che per li ultimi advisii, si ha che quelle gente sono accresciute
fino al numero di $\frac{M}{80}$ in circa, che hanno 80 pezzi d'artigliaria,
che anno ammazati tutti li ministri regii quelle saline et ma-
gisterii molti consiglarii di Burdeos. Presa quella cittate et due
fortezze di Impⁱⁱ, l'una chiamata Trompeta, l'altra non posso
intendere il nome ; per il che Sᵃ Mᵃ continua il cavalcare senza
pretermissione : et oltra la deliberation fatta di mandar quelle
genti che per le qui alligate; si scrive alla Sᵃ Vᵃ ha mandata
a levare $\frac{M}{12}$ Swizari commandata che $\frac{M}{4}$ Lanzi che sono in Picardia marchino a quella volta, et fino al Nᵒ di fanti 960 tra
Italiani et buoni Guasconi che gia molto tempo sono stati nel
Piamonte, homini d'arme 40, celati 50 et se sara bisogna
Sᵃ Mᵃ Xᵐᵃ andare in persona. Ne per cio queste parte di Piamonte rimangono senza custodia, restando vi per quanto ne
son ben informato fanti italiani 1300, Guasconi 1400, celati
200 homini d'arme 120 tutti in esser : di quello che per gior-
nato andro intendando non mancherai darvi aviso a Vᵃ Sᵃ.

19

Da Vigliano alli 8 settembre 1548.

. . . .

Con la S⁴ E⁴ andarono $\frac{M}{5}$ fanti francesi et circa 400 Homini
d'arme et ci congiongira in Gascuogna con il re di Navarra che
è gouvernatore di quella provincia : poi Mʳ d'Aumale per il Ca-
mino di Poitù con il quale andarono altretante fanti et circa
800 huomini d'arme appresso le quale genti marchiano tutta
via le bande di Piamonte et li $\frac{M}{3}$ Lanzi che erano in Picardia ne
ni sarrano altrante fanti Swizzari, per che non fu vero che S⁴
M⁴ Xᵐ⁴ ne havesse mandato a levare come si significara per le
ultimi miei.....

Da Lione alli 19 set. 1548.

. . . .

Circa alle cose delle paesi ammutinati V⁴ S⁴ aveva intenso
per quello che ho scripto, quanto me ha detto Il Re Xᵐᵒ et il
Reᵒ da Guisa : da altri luoghi son informato che essendo andata
una compagnia di 50 homini d'arme di Giernach qual mar-
chiava per innersi con le gente di Mʳ d'Aumale per alliogiare
in Perigeus ; quali de la terra si hanno serrate le porte et si
dice che un' oltra compagnia di altrestante lanze che era intra-
ta nel paese di Poitù della qual è capitanio Mʳ de la Freta è
stato tagliata a pezzi. Son advisato che essendo in questi gior-
ni venuto alla Corte un Presidente di Parlemento di Burdeos,
il quale nelli principii di questi tumulti fu forciato di quelli
del detta cettate a portar la picha et marchiare insieme con
alcuni altri capi, come per Capo di una della compagnie am-
mutinate. Ancora che dapoi sia stato delli principali auttori
del deponer delle arme che si fatto in Burdeos et habbi allegato
haver fatto il tutto per forza et per timore della morte, è stato
ritenuto et mandato sotto buona custodia al Sʳ Contestabile.
Laquel cosa dicissi che è stato in gran parte causa che nel
paese di Xaintonghe et in quei luochi maritimi cosi lo capi
come il populo si è di nuova serrate et una parte si porta in
alcuni forti et si sen fatto l'altra, si è retirata sopra alcuni isoli

di quel mare tal che hora S⁴ M⁴ X^{ma} si manda le galere che sono ritornate di Scotia....

Da Molins alli 20 ott. 1548.

R^{lle} Archivi-Venezia D. $\frac{206}{25}$. Original.

. PIÈCE 58

Fragment d'une Monstre de Lansquenets.

10 décembre 1548.

Nombre sous les dictes IIII enseignes à XII^c LIIII (1254)
hommes. Le payement desquels monte a XI^{u}V^cLXXVIII^L (11578).

> *M. de Maussieu commissaire.*
> *Nicolas Brisson contrerooleur.*

Autres Lansquenetz sous Ludovic.

II^c IIII^{xx}XVI (296) hommes de guerre a pié estans sous la
charge et conduite du capitaine Jacob Münch, desquelz monstre
a esté faicte à Blanzac le VIIIeme jour de decembre pour ung
moys entier commencé le VIIeme du present et payés aussi tous
états et appoinctements la somme de II^u VII XXXVIII^L (2738).

> *Le Sr de la Salle commissaire.*
> *Robert de Saint contrerooleur.*

A II^c IIII^{xx}XVIII (298) aultres hommes de guerre a pied d'i
celle nation estans sous la charge et conduite d'Anguillard de
Moullin, et quelle monstre a esté faicte pareillement au dict
lieu et jour, et payés au sieur que dessus avec tous états et appoinctements II^u VII^cIIII^{xxL} (2780).

> *Le Sr de la Salle commissaire.*
> *Le Sr Florentin de Horne contrerooleur.*

A III^c aultres hommes de guerre à pied de la dicte nation estans sous la charge et conduite du capitaine Jacob desquelles

monstre a este faicte au dict Blanzac pour le moys et payés
au sieur dessus dict avec tous estâts et appoinctements
II^u VII^c XXX VIII^L (2738).

Mr de Peschère commissaire.
Antoine Iamyn contrerooleur.

A III^c autres hommes de guerre à pied lausquenets estans
sous la charge et conduite du cappitaine Felix de Joinville,
qui ont faict monstre audict lieu moys et jour, et payés comme
dessus avec leurs estats et appoinctements II^u VII^{cL} (2700).

Le Sr de Lure commissaire.
Michel Barré contrerooleur.

A III^c aultres hommes de guerre a pied Lansquenetz estans
sous la charge et conduite de Michel Servien qui ont faict
monstre comme dessus et payés au dict sieur,
II^u VIII XXII^L (2822).

Le Sr de Peschère commissaire.
Le Sr Tanger contrerooleur.

A II^c IIII^{xx} XVIII (298) aultres hommes de guerre à pied Lansquenetz estans sous la charge et conduite de Philippe Aubert,
qui ont faict monstre comme dessus et payés au sieur dessus
dict. II^u VIII^c XL^L (2840).

Le Sr de Peschère commissaire.
Le Sr du Fronce contrerooleur.

A III^c autres hommes de pied de la dicte nation sous la charge
et conduite de Hieronyme Franc lesquelz ont faict monstre pareillement pour le dict moys et payés au sieur dessus dict.
Cy II^u VIII^c XLVIII^L (2848).

M. de Peschère commissaire.
Martin Cassense contrerooleur.

A II^c IIII^{xx} XVIII (298) aultres hommes de guerre à pied Lansquenetz sous la charge et conduite de Peter Herschef desquels

monstre pareillement a esté faicte pour le moys courant et
payés au sieur que dessus avec tous estats et appoinctements.
II\ VII\^c\ XXVI\^L\ (2736).

ESTATS

Au dict Ludovic Couronnel. . . .	M\^L\ (1000).
à son lieutenant.	IIII\^ct.\ (400).
A luy pour appoincter VI hommes halle-bardiers.	XXXVI\^L\ (36).
Au Marechal des Logis et son hallebar-dier.	CVI\^L\ (106).
A M. Daguet et son truchemant. . .	CVI\^L\ (106).
Au Maître de la Munition.	LX\^L\ (60).
A M. Boucherie.	LX\^L\ (60).
Au juge et aultres officiers. . . .	II\^c\ IIII\^xxL\ (280).
Au Prevost.	IIII\^c\ IIII\^xx\ VI\^L\ (486).

Nombre sous les dites enseignes. .   II\^x\ IIII\^c\ IIII\^xx\ X (2490).
Le paiement des quels monte pour le
dict moys à la somme de. . . . . XXIV\^x\ VII\^c\ VI\^L\ (24706)

Pour la taxation des dicts commissaires et VIII contreroleurs
qui ont vaqué et assisté audict faict des dictes monstres pour
le dict moys.
A scavoir aux dicts commissaires. . . . .   XL écus.
et aux contrerooleurs. . . . .   III\^x\
La somme de V\^c\ LX (560) livres tournois.

Nombre total sous les douze en-
seignes. . . . . III\^x\ V\^c\ XLVIII 3548 hommes de guerre.
Le paiement desquels monte compris les estats et appointe-
ments et taxation des commissaires et contrerooleurs à la
somme de. . . . . . XXXVI\^x\ VIII\^c\ IIII\^x\ IIII\^L\ (36844).

Faict à Engolesme le X\^me\ jour de décembre 1548.

Signé : GODENIER.

B.-N. — FRANÇAIS, $\frac{3036}{44}$. ORIGINAL.

TABLE DES MATIÈRES

I

II. — APPENDICES.

III. — PIÈCES JUSTIFICATIVES

IV

Carte des pays insurgés.

Vannes. — Imprimerie LAFOLYE Frères, 2, place des Lices.

ERRATA

			Au lieu de :	*lire :*
Pages 69	ligne	24 :	fait m'affirmer	ait pu affirmer.
— 103	—	26 :	effaye	effrayé.
— 110	—	note 1 :	Passine	Passirac.
— 132	—	note 1 :	Nomini	Huomini.
— 156	—	1 note :	La Haye	Lachasse.
— 190	—	3 :	a creer	mots supprimés.
— 200	—	note 2 :	le sol	le sel.

CPSIA information can be obtained
at www.ICGtesting.com
Printed in the USA
BVHW092357181122
652278BV00021B/1910